INTERNATIONALES JAHRBUCH FÜR
MEDIENPHILOSOPHIE UND MEDIENÄSTHETIK

2024

INTERNATIONALES JAHRBUCH FÜR MEDIENPHILOSOPHIE UND MEDIENÄSTHETIK

2024

HERAUSGEGEBEN VON
Natascha Adamowsky (Universität Passau)
Judith Siegmund (Zürcher Hochschule der Künste)

MESON PRESS

Mit großzügiger Unterstützung des Forschungsschwerpunkts Ästhetik
der Zürcher Hochschule der Künste

BIBLIOGRAPHISCHE INFORMATION DER
DEUTSCHEN NATIONALBIBLIOTHEK
Die Deutsche Nationalbibliothek verzeichnet diese Veröffentlichung
in der Deutschen Nationalbibliographie; detaillierte bibliographische
Informationen sind im Internet unter dnb.dnb.de abrufbar.

Veröffentlicht 2024 von meson press, Lüneburg, Deutschland
www.meson.press

Gestaltung: Torsten Köchlin, Joana Katte
Illustrationen Umschlag/Zitationen: Theresa Peter
Lektorat: Norbert Axel Richter

Druck: Libri Plureos GmbH, Friedensallee 273, 22763 Hamburg

ISBN (Print): 978-3-95796-240-9
ISBN (PDF): 978-3-95796-241-6
DOI: 10.14619/2409

meson press eG, Salzstraße 1, 21335 Lüneburg, Deutschland
info@meson.press

Natascha Adamowsky
Judith Siegmund
VORWORT
7

Judith Siegmund
PLÄDOYER FÜR EINE MEDIENÄSTHETIK
DER GESTALTUNG: EINE KRITIK
REZEPTIONSÄSTHETISCHER THEORIEN DER
UNENTSCHEIDBARKEIT UND UNBESTIMMTHEIT
13

Emmanuel Alloa
PHÄNOTECHNIK: SKIZZEN ZU EINER ANDEREN
ÄSTHETIK
33

Martin Beck
MESSY STATES: MEDIENÄSTHETIK UND
POSTDIGITALE KUNST
53

Jörg Sternagel
AUF DEM WEG ZU ANDEREN: ERKUNDUNGEN DES
MEDIALEN
81

Ulrike Ramming
VON DER REFLEXIVITÄT DES MEDIUMS ZUR
MUSIKALISCHEN REFLEXION VON DIGITALITÄT
101

Beate Ochsner
HÖREN UND NICHT-HÖREN ALS
TECHNO-ÄSTHETISCHE PRAXIS
123

Natascha Adamowsky
PLAYGROUNDS AND THE GROUNDS OF PLAY:
ÜBERLEGUNGEN ZUM VERHÄLTNIS VON
MEDIALITÄT, AISTHESIS UND ÄSTHETIK
145

Bettina Papenburg
POSTDIGITALE WELTRAUMÄSTHETIK
175

Dieter Mersch
MEDIENÄSTHETIKEN: ENTWURF EINER
SYSTEMATISIERUNG
203

AUTOR*INNEN
229

Natascha Adamowsky
Judith Siegmund

VORWORT

Das frühere *Internationale Jahrbuch für Medienphilosophie* erscheint nunmehr – nach einem Redaktionswechsel und einem Wechsel vom De Gruyter Verlag zu meson press – unter dem Titel *Internationales Jahrbuch für Medienphilosophie und Medienästhetik*. Der Erweiterung des Titels und der damit einhergehenden Modifizierung des Themenfokus entspricht es, dass die erste Nummer nach dem Relaunch den Titel *Was ist Medienästhetik?* trägt.

Einerseits tragen wir den medienphilosophischen Gedanken des vorhergehenden Jahrbuchs weiter, andererseits tritt zu den philosophischen Perspektiven auf den Begriff und die Phänomene der Medialität die Frage hinzu, inwiefern Medialität auch unter ästhetischen Gesichtspunkten thematisiert werden kann und muss. Medienästhetik fassen wir nicht auf als die Ästhetik spezifischer historisch gewachsener Mediensujets – also nicht als allgemeine Ästhetik der Fotografie, um ein Beispiel zu nennen –, sondern als ein Gebiet, das heute unter unseren neuen Lebens- und Arbeitsbedingungen in immersiven digitalen Räumen und mit alltäglichen digitalen Oberflächen und Abläufen an Bedeutung gewinnt. Insofern gibt es in der neuen Jahrbuchreihe einen klaren zeitdiagnostischen Schwerpunkt. Es gilt aber auch, die Geschichte der Disziplin der Ästhetik als einer Medienästhetik ernst zu nehmen und darzustellen; dem sind mehrere Beiträge in der vorliegenden ersten Nummer gewidmet. Medienästhetik im letztgenannten Sinn wäre dann immer schon ein Teil der Medienphilosophie und der ästhetischen Theorie. Aber auch medienwissenschaftliche Phänomene als ästhetische Phänomene zu verstehen, also herauszuarbeiten und zu analysieren, inwiefern Gestaltung und sinnliche Wahrnehmung in ihnen eine maßgebliche Rolle spielen, stellt einen Schwerpunkt da.

Die thematische Perspektive des Jahrbuchs ist insofern sowohl grundlagentheoretisch als auch zeitdiagnostisch ausgerichtet. Die Vermutung, dass mit dem „und" im Titel eher ein

Zusammenhang als eine Opposition bezeichnet ist, stützen bereits die ersten Beiträge dieser ersten Ausgabe. Wiederholt wird auf die Notwendigkeit eines exemplarischen Vorgehens verwiesen, um über elementare Dimensionen des Medialen sprechen zu können, wie auch auf den Umstand, dass es vor allem die gegenwärtigen Medienbedingungen sind, welchen eine Schlüsselrolle in der Theoriebildung zukommt. Dass unsere Gegenwart so stark von insbesondere digitalen Medienformationen geprägt ist, hat dazu geführt, dass medienreflexives Denken zunehmend wichtiger geworden ist.

Nicht zuletzt, so wäre perspektivisch zu ergänzen, sind es vor allem die Prozesse jeweiligen konkreten „Medien-Werdens" (Vogl 2001) – dass also im Gebrauch Dinge, Apparate, Techniken den Charakter von Medien annehmen –, die sich als zeitgenössische Medienkultur in plastischen Formen entfalten. So verweist das aktuelle Medien-Werden von digitalen Technologien, beispielsweise in Form von Hardware, Interfaces, diversen Gadgets und Mobile Devices, auf die historische Dynamik zwischen elementaren Medialisierungsprozessen einerseits und ihren spezifischen medialen Ausdifferenzierungen andererseits.

Ein ebenfalls großes thematisches Gebiet für zukünftige Bände des Jahrbuchs sind die Künste im digitalen Zeitalter, die ihrerseits mit künstlerischen Mitteln Medialität und Digitalität thematisieren, reflektieren und kritisieren. Hier kann es jeweils auch um sehr konkrete Fragen innerhalb und außerhalb der Künste gehen. In diesem Sinn bespricht z.B. im vorliegenden Band Ulrike Ramming konkrete Kompositionsweisen konkreter Komponist*innen im digitalen Medium.

Die Jahrbuchreihe begreifen wir als ein Diskussionsforum, in dem unterschiedliche Positionen und Modelle des Ästhetischen, Medialen und der Kritik debattiert werden können. Die Idee des Austauschs steht hier im Vordergrund, und so soll durchaus auch divergierenden Positionen Raum gegeben werden. Nach und nach möchten wir auch die Internationalität stärker akzentuieren und uns mit medienästhetischen Positionen im nicht-deutschsprachigen Raum vernetzen.

Der Begriff Medienästhetik steht für eine Öffnung in mehrfacher Hinsicht: Zum einen plädieren wir für eine Medienästhetik, die sich im Kern als Suchbewegung versteht und die philosophischen wie medienwissenschaftlichen Grundlagen erkundet, die in medienästhetischen Kontexten in Erscheinung treten können. Vermessende wie systematische, experimentelle wie tentative Ansätze sind dabei gleichermaßen willkommen. Zum anderen geht es um eine historische Kartographierung und begrifflliche Konturierung von Medienästhetik, eine Diskussion ihrer unterschiedlichen Modellierungen und der sich daraus ergebenden Optionen für Kritik. Zu den zentralen wie grundsätzlichen Fragen gehört somit: Worin liegen die Stärken und Potenziale medienästhetischer Forschung und wo verlaufen ihre Grenzen? Dabei ist weder zu erwarten noch beabsichtigt, zu einem disziplinübergreifenden Konsens zu gelangen und mit dem Jahrbuch in einen Prozess der Kanonisierung einzusteigen. Die Einladung besteht vielmehr darin, den Begriff Medienästhetik offen zu halten und aus seiner Problematisierung immer wieder neue disziplinübergreifende Anregungspotenziale zu gewinnen. Das Jahrbuch bietet daher ganz unterschiedlichen Projekten, Positionen und Fragestellungen Raum, die zueinander im Modus des Dissenses, der Überschneidung, der Assoziation, aber auch der inhaltlichen Weiterführung stehen können. Es geht uns dezidiert um einen Austausch zwischen philosophischen, medienwissenschaftlichen, kulturwissenschaftlichen, künstlerischen Hinsichten und Herangehensweisen, welcher zweifellos mit der Hoffnung verbunden ist, auch die Fachdiskussionen zu bereichern.

Zu den Beiträgen dieses Bandes

Der exemplarisch-kursorische Einstieg in einzelne Stationen des Medienästhetik-Begriffs versteht sich als Versuch, den Boden oder das Gewebe eingespielter Gewissheiten aus kultur- und medienwissenschaftlicher Sicht durch Ergänzungen und Kontrastierungen aufzulockern.

Medienästhetik, so der unter anderem in den Beiträgen von Martin Beck, Beate Ochsner und Ulrike Ramming erläuterte Befund, ist vom Aufkommen digitaler Medientechnologien nicht zu trennen. Dies wird historisch hergeleitet und mit den aktuellen Bedingungen medientechnologischer Subjektivierung belegt. Doch Begriffe ändern sich und nehmen unterwegs auch Gepäck von anderen Begegnungen auf. In den 1990er Jahren schienen die Digitalisierungs- und Virtualisierungsdiskurse alle Materialitäts-, Ding- und Körperstudien obsolet zu machen. Es herrschte ein dichter Nebel qualmender Metaphern der Auflösung, der die unhintergehbare Tatsache, dass menschliche Aisthesis von leiblicher Anwesenheit abhängt und das Digitale nur analog medialisiert wahrnehmbar ist, in den Hintergrund treten ließ. Bis heute liegt die Anziehungskraft digitaler Anwendungen nicht im Angebot attraktiver Körpercodes und somatischer Erfahrungen.

Zugleich kam mit den digitalen Medientechniken ein Angebot auf den Markt, welches ungeahnte Möglichkeiten der Mediengestaltung bot und medialen Amateurpraktiken ein vielfältiges Betätigungsfeld eröffnete. Die entscheidende Frage lautete nicht mehr, was die Medien mit den jungen Leuten machen, sondern was die jungen Leute mit den Medien machen. Man interessierte sich nun für Gestaltungsfragen, für mediale Praktiken (Matussek 2000), Praktiken des Zu-sehen-Gebens, für Medien als technische Anordnungen der Welterzeugung, die im medialen Ereignis ansonsten irreversible Ordnungen wie die der Zeit und des Raumes außer Kraft setzen (Krämer 1998, 84).

Es wurde in fremden Begrifflichkeiten gewildert. Man schaute auf die Kulturen des Performativen,[1] machte anthropologische wie ethnologische, religionswissenschaftliche wie technik- und wissenschaftshistorische Ausflüge und versuchte sich in medien-phänomenologischen Denkweisen. Man erinnerte sich an die aisthetische Tradition des Medienbegriffs und daran, dass der Medienbegriff bis weit ins 19. Jahrhundert hinein eher der Natursphäre zugerechnet wurde und in der Regel die natürlichen Elemente Feuer, Wasser, Luft und Erde bezeichnete (Hörisch 1994). Medien traten als Formen der Aisthetisierung (Krämer 2004) in den Blick, als Umgebendes, als Nicht-Hermeneutisches (Gumbrecht 2004), Atmosphären Erzeugendes, polymodal wie intermedial Agierendes.

Seit der Jahrtausendwende ist Medienästhetik eine der drei Grundsäulen, die ein medienwissenschaftlicher Studiengang in den Augen der Gesellschaft für Medienwissenschaft aufweisen muss. Erste Lehrstühle für Medienästhetik wurden eingerichtet, Modulpläne geschrieben, aber nirgends war oder ist das „Fach" auf Digitalität abonniert. Es gibt zwar keine ausgearbeitete Definition, die es erlaubte zu sagen „Das ist Medienästhetik", wohl aber einen impliziten Konsens darüber, dass Medien *immer* ästhetisch sind. In ihnen organisiert sich unser Wahrnehmungsvermögen wie auch die Wahrnehmungsverhältnisse, so dass jede Kultur der Wahrnehmung an eine Kultur der Medien gebunden ist und umgekehrt (Engell 1999, 301).

Auch die Ästhetik als philosophisches Fach ist in Bewegung, und so lassen sich medienspezifische Fragen heute nicht mehr

---

1 Exemplarisch sei hier auf die Arbeiten am Sonderforschungsbereich 447 *Kulturen des Performativen* an der Freien Universität Berlin hingewiesen, u.a. Fischer-Lichte und Wulf, Hgs. 2004.

allein im Modus der Aisthesis stellen. Fragen nach der *technai*, dem Machen, gewinnen an Bedeutung, ein sozialwissenschaftlich analysierender Zugang lässt uns ethische Fragen nach dem guten Leben in technisch gewandelten Umgebungen neu denken, lässt neue Felder der Kritik entstehen. Was bedeutet es in solcherart Umgebungen, kritisch zu sein?

Zudem thematisieren wir immer mehr die dunkle Kehrseite der medialisierten Gesellschaft, die historisch in kolonialisierenden Strukturen entstanden ist, auch nach der Abschaffung der Kolonien, nämlich im Hinblick auf quasi-koloniale Herstellungsbedingungen ihrer Produkte im Rahmen der „merkantilen Vernunft" der Tech-Industrie (Mbembe 2017). Auch dies sind medienästhetische Fragen, die mit den Koordinaten unserer Wahrnehmungen im Alltag und in den Künsten kollidieren.

Literatur

Engell, Lorenz. 1999. „Zur Einführung". In *Kursbuch Medienkultur*, herausgegeben von Claus Pias et al., 301–307. Stuttgart: DVA.

Fischer-Lichte, Erika und Christoph Wulf, Hgs. 2004. *Praktiken des Performativen. Paragrana* 13, Heft 1.

Gumbrecht, Hans Ulrich. 2004. *Diesseits der Hermeneutik: Die Produktion von Präsenz*, Frankfurt am Main: Suhrkamp.

Hörisch, Jochen. 1994. „Die Medien der Natur und die Natur der Medien". In *Zum Naturbegriff der Gegenwart: Kongressdokumentation zum Projekt „Natur im Kopf", Stuttgart, 21.–26. Juni 1991*, 121–38. Stuttgart: Frommann-Holzboog.

Krämer, Sybille. 1998. „Das Medium als Spur und als Apparat". In *Medien, Computer, Realität: Wirklichkeitsvorstellungen und neue Medien*, herausgegeben von Sybille Krämer, 73–94. Frankfurt/Main: Suhrkamp.

——. 2004. „Was haben Performativität und Medialität miteinander zu tun? Plädoyer für eine in der Aisthetisierung gründende Konzeption des Performativen". In *Performativität und Medialität*, herausgegeben von Sybille Krämer, 13–32. München: Fink.

Matussek, Peter. 2000. „Mediale Praktiken". In *Orientierung Kulturwissenschaft*, Hartmut Böhme, Peter Matussek und Lothar Müller, 1–24. Reinbek bei Hamburg: Rowohlt.

Mbembe, Achille. 2017. *Kritik der schwarzen Vernunft*. Berlin: Suhrkamp.

Vogl, Joseph. 2001. „Medien-Werden: Galileis Fernrohr". In *Mediale Historiographien*, herausgegeben von Lorenz Engell und Joseph Vogl, 115–24. Weimar: Universitätsverlag.

den
rei-
ip«
Im
na-
och
eiz-
der
eit
rch

neue
Idee

Internationales Jahrbuch für Medienphilosophie und Medienästhetik,
Was ist Medienästhetik?, 2024

Judith Siegmund

PLÄDOYER FÜR EINE MEDIENÄSTHETIK DER GESTALTUNG

EINE KRITIK REZEPTIONSÄSTHETISCHER THEORIEN DER UNENTSCHEIDBARKEIT UND UNBESTIMMTHEIT

Dieser Beitrag arbeitet einen Vorschlag aus, wie wir heute im Rahmen philosophisch-ästhetischer Theoriebildung den Begriff der Medienästhetik verstehen können. Zunächst untersuche ich kritisch die Operationalisierbarkeit dieses Begriffs im Rahmen ästhetischer Theoriebildungen, die die „Unbestimmtheit" ästhetischer Gegenstände bzw. den Topos der „Unentscheidbarkeit" im Feld ästhetischer Erfahrungen und Urteile in das Zentrum der Überlegungen stellen. Solcherart Ästhetik hatte die sinnliche Erfahrung und Wahrnehmung mit Freiheitserfahrungen von Subjekten und emanzipatorischen Ansprüchen verbunden.

Die digitale Umgebung heute, die sich insgesamt als eine veränderte gesellschaftlich-technische und immersive (entfesselte und zugleich kontrollierte) Umgebung beschreiben lässt, bewirkt eine Art von „Bias" eines solchen ästhetischen Ansatzes, so die These. Als Reaktion auf den Befund erfolgt dann eine Einladung, Medienästhetik als eine Produktionsästhetik zu verstehen, in der es u.a. um eine Offenlegung und Kommunikation von gestalterischen Entscheidungen gehen sollte. Dabei stehen aktuelle Fragen zur Digitalisierung unseres Lebens im Mittelpunkt.

KEYWORDS
Unbestimmtheit, Unentscheidbarkeit, Freiheit,
Produktionsästhetik, Ökonomisierung, Universalismus,
Digitalität, Algorithmen, Gestaltung

Der allgemeine Begriff der Medien und der allgemeine Begriff Ästhetik

Der Begriff der Medien steht in einer sehr weiten Auslegung zunächst für die Tatsache einer Vermittlung von allem. In diesem Sinn ist die Gegebenheit, dass wir uns sprechend und schreibend aufeinander und auf die Welt beziehen bzw. dass wir sprechen könnten, wenn wir unsere Abhängigkeit von Dingen responsiv erfahren, allein schon wert, als medial reflektiert zu werden. Im aktuellen engen Sinn steht der Medienbegriff für die Tatsache einer neuen digitalen Durchdringung unseres gesamten Lebens und Alltags sowie unserer Körper. Und zuvor – theoriegeschichtlich und chronologisch früher – gab es eine Technikgeschichte, die als eine Geschichte der Medien dargestellt werden kann, wie Friedrich Kittler sie z.B. als eine Geschichte der Aufschreibesysteme erzählt hat. Ob es nötig war, bei dieser Gelegenheit den „Geist aus den Geisteswissenschaften auszutreiben", bleibt bis heute eine strittige Frage, die allerdings mit der Zeit an Dringlichkeit verloren hat (Kittler 2003). Eine weitere Bedeutung kommt „den (Massen-)Medien" im journalistischen Sinn zu, mit ihnen gemeint sind Fernsehen, Internet, Bücher, Zeitungen als Orte öffentlicher Äußerungen. Kurz zusammengefasst lässt sich sagen: Nie war ein allgemeines Bewusstsein über Medien in ihren verschiedenen Bedeutungen, die in unserem Leben und somit auch in den Wissenschaften und Künsten eine Rolle spielen, so verbreitet wie heute. Es gibt das Bewusstsein vieler, sich in einer medial vermittelten Welt zu befinden. Auch Fragen nach Formen des Regierens und sogar der Kriegsführung sind heute gängig an Medienreflexionen gekoppelt. Die Philosophie unternimmt eine strukturierende Reflexion dieses Umstandes: Medienphilosophisches Denken ist eines, das begriffliche Probleme in den Blick nimmt, die sich aus einer veränderten und sich stets verändernden Medienumgebung heute ergeben. Medienphilosophie reflektiert somit begriffliche Veränderungen, die für eine Bestimmung unserer Situation heute relevant sind. Solche Begriffsveränderungen und -verschiebungen sind eine notwendige Konsequenz, die sich aus dem Aufkommen und Wichtigwerden jeweils neuer Medien ergibt.

Mit dem Begriff der Ästhetik verhält es sich etwas anders. „Ästhetik" steht in der alltagssprachlichen Verwendung, die wenig mit der Bedeutung der Ästhetik als Fachdisziplin zu tun hat, dafür, dass etwas als ansprechend erfahren wird. Diese Begriffsbedeutung ist im Vorliegenden aber nicht mitgemeint. Philosophisch gesehen handelt es sich um den Namen eines Fachs, das an der Universität entstanden ist. In vielen Zusammenhängen wird Ästhetik als eine philosophische Befragung sinnlicher menschlicher Wahrnehmungsformen aufgefasst; diese seien verbunden mit einer bestimmten reflexiven Einstellung von Subjekten.

Spätestens seit Hegel (eigentlich schon früher) gehören zur Ästhetik auch Fragen nach der Rolle der verschiedenen Künste als Praxis in der Gesellschaft. Sehr variabel sind nun die Darstellungen darüber, ob und wie sich die beiden traditionellen Denklinien, also die allgemeine Betrachtung der menschlichen Wahrnehmungsformen und die Betrachtung der Künste, verbinden lassen. Fragen der „ästhetischen Einstellung" gegenüber der Welt und ihren Erscheinungen im Sinne einer Betonung von sinnlichen Zugängen scheinen heute nicht mehr auszureichen, um das Fach der Ästhetik, das sich verändert, zu charakterisieren. Zur Geschichte der ästhetischen Theorie zählen viele weitere Fragen und Aspekte: Fragen nach dem Status von Erkenntnis und Wissen, nach affektiven und responsiven Handlungen, nach der Kulturalität anthropologischer Setzungen im Hinblick auf politische und soziale Fragen des Zusammenlebens und vieles mehr. Dies alles kann in seiner Vielfalt nicht in unserem Zusammenhang behandelt werden. Mir geht es darum, eine bestimmte Tradition der ästhetischen Freiheit zu problematisieren, die mit einer bestimmten Idee von Unbestimmtheit und Unbestimmbarkeit verbunden ist. Die Problematisierung dieser Unbestimmbarkeit und Unentscheidbarkeit läuft nicht darauf hinaus, dass diese Denkfigur unbedingt falsch sein muss. Vielmehr geht es darum, aufzuzeigen, dass sie im Rahmen einer Medienästhetik unter den heutigen digitalen immersiven Bedingungen ihre Kraft und Deutlichkeit verloren hat, zumindest im Hinblick auf die Erläuterung eines ästhetischen Erfahrens digitaler Medien. Der vorliegende Text möchte also die begriffliche Bestimmung der Unbestimmbarkeit von ästhetischen Medienerfahrungen zur Debatte stellen, ebenso wie die Vorstellung einer „Unentscheidbarkeit" als Merkmal medialer ästhetischer Urteilsformen.

Eine Anwendung der hier vorgelegten These bedeutet auch, dass die in der Medienwissenschaft aufrechterhaltene These einer Unterscheidung von „Game" und „Play" nicht ausreicht, um gegenwärtige Entwicklungen philosophisch abzubilden.[1] Nach

---

1 Denkbar ist eine spezifische Medienwahrnehmung in regelgeleiteten Spielen, deren „psychologische Rahmung" die Alterität einer eigenen, durch eigene Regeln geleiteten Spielweise und damit eine eigene Freiheit garantiert; sie ist deshalb als eine andere Version der „Freiheitserfahrung" aufgefasst worden. Zwar sind Regeln gerade nicht unentscheidbar, sondern entscheidbar, dennoch lassen sich Spielformen im Allgemeinen

dieser Unterscheidung ist der Spielbegriff „Play" mit der hier aufgeführten Argumentationslinie des freien Geschmacksurteils in der Nachfolge von Kant und Schiller verbunden, während der Begriff „Game" Prinzipien von Challenges, Punktevergeben und Wettbewerb folgt.[2] In dem Schema dieser Differenz steht „Play" für Offenheit und Unlenkbarkeit und „Game" für Lenkungsmöglichkeiten. Im Gegenzug möchte ich hier die These vertreten, dass heute in der digitalen Industrie eine Lenkung und Manipulation im „Play", d.h. in den von der ästhetischen Theorie als offen und imaginativ bestimmten Wahrnehmungsformen stattfindet. Der oft als ein Raum der Ermöglichung von Reflexion und Emanzipation dargestellte Raum ästhetischen Erlebens steht damit zur Debatte.

Die Unbestimmtheitsmetaphorik als Marker einer Debatte über die ästhetische Einstellung

Debatten wurden in der Vergangenheit mehrheitlich entlang von zwei Strängen geführt: Der eine Strang ist gekennzeichnet durch subjektphilosophische Überlegungen, in denen gefragt wird, was eine spezifisch ästhetische Einstellung sei und wie sie als Erfahrungs- und Urteilsstruktur einzelner Subjekte verstanden werden kann, der zweite Strang ist eine Analyse von Werken als Gegenständen (oder Situationen), die ästhetische Erfahrungen auslösen. Ästhetik im Verständnis einer Produktionsästhetik kam in solchen Settings relativ wenig Bedeutung zu, Produktion bedeutete in diesem Zusammenhang nur ein Zurverfügungstellen der Anlässe, anhand deren diese spezifische Erfahrung gemacht werden kann. Das Feld der Ästhetik war immer größer als das Gebiet der kunstphilosophischen Überlegungen zur Ästhetik. Anders gesagt: Es spielten immer auch andere Gegenstände als diejenigen der Künste eine Rolle, denn – das ist m.E. ein springender Punkt – man kann eine ästhetische Einstellung im Grunde genommen gegenüber allen möglichen Gegenständen und Situationen einnehmen.

Verbunden wurden ästhetische Einstellungen, Erfahrungen und Urteile mit dem Versprechen einer Freiheitserfahrung

2   Markus Rautzenberg ordnet die Spieltheorie von Gregory Bateson einer Gamification zu; vgl. Göppelsröder und Rautzenberg 2016.

derjenigen, die ästhetisch wahrnehmen. Diese Freiheit hat mit einer grundsätzlichen Fiktionalität der Erfahrungsstruktur des einzelnen Subjekts zu tun, denn es ist seine oder ihre Freiheit, die im ästhetischen Zustand gewonnen wurde. Zum Beispiel arbeitet Jacques Rancière im Anschluss an Kant und Schiller das emanzipatorische Moment eines „Als-ob" heraus, welches es „schafft", im fiktionalen Erleben und Handeln gesellschaftliche Momente der Ungleichheit zu überwinden. Indem sich Arbeiter*innen seit dem 19. und im 20. Jahrhundert so benahmen, *als ob* die innere Freiheit bourgeoiser Geschmackserlebnisse auch für sie erlebbar sei, emanzipierten sie sich von ihrer (ebenfalls von Rancière als fiktiv bestimmten) Unsichtbarkeit in der Gesellschaft. Die Fiktionalität verändert die Ordnung des Sichtbaren derart, dass aus einer behaupteten und (lediglich) performativen Gegebenheit ein Teil der neuen gesellschaftlichen Ordnung wird. Die zeitliche und erlebnisqualitative Dimension dieser Unbestimmbarkeit, Unentscheidbarkeit und Unendlichkeit des Erfahrungs- und Urteilsprozesses hat bei Rancière mit dem gesellschaftlich realen Besitz von viel Zeit zu tun. Arbeiter, die definiert werden dadurch, dass sie arbeiten (müssen), sind aber qua Beruf mehr als andere Menschen an begrenzte Zeiten gebunden – diese Denkfigur gibt es bereits in der Antike. Die Unendlichkeit und Unentscheidbarkeit des freien Spiels der menschlichen Vermögen (Verstand und Einbildungskraft) hingegen garantieren die Selbstvergewisserung eines „Passens in die Welt", ermöglichen gesteigerte Selbsterfahrung und das Erleben neuer Freiheitsspielräume – quasi einen Stillstand von persönlich erlebbarer Zeit.

Die Fiktionalität von Kunsterfahrungen ist im Anschluss an solche und ähnliche Denkfiguren ausführlich, langwierig und vielfältig beschrieben worden. Hier nur ein weiteres Beispiel:

Gertrud Koch nennt diese Fiktionalität in Bezug auf die Rezeption von Filmen „Illusion". Koch zufolge geht „die Transformation von einem empirischen, materialen Ding in das mentale Gebilde einer ästhetischen Erfahrung [...] mit der Illusionsbildung einher" (Koch 2016, 45). Kochs Illusionstheorie des Films ist ein Beispiel dafür, dass in dem Theoriesetting einer ästhetischen Erfahrungsstruktur sozusagen Fiktivität das Scharnier zur Freiheit im Rahmen einer Unbestimmbarkeit oder auch der Unentscheidbarkeit darstellt. Koch definiert, „dass in der ästhetischen Erfahrung die Wirklichkeit nicht ausgesetzt ist, sondern die Fiktion eine eigene Dimension des Wirklichen annimmt, die einer ästhetischen Erfahrung, die sich auf ein empirisches Artefakt richtet, das sich allerdings nicht eindeutig bestimmen lässt,

sondern in der Erfahrung immer wieder anders erscheinen kann"
(Koch 2016, 44). Der Satz lässt sich auch formal entschachteln,
dann enthält er folgende Denkbewegung: Wenn wir z.B. einen
Film ansehen, dann ist unsere alltägliche Wirklichkeit nicht vollständig ausgesetzt oder durchgestrichen, sondern sie läuft sozusagen zeitlich weiter. Vielmehr ist es unsere Ausrichtung auf das
Artefakt (hier den Film), die uns in einen Zustand der inneren
Fiktionenbildung hineinbringt. Über das, was wir da sehen, den
Film, können wir nichts Endgültiges sagen, er erscheint uns in
diesem Erfahrungsprozess fortlaufend als etwas anderes. Weil wir
über den Film nichts Endgültiges sagen können, sind wir frei, über
ihn unendlich lange und in unendlich neuen Varianten zu denken,
zu fühlen, zu sprechen und zu schreiben.

In unterschiedlichen Interpretationsschleifen dieses philosophischen Grundgedankens einer Unbestimmbarkeit des
Kunstwerks und einer Unentscheidbarkeit seiner Auslegung
wurde einmal von einem Sich-Entziehen des Werks gesprochen,
ein anderes Mal von einer Mehrdeutigkeit, die viele Auslegungen
evoziere. Freiheit ist hier einerseits die Freiheit des einzelnen Subjekts, das etwas anderes mit sich und für sich selbst erlebt als in
anderen Zusammenhängen. Die substanzielle Freiheitserfahrung
ist hier die ästhetische Rezeption als aisthetische Wahrnehmung,
sie steht für den Bereich des Films im Zusammenhang mit dem von
Christiane Voss so genannten „Leihkörper" und seinen Affekten
und Gefühlen. Mit Leihkörper ist der Körper der Zuschauer*in
gemeint, die die Situationen des Films affektiv körperlich so erlebt,
als würde er oder sie an dieser filmisch dargestellten Situation
selbst teilnehmen.

Objektorientierte philosophische Entgegnungen auf die
Erfahrungstheorien hingegen versuchen zu betonen, dass sich
mehr über konkrete Werke sagen lässt, als dass sie ein solches
Szenario der Unentscheidbarkeit provozieren, ja, dass es sich bei
ästhetischen Gegenständen vielmehr um bestimmbare Artefakte
handelt. Diese These wird in verschiedenen Varianten ausgeführt,
eine ihrer Grundthesen ist, dass sich sehr wohl vieles Richtige
über Kunstwerke sagen lässt, die Unentscheidbarkeit also kein
Merkmal ist. Ein Vertreter dieser Denkrichtung ist beispielsweise
Jens Kulenkampff.

Folgende Fragen an die hier skizzierte Vorstellung von
Unentscheidbarkeit/Unbestimmbarkeit ergeben sich aus heutiger
Perspektive:

1. Ganz grundsätzlich muss gefragt werden: Gilt die Behauptung
   der Alleinstellung ästhetischer Einstellungen als freiheitliche

Erfahrung einer Unentscheidbarkeit nicht auch in anderen, d.h. in nicht-ästhetischen Situationen? Sind Handlungen und Urteile nicht auch sonst in vielen Fällen uneindeutig? Problematisiert werden soll hier die Zuspitzung auf eine Alleinstellung der Ästhetik als Sphäre der Unentscheidbarkeit.

2. Warum greift diese Bestimmung einer allgemeinen ästhetischen Unentscheidbarkeit und ihres emanzipativen Freiheitsanspruchs anscheinend nicht mehr, wenn es um *immersive Medienumgebungen* geht, in denen wir heute leben? Wieso bedeutet es nicht, frei zu sein, wenn man in einem unendlichen Zustand der Unentscheidbarkeit ist, auf den man affektiv und emotional in immer neuen inneren Vorstellungen, Bildern und Narrativen antwortet?

3. Um *wessen* Freiheit ging es in der ästhetischen Theorie? Diese Frage zielt auf die Deutung der Unentscheidbarkeit sowie Unbestimmbarkeit in der ästhetischen Rezeption als einer Figur des Selbstbezugs speziell eines *westlichen* Subjekts, das keine ethische Kapazität mehr aufweist, im Sinne eines Wohls bzw. auch einer Feiheit von anderen zu empfinden und zu denken.

Im Folgenden wird es um die beiden letzteren Fragen gehen: um die Aktualität der allgemeinen ästhetischen Theorie im gegenwärtigen Setting von Mediengestaltung und Mediennutzung, sowie um die Denkfigur eines Freiheitsgewinns des westlichen rezipientischen Subjekts und wie sie heute infrage gestellt wird. Im Zuge einer Thematisierung der medialen *Gestaltung* versuche ich im Anschluss, eine produktionsästhetische Sichtweise einzunehmen und diese zu erläutern.

Der Begriff der Ästhetik im Zusammenhang der Medienästhetik

Algorithmen sind einerseits Rechenoperationen, andererseits antworten wir affektiv und im Sinne einer allgemeinen Ästhetik auf ihre sinnlich wahrnehmbaren programmierten Produkte. Das Fach der Ästhetik hat sich im westlichen Kontext seit seiner Gründung mit unseren Reaktionen auf ästhetische Gegenstände und Situationen beschäftigt. Ich würde es hier gern erweitern um die Frage nach einer affektiven Ermächtigungsfigur, die meiner Meinung nach heute notwendig wird. Es geht darum, eine ästhetische Einstellung als Genuss und eigenes Passen in die Welt zu überwinden, um in ein ethisches Fragen nach dem eigenen und gemeinsamen künstlerischen und gestalterischen Handeln in medialen Umgebungen zu kommen. Dies unterscheidet sich von der Fiktion eines Als-ob, das die je eigene Emanzipation und Freiheit meint. Damit bringe ich auch zum Ausdruck, dass ich mit dem Begriff der Medienästhetik keine spezifische Medialität konkreter Gattungen oder Felder meine. Es geht also nicht darum, eine Ästhetik der Fotografie beispielsweise von einer Ästhetik des Films oder des Internets zu unterscheiden.

Warum aber sind die Denkfiguren der Unbestimmbarkeit und Unentscheidbarkeit ästhetischer Erfahrung nicht geeignet, um unser ästhetisches Empfinden und Erleben in digitalen immersiven Umgebungen zu erläutern? Weil die erlebte ästhetische Freiheit und die damit verbundene Emanzipation des ästhetisch erfahrenden Subjekts von seiner alltäglichen Ansprache und Umgebung nicht mehr der Gemachtheit und Zweckhaftigkeit digitaler Kommunikations- und Benutzungsprozesse entspricht. Hier gibt es ein neues Nicht-Passen, oder vielmehr handelt es sich um ein Zu-gut-Passen. Ganz kantisch lässt sich zwar immer noch von einer Art und Weise des Erlebens eines ästhetisch Gegebenen sprechen, bei der Empfindungen in der Innerlichkeit des Subjekts in eine Form, in eine Gestalt gebracht werden. Die Rolle und Souveränität des medienbenutzenden Subjekts in seiner ästhetischen Einstellung hat sich allerdings grundlegend verändert, weil die erfahrenen Artefakte (algorithmisch produzierte sinnlich wahrnehmbare Gestalten, Sounds und Oberflächen) spekulativ auf ihre affekt- und sinnerzeugenden Wirkungen hin hergestellt, gestaltet und programmiert werden – und zwar nicht von anderen Menschen, die sich in ihren Entäußerungen kommunikativ verhalten. Es handelt sich bei immersiven medialen Umgebungen nicht (mehr) um Produkte menschlicher Tätigkeiten, die sich als Ausdrucksgeschehen im Sinn von Verkörperungen menschlicher Weltverhältnisse erläutern ließen. Vielmehr handelt es sich bei dem, was wir in der Benutzung und im immersiven Erleben digitaler Medien ästhetisch erfahren, um Produkte von globalen Ökonomien (d.h. profitorientierten Konzernen) oder von lokalen Verwaltungen und Institutionen, denen das Moment affektiver Steuerung eingeschrieben ist. Eine solche Steuerung beruht nicht – wie die Zweckszenarien des Industriekapitalismus – auf vereinheitlichender Zurichtung oder Verdinglichung von Subjekten, sondern sie beruht auf einer affektiven Lenkung durch fortwährende Erzeugung ästhetischer Erfahrungen der Konsumenten in der Konsumption ästhetischer Erscheinungen.

Dem Wort Lenkung kommt hier eine neue Bedeutung zu, denn Lenkung schließt nunmehr die Unentscheidbarkeit

ästhetischer Einstellung und den Unbestimmheitscharakter der
zu erfahrenden ästhetischen Gegenstände und Situationen sowie
ein Unendlichkeitsszenario hinsichtlich der affektiven Erlebnisse
medienbenutzender Subjekte mit ein.

Der Vorschlag, den ich hier unterbreiten möchte, ist, den
Begriff der Medienästhetik daher erstens zu verstehen als eine
Beschäftigung mit ökonomischen, psychologischen Lenkungen
affekter und reflexiver Reaktionen auf gestaltete Medien, und in
einem zweiten Teil in die Medienästhetik Fragen aufzunehmen
nach einer Ethik der Gestaltung von Medien, ihres gezielten Einsatzes sowie der Lenkung der Aufmerksamkeit und Selbstreflexion
von Medienbenutzer*innen. Die Unbestimmbarkeit ästhetischer
medialer Gegenstände sowie eine Unentscheidbarkeit als subjektiver Zustand ihrer Beurteilung wären somit lediglich *ein* Aspekt
des medienästhetischen Begriffs und stehen nicht als konstitutives
Merkmal des Ästhetischen im Mittelpunkt. Denn es handelt sich
um eine gestalterische und in der Programmierung von Algorithmen bewusst hergestellte Unbestimmbarkeit und um eine
gesteuerte Unentscheidbarkeit, deren Ziel eine bestimmte Form
von Kontrolle ist. Dabei ist mit Kontrolle nicht das Stillstellen
oder gar Verhindern affektiver und selbstreflexiver Erfahrungen
gemeint, sondern deren Initiierung und zeitliche Verlängerung
sowie ihre effektive Auswertung und Monetarisierung. Analog zu
den von den großen Unternehmen bereitgestellten Benutzungs-
oberflächen geht es auch Institutionen, die auf die von den
globalen Playern programmierten und gestalteten Interfaces
zurückgreifen (müssen), um Initiierung, Kontrolle und Lenkung
innerer ästhetischer Zustände und affektiver Einstellungen der
Nutzer*innen. Es ist heute quasi unmöglich, sich dieser Art
von Medienkontrolle zu entziehen bzw. sich nicht in die selbst-
reflexiven Schleifen medialer Benutzung zu begeben; und daher
ist es dringend notwendig, dieses Szenario medienästhetisch zu
analysieren und es ins öffentliche Bewusstsein zu bringen. Wie
bereits erwähnt, sind medienästhetische Fragen eng verwoben
mit praktischen und ethischen Perspektiven sowohl auf die Verantwortung derjenigen, die Medien gestalten (bzw. medien-
gestaltende Ausbildungen anbieten), als auch auf die Evokationen,
welche durch eine solche Gestaltung von medialen Gegenständen
und immersiven Medienumgebungen erzeugt werden. Sie sind
somit auch verwoben mit Perspektiven, in denen das Benutzer-
verhalten so konzipiert wird, dass Lust, subjektive Freiheit und
ein „Passen in die Welt" im Rahmen von Unbestimmbarkeit und
Unentscheidbarkeit subjektiv erfahren werden. Beispielsweise

ist die Art und Weise, wie wir als Leser*innen Screenoberflächen benutzen, d.h. was wir lesen, was wir überspringen, welche Links wir öffnen, welche Bilder und Filme wir wie lange anschauen, ein Ergebnis von gestalterischen Lenkungen. Wie etwas platziert und gestaltet ist, lenkt unsere ästhetischen Erlebnisse und Affekte. Der traditionelle Begriff der Ästhetik (wie oben erläutert) ist somit einerseits im Begriff der Medienästhetik aufgehoben, andererseits erfährt er aber eine radikale Verschiebung und Erweiterung.

Es liegt auf der Hand, dass der hier vorgetragene Vorschlag, den Begriff der Medienästhetik anders zu verstehen, unter anderem hinführt zum Nachdenken über Einfluss und Bedeutung audiovisuellen Interfacedesigns als dem Ort der Gestaltung von Schnittstellen zwischen ästhetischen, mathematisch-technischen und sozialen bzw. politischen Kommunikationen. Hierbei kommen Fragen nach einem „intuitiven Wissen" in einer „Mensch-Computer-Interaktion" genauso zur Sprache wie „Handlungsoptionen", die von „Icons, Menüdesigns, Display-Anordnungen und andere[n] Oberflächendesigns" adressiert und gesteuert werden (Fahlenbrach 2023, 162). „Hidden structures" werden unter kognitionspsychologischen Gesichtspunkten als verdeckte Strukturen untersucht, durch die „Hard- und Softwareinterfaces immer intuitiver und ‚natürlicher'" gestaltet werden (Fahlenbrach 2023, 163). Das „Vergehen von Zeit" – in der Relation zur Unendlichkeit und Unabschließbarkeit ästhetischer Einstellungen – kommt durch Interfacedesign beispielsweise im Rahmen der Gestaltung von „körperbasierten Metaphern" zum funktionalen Einsatz (Fahlenbrach 2023, 164). Aber auch Arbeiten der Medienkunst können unter Maßgabe eines medienästhetischen Nachdenkens im Hinblick auf eine „Wirkmacht der grafischen Gestaltung von Interfaces" analysiert und definiert werden (Huss 2023, 149; siehe auch Cramer 2016). Denn auch „die postdigitale Kunstpraxis nimmt es [das Internet] so hin, wie es von Google, Facebook, Instagram, Tumblr und sonstigen Unternehmen formatiert wurde" (Cramer 2016, 57).

Freiheit und merkantile Vernunft: Die historisch inspirierte Kritik am ästhetischen Universalismus

In der kantischen Theorie ästhetischer Urteile ist es das freie Spiel der menschlichen Vermögen (die Verstand und Einbildungskraft heißen), aus dem sich letztendlich die ästhetische Einstellung des Subjekts und sein Erlebnis, in die Welt zu passen, ableitet. Fiktionalität oder Illusion stehen hier genau für die Ungebändigtheit der Einbildungskraft und für die daraus hervorgehenden Effekte. Fiktionalität bedeutet zugleich, sich ein Urteil bilden zu können über etwas, das nicht als gesichert gilt. Der universalistische Anspruch, also die Behauptung, dass prinzipiell alle Menschen zu solchen ästhetischen Einstellungen und innerer Freiheit in der Lage seien, ist die Grundlage für die Behauptung eines ästhetischen *Sensus communis* (also eines Gemeinsinns). Die Gleichheit aller Menschen wäre so im Ästhetischen sichtbar oder zumindest, wenn nicht sichtbar, dann doch als Idee anwesend. Prinzipiell sei also jeder und jede zu dieser Freiheitserfahrung in der Lage, sofern es sich um einen Menschen handelt.

Die Ideen von ästhetischer Freiheit und Emanzipation werden heute neben der Infragestellung von Praktiken ästhetischer Einstellungen im Benutzen von Medienoberflächen ebenso infrage gestellt aus der Perspektive postkolonialer Theorien. Der Ansatzpunkt ist hier die Behauptung der universalen Gültigkeit des ästhetischen Urteils à la Kant. In Ansätzen postkolonialer Theoriebildungen tritt eine massive Kritik am Universalismus dieses von mir oben skizzierten Gedankenganges einer Gleichheit des Vermögens innerer Freiheit zutage. Mit Achille Mbembe möchte ich daher exemplarisch thematisieren, dass der europäischen Dialektik von „Vernunft der Erkenntnis" und „ästhetischer Freiheit" die Auslöschung von anderen Menschen systematisch zugrunde liegt. Mbembe zufolge ist die europäische Vernunft die Kehrseite der verdinglichten Ausnutzung von Körpern der Kolonialisierten; denn die europäische Vernunft ist die Logik und das System einer merkantilen Vernunft der Kolonialmächte. Um Missverständnissen vorzubeugen, möchte ich hervorheben, dass sich natürlich in der Position Mbembes nicht der postkoloniale Diskurs als ganzer abbildet, sondern dass er eine dezidierte Position in diesem Diskurs vertritt. Mbembe schreibt:

> Die merkantile Vernunft denkt die Welt als einen grenzenlosen Markt, als einen Raum freier Konkurrenz und freier Zirkulation. Die Vorstellung, wonach die ganze Welt von Handelsbeziehungen durchzogen ist, welche die Grenzen der Staaten überschreiten und deren Souveränität obsolet zu machen drohen, kommt in mancherlei Hinsicht zur selben Zeit auf wie das Völkerrecht, das bürgerliche Recht, das den „ewigen Frieden" sichern soll. Das moderne Demokratieverständnis ist daher wie der Liberalismus selbst untrennbar mit dem Projekt der kommerziellen Globalisierung verbunden [...]. (Mbembe 2021, 154–55)

Das Verhältnis der freiheitlichen ästhetischen Einstellung ist, so kann man sagen, als die dunkle Kehrseite der rationalen merkantilen Vernunft am Projekt der merkantil gedachten Weltunterwerfung beteiligt. In ihm ist das interesselose ästhetische Wohlgefallen der kantischen Ästhetik deutbar als eine Haltung ästhetisch Rezipierender, die zum Ausdruck bringt, dass sie in ihrer ästhetischen Erfahrung um sich und ihre Situation kreisen, aber ganz bewusst andere Zusammenhänge ausblenden, so auch die kolonialen Herstellungs- und Ausbeutungsgeschichten, die den eigenen ästhetischen Erlebnissen und Erkentnissen zugrunde liegen. Die entlastende Funktion ästhetischer Rezeption kommt also den westlichen Subjekten selbst zu, sie ist zunächst ihre eigene Emanzipations- und Ermächtigungsfigur gegenüber der merkantilen Vernunft. Mbembe schreibt: „Die modernen Ideen der Freiheit, der Gleichheit und auch der Demokratie sind [...] historisch untrennbar mit der Realität der Sklaverei verbunden" (Mbembe 2021, 156–57). Da nach Mbembe „die Stimulierung einer Kultur der Angst [...] [zu] den Triebkräften des Liberalismus" gehört, gehört untrennbar zu ihm die Figur einer Entlastung von dieser Angst (Mbembe 2021, 156). Mbembe deutet die Angst auch als Angst vor einer afrikanischen „Rassegefahr" und nennt diese „eine der tragenden Säulen der liberalen Demokratie". Er zeigt aber ebenso für die europäische Geschichte auf, dass die europäische Vernunft zugleich auf einem Fabulieren insistiert, nur dass in dem europäischen Fabulieren, wie er sagt, „vielfach erfundene Tatsachen als real, sicher und exakt" dargestellt werden (Mbembe 2021, 31). Die Bearbeitung dieses inneren Widerspruchs von Objektivität und dunklem Fabulieren ist letztendlich das Thema der europäischen Ästhetik gewesen, es richtet sich jedoch immer nach innen und nicht nach dem Außen seiner eigenen Voraussetzung, die in dem kolonialen Projekt begründet liegt. So wäre meine Lesart von Mbembe. Illusion und Fiktionalität als Unbestimmbarkeit und Unentscheidbarkeit wären, so gesehen, wesentliche Bestandteile des westlichen Narrativs und Selbstverständnisses einer Weltbeherrschung und nicht ihr kritisches Gegenprojekt. Nach Mbembe befinden wir uns heute in der von ihm so genannten „dritten Phase" am Anfang des 21. Jahrhunderts. Mbembe zitiert u.a. Béatrice Hibou mit den folgenden Worten:

> Die dritte Phase ist die Globalisierung der Märkte, der Privatisierung der Welt unter der Ägide des Neoliberalismus [...]. Unter Neoliberalismus ist eine Phase in der Geschichte der Menschheit zu verstehen, die von Computerindustrien und Computertechnologien beherrscht wird. [...]

Diese Entwicklung ist außerdem gekennzeichnet durch die Produktion von Gleichgültigkeit, die erzwungene Kodierung des sozialen Lebens in Normen, Kategorien und Zahlen sowie durch diverse Abstraktionsoperationen, die den Anspruch erheben, die Welt auf der Basis der Unternehmenslogik zu rationalisieren. (Mbembe 2021, 15; vgl. auch Hibou 2012)

Im Anschluss an meine Überlegungen oben wäre es heute geboten, sich auf die Verschaltungen bzw. Schnittstellen der von Hibou aufgezeigten Kategorisierung und Abstrahierung mit den digital erschaffenen affektevozierenden immersiven Erlebnisräumen zu konzentrieren, auch aus einer historisch informierten politischen Perspektive. Normierung, Kategorisierung und Fiktivität sind miteinander verbunden.[3] Mbembe sagt zur Rolle des Fiktionalen in diesen Prozessen: „Da ein Teil der Arbeit nun darin besteht, das Reale in Fiktion und die Fiktion in Realität zu verwandeln, werden militärische Mobilmachung aus der Luft, die Zerstörung der Infrastruktur, die Schläge und Verwundungen nun von einer totalen Mobilmachung der Bilder begleitet" (Mbembe 2021, 18). Wie Mbembe betont, ist auch diese Phase der Ökonomisierung des Digitalen verbunden mit Figuren des Fiktionalen und der Illusion. Wir befinden uns heute vermehrt als User*innen von Medien im Zustand ästhetischen Erlebens und auch Reflektierens und Interpretierens. Dabei befreit uns ein isoliertes Narrativ einer ästhetischen Einstellung zur Welt als Narrativ ihrer konsumistischen Aneignung von Verantwortung und von Fragen nach Herkünften, z.B. auch nach der Herkunft von Konsumgütern. Die Freiheit einer ästhetischen Einstellung ist meiner Ansicht nach Teil der von Mbembe „dritte Phase" genannten Digitalisierung geworden. Neben dem Universalismusvorwurf an die ästhetische Theorie aus einer postkolonialen Perspektive greift hier das gesamtgesellschaftliche Ästhetisierungsparadigma. Es gilt m.E. auch für digitale Prozesse, in denen es vermehrt um Selbsterlebnis, Selbstbestätigung und Urteilsbildung im problematischen Sinne eines Nicht-wissen-Wollens geht. Wenn wir über Medienästhetik nachdenken, müssen wir diese entgrenzenden historischen Prozesse mit einbeziehen in unsere Überlegungen. Stellt eventuell sogar der kantische *Sensus communis* bereits die erste Stufe einer

---

3 Paraphrasierend lässt sich sagen: In unseren alltäglichen Geräten des schönen Scheins ist das von Mbembe über die merkantile Vernunft Gesagte implizit enthalten, nämlich dann, wenn man das europäische ästhetische Projekt seit dem 18. Jahrhundert als Teil der allgemeinen Aufklärung versteht.

Abschottungsbewegung dar, an deren Ende man – nachdem man sich selbst absolut gesetzt hat – rückwirkend eine Art von subjektivem Universalismus des Selbst proklamiert?

Zum Begriff der Gestaltung in der medienästhetischen Debatte: Medienästhetische Gestaltung als künstlerische Handlung

Wenn der schöne Schein nur mehr eingeschränkt unter emanzipativen Gesichtspunkten betrachtet werden kann, die wiederum eine Rahmung durch globale Ökonomien erfahren haben, so bietet es sich an, Grundkoordinaten unseres Denkens zur Bedeutung der Gestaltung, zum Entwerfen und Herstellen neu zu definieren: Versteht man Medienästhetik als eine Theorie von Handlungsformen, die sich ihrer Medialität bewusst werden können, wird es möglich, Gestaltetes als ein Resultat von Handlungsentscheidungen anzusehen. Damit findet eine Öffnung statt; der Blick bzw. das Denken kann sich nun nicht allein einer Analyse der Auswirkungen von Medienrezeptionen widmen, sondern wird frei für Fragen nach Möglichkeiten im Sinne möglicher Handlungsentscheidungen, auch Möglichkeiten verschiedener Medialität.

Hier gälte es im Rahmen medienästhetischer Überlegungen – neben Fragen nach der Steuerung von affektiven Nutzungen durch Sound- und Screengestaltung als akustische und grafische Anordnungen – auch nach Programmierentscheidungen zu fragen. Die Kunst und Technik des Programmierens sowie die Kunst und Technik des Sounddesigns sowie des Screendesigns lenken die Nutzung ihrer Produkte, das ist zunächst meine These.

Jetzt ließe sich sogleich fragen: Was soll im Prozess des Herstellens, Programmierens und Gestaltens evoziert oder provoziert werden? Worauf zielt solch eine Lenkung?

Handelt es sich um das Ziel einer möglichst großen Freiheitserfahrung im Sinne der hedonistischen Erfahrung eines lustvollen freien Spiels der User*innen, also um Lenkung durch einen hohen Grad affektiver Ansprache? Handelt es sich um eine ökonomisch angeleitete Verhaltenssteuerung der User*innen? Was kann eine Alternative zu den beiden Fällen (affektive Lenkung, ökonomische Verwertung) darstellen? Ist eine Offenlegung von Gestaltungsentscheidungen für User*innen wünschenswert? Um ein Beispiel zu geben: Durch die konkrete Gestaltung eines Text-Bild-Verhältnisses im Screendesign lässt sich beispielsweise beeinflussen, ob die Leser*innen am Bildschirm den Text lesen oder ob sie nach dem Lesen einiger Zeilen auf andere Links gehen, unter denen sie wieder neue Informationen finden. Ein anderes Beispiel: Durch das Einsetzen eines Like-Buttons auf einer Seite wird eine bestimmte Bewertung und somit ein Ranking angeleitet, in dem eine qualitative, inhaltliche Beurteilung durch eine quantitative Zählung ersetzt wird.

Um auch hier Missverständnisse zu vermeiden, möchte ich ansprechen, was selbstverständlich einem sozusagen eindeutigen „Durchhandeln" im Sinne der einfachen Umsetzung von gestalterischen Zielen entgegensteht: Analog zu einer Agency des Materials, die immer in Handlungen involviert ist und diese mit beeinflusst, lässt sich vielleicht auch in Bezug auf die Aktivität von Algorithmen von so etwas wie Agency sprechen, auch wenn die wiederum anders funktioniert als ein Widerstand oder eine Agency des Materials. Ich meine die Tatsache, dass Algorithmen „handeln" (in Anführungszeichen). Sie handeln natürlich genau nicht, sondern sie tun etwas anderes, kurz gesagt rechnen sie abseits von Bedeutungsbildungen, die für sie selbst keine Rolle spielen. In diesem Sinne sind sie kein Äquivalent zu den kulturellen Bedeutungen, die den Materialien eingeschrieben sind, schon bevor diese bearbeitet werden. Elena Esposito sagt: „Wir müssen die Algorithmen als autonome Akteure behandeln, mit Prozessen, Verfahren und Problemen, die nicht auf die gewohnten Formen der Zuschreibung und Verantwortlichkeit zurückzuführen sind" (Esposito 2002, 272; vgl. auch Reichertz 2013). Aber sie betont ebenfalls: „[D]ie Verfahrensweisen der Algorithmen sind ferner eindeutig das Ergebnis einer menschlichen Gestaltung mit ihren spezifischen Bezugnahmen und Vorlieben, und zwar auch in den Fällen, in denen die Programmierer die Einzelheiten der Funktionsweise der Maschinen nicht kennen" (Esposito 2002, 284).

Gestaltung kann ein Versuch sein, sich zu ermächtigen, einzugreifen. Hier spielt nach meinen Andeutungen eben lediglich ein beschränkter Freiheitsbegriff künstlerisch-gestalterischen Handelns eine Rolle, denn das absolute, hedonistisch auf das eigene In-die-Welt-Passen bezogene Handeln würde gestalterisch auf jeden Fall schlechte und unbrauchbare Ergebnisse erzielen. Statt einer Ambivalenz des Unentscheidbaren spielen konkrete Entscheidungen eine Rolle. Es lässt sich vielleicht nicht absolut und immer sagen, ob es sich um die richtigen Entscheidungen handelt, jedoch lassen sie sich im Sinne der Ergebnisse, die sie provozieren, diskutieren und es lassen sich Richtigkeit und Falschheit verhandeln. Imagination und Fiktionalität spielen dabei zum einen (auf der Produktionsseite) eine Rolle als poietische Fertigkeiten. Zum anderen treten sie aber auch auf der Rezeptionsseite in Erscheinung. Und zwar als Reaktionen, die nicht in jeder Beziehung berechenbar sind, die aber dennoch nicht allein zufällige Affekte darstellen.

Der Begriff der Medienästhetik sollte in einem solchen erweiterten Sinn für die Untersuchung, Analyse und Reflexion gestalterischen Handelns, seiner Effekte und Produkte und ihrer Auswirkungen stehen, eines Handelns, in dem auch Weichen für die Benutzung von medialer Hard- und Software gestellt werden. In welchem Verhältnis stehen gestaltete mediale Produkte und Oberflächen zur heutigen Strukturalität und Netzwerkhaftigkeit „einer Architektur der Satelliten, der Kabel, der Kommunikationsnetze, der Server, der Rechner, der selbststeuernden Apparate, der Sensoren, der Biotechnologie" und auch zur Rationalität der Algorithmen (Schwarte 2021, 135)? Gestaltungen können Spuren hinterlassen, nicht nur Störungen, sondern eine Art Fairness gegenüber User*innen erzeugen, denen durch visuelle Gestaltung und Sound-Gestaltung und Programmierung eigene Verstehens- und Entscheidungsmöglichkeiten angeboten werden, auch in dem Sinn, dass sie die dahinterliegenden Verknüpfungen sehen und verstehen könnten.[4]

Skeuomorphismus wäre dafür ein Beispiel. Mit diesem Begriff ist ein digitales Nachahmen vertrauter materialer Gegenstände im Digitalen gemeint. „Wenn ein zentrales Moment postdigitaler Ästhetik die Neuverhandlung des Verhältnisses zwischen alten und neuen Medien ist, dann gilt es, gerade den Skeuomorphismus in seiner designtheoretischen und technikphilosophischen Bedeutung hinsichtlich der Materialität des Digitalen zu berücksichtigen" (Huss 2023, 157).[5] Allerdings gibt es ein solches Anknüpfen des Neuen an das Alte und Altbekannte als „Veranschaulichung durch Gestaltung" auch bei den Produkten der großen Tech-Firmen, dies wäre aus medienästhetischer Perspektive mit zu bedenken.

Einen Fokus auf die Zusammenhänge von Sichtbar- und Hörbarmachung durch Gestaltungen und aus ihnen resultierende Nutzungen zu legen, ist aber dann das Gegenteil der Theoretisierung von erzeugter Unbestimmbarkeit und Unentscheidbarkeit: Es geht

---

4 Ludger Schwarte spricht gar von einem „Angriff auf diese Architektur" (Schwarte 2021, 135).
5 Vgl. Huss 2023, 152: „Denn gerade die visuelle Gestaltung hat eine Funktion, die über die bloße Benutzerfreundlichkeit im konkreten Anwendungskontext hinausgeht, indem sie das Neue an das Alte anknüpft und somit die Evolution von Technologien anschaulich werden lässt."

um Bestimmbares, das ist nicht zuletzt eine andere, neue Auffassung von Ästhetik, in welcher die Idee einer Verantwortung eine Rolle spielen kann. Die affektive und leibliche Dimension der Benutzung kann als intersubjektiver Eigenwert in ein solches, hier vorgeschlagenes medienästhetisches Handeln integriert werden. Ist das zu optimistisch?

Literatur

Bateson, Gregory. 1985. „Eine Theorie des Spiels und der Phantasie". In *Ökologie des Geistes: Anthropologische, psychologische, biologische und epistemologische Perspektiven*, Gregory Bateson, 241–61. Frankfurt am Main: Suhrkamp.

Cramer, Florian. 2016. „Nach dem Koitus oder nach dem Tod? Zur Begriffsverwirrung von ‚Postdigital', ‚Post-Internet' und ‚Post-Media'". *Kunstforum International* 242, Nr. 1: Themenheft *Postdigital*, 54–67.

Esposito, Elena. 2002. *Soziales Vergessen: Formen und Medien des Gedächtnisses der Gesellschaft*. Frankfurt am Main: Suhrkamp.

Fahlenbrach, Kathrin. 2023. „Audiovisuelles Interfacing: Zum metaphorischen Interfacedesign von Videoplattformen". In *Kunst, Design und die „technisierte Ästhetik"*, herausgegeben von Lars C. Grabbe, Christiane Wagner und Tobias Held, 161–81. Marburg: Büchner.

Goppelsröder, Fabian und Markus Rautzenberg. 2016. „Bateson und das Computerspiel: Ein Gespräch über das Phantasma der Berechenbarkeit", In *Digitale Spiele im Diskurs*, herausgegeben von Thorsten Junge und Dennis Clausen, 1–11. Hagen: Fernuniversität. Letzter Zugriff am 28. November 2024. https://ub-deposit.fernuni-hagen.de/receive/mir_mods_00000560.

Hibou, Béatrice. 2012. *La Bureaucratisation du monde à l'ère néolibérale*. Paris: Découverte.

Huss, Till Julian. 2023. „Postdigitale Ästhetik: Interferenzen zwischen Kunst und Design". In *Kunst, Design und die „technisierte Ästhetik"*, herausgegeben von Lars C. Grabbe, Christiane Wagner und Tobias Held, 145–61. Marburg: Büchner.

Kittler, Friedrich A. 2003. *Aufschreibesysteme 1800/1900*. 4. vollständig überarbeitete Neuauflage. Paderborn: Fink.

Koch, Gertrud. 2016. *Die Wiederkehr der Illusion: Der Film und die Kunst der Gegenwart*. Berlin: Suhrkamp.

Mbembe, Achille. 2021. *Kritik der schwarzen Vernunft*. Berlin: Suhrkamp.

Reichertz, Jo. 2013. „Algorithmen als autonome Akteure?" SozBlog. 24. Februar 2013. Letzter Zugriff am 28. November 2024. https://blog.soziologie.de/2013/02/algorithmen-als-autonome-akteure/.

Schwarte, Ludger. 2021. „Zeit, Architektur und Kontrolle". In *Konfigurationen der Zeitlichkeit. Jahrbuch Technikphilosophie 7*, herausgegeben von Ludger Schwarte und Thomas Hilgers, 121–36. Baden Baden: Nomos .

Internationales Jahrbuch für Medienphilosophie und Medienästhetik,
Was ist Medienästhetik?, 2024

Emmanuel Alloa

PHÄNOTECHNIK

SKIZZEN ZU EINER ANDEREN ÄSTHETIK

Das Verhältnis zwischen Medientheorie und Ästhetik war lange Zeit von gegenseitiger Skepsis, wenn nicht gar offener Feindschaft geprägt. Der Beitrag untersucht den Grund für dieses wechselseitige Misstrauen und fragt nach den Gründen für die „Medienblindheit" der Ästhetik und die „Kunstblindheit" der Medientheorie. Während die Medientheorie oft diejenigen Dimensionen vernachlässigte, die für das Verständnis von Kunstwerken zentral sind – Singularität, Körperlichkeit und Sinnlichkeit –, hat die Ästhetik andererseits oft die infrastrukturellen und technischen Bedingungen ignoriert, die das Entstehen ästhetischer und künstlerischer Phänomene ermöglichen. Emmanuel Alloa schlägt einen neuen Ansatz vor, den er auf den Namen „Phänotechnik" tauft. Anstatt Technik als ein Verfahren zu begreifen, das nur dann funktioniert, wenn es sich selbst durchsichtig und vergessen macht, geht es vielmehr um den Nachweis, dass es durchaus eine „aisthetische" Dimension der Technik gibt, die eigens bedacht werden will. Kurzum gesagt: Es gibt ästhetische Medien, deren Leistung gerade darin besteht, dass sie in Erscheinung treten lassen, was nicht hinreichend gesehen wurde.

KEYWORDS
Medienästhetik, Anästhesie, Blindheit gegenüber Kunst,
Blindheit gegenüber Medien, Phänotechnik, Gilbert Simondon

Die Kunstblindheit der Medientheorie und die Medienblindheit der Ästhetik

Kann es Medienästhetik überhaupt geben? Auf den ersten Blick passt die Ästhetik zu den Medien wie der Igel zum Handtuch. Ästhetik, so hört man oft, sei die Domäne des freien Spiels sinnlicher Vermögen sowie der autonomen Kunst; Medien hingegen gehören eher, so die gängige Meinung, in den Dienstleistungssektor, wo sie sich als Auftragstäter ihrer fremdbestimmten Aufgabe umso besser entledigen, als sie darin bis zur Unkenntlichkeit aufgehen. Kurz gesagt: Ästhetik sei das Reich der Autonomie, Medialität hingegen das Reich der Heteronomie. Falls es nun aber so etwas wie eine Medienästhetik geben und es zu Legierungen des Medialen und des Ästhetischen kommen können soll, muss Folgendes zutreffen: Entweder ist die gängige Annahme schlichtweg falsch. Oder aber sie greift, und zwar sowohl was Ästhetik als auch was Medien betrifft, entschieden zu kurz. Letzteres wird umso wahrscheinlicher, wenn man bedenkt, dass beide Bereiche nach wie vor stark durch zwei Vorurteile geprägt sind, die sich wie folgt charakterisieren lassen: die *Kunstblindheit der Medientheorie* und die *Medienblindheit der Ästhetik*. Jeder Versuch, so etwas wie eine belastbare Medienästhetik zu entwerfen, muss sich zunächst mit diesen zwei Vorurteilen auseinandersetzen, die ein solches Unterfangen belasten.

Kunstblindheit der Medientheorie

Die Medientheorie hat im 20. Jahrhundert erheblich dazu beigetragen, die Konstitutionsleistung von Medien in den Fokus der Aufmerksamkeit zu rücken. Immer klarer wurde, dass Medien nicht nur dazu dienen, Botschaften von A nach B zu übertragen, sondern einen maßgeblichen Anteil an der Gestaltung sozialer Existenz besitzen. In dieser Hinsicht stellen sie keineswegs nur neutrale Transmissionsriemen dar, sondern agieren vielmehr als Wirkkräfte, die unsere Deutungsraster und Handlungsmuster ganz entscheidend mitprägen. Ihre Codierung (sei sie stofflicher, mechanischer oder algorithmischer Art) gibt von Anfang an die Bahnen vor, in denen Medien ihren Dienst tun. Wenn es heißt, dass Medien einen „Eigensinn" aufweisen, dann ist damit gemeint, dass sie Prozesse der Sinnproduktion immer schon steuern und lenken. Weder in Bezug auf die Botschaft, die ihnen aufgetragen wird, noch in Bezug auf den jeweiligen Kommunikationsrahmen, in dem sie tätig werden, verhalten sie sich unparteiisch. Der epistemologische

Erfolg der Medientheorie, deren Grundeinsichten heute kaum mehr auf nennenswerte Einwände stoßen, bemäntelt dabei jedoch oft die eigene Schlagseite: *Medien*theorie war und ist zumeist *Massenmedien*theorie; historisch wie systematisch ist der Aufschwung der Medientheorie, von ihren Pionieren wie Benjamin und Brecht bis hin zu Marshall McLuhan oder Friedrich Kittler, von der Revolution der Massenmedien wie Rundfunk, Film oder Fernsehen beeinflusst.

Dass retrospektiv auch ältere Medien, ja genau genommen sogar nicht-technische Medien in diese allgemeine Betrachtung einbezogen wurden – von babylonischen Zählsteinen über die Kulturtechnik der Schrift und den frühneuzeitlichen Buchdruck –, ändert an dieser anfänglichen Prägung wenig. Ein medientheoretischer Schrittmacher wie Marshall McLuhan beklagt zwar, dass man elektrisches Licht nicht als Kommunikationsmedium ernst nehme, weil es „ohne ‚Inhalt‘" sei, verfestigt jedoch im gleichen Atemzug diesen kommunikationalen Fehlschluss, wenn das Licht zu demjenigen Medium wird, dessen Botschaft im Medium selbst besteht (McLuhan 1992, 18). Dabei wird eine Prämisse verallgemeinert, die speziell für Massenmedien gilt: die Trennung von Gehalt und Gestalt, von Inhalt und Form. Nur weil Massenmedien die Funktionen der Speicherung, Verarbeitung und Übertragung standardisieren und dabei von der jeweiligen aisthetischen Erscheinungsweise absehen, entsteht überhaupt der Skaleneffekt, der sie als Massenmedien qualifiziert.

Was für Massenmedien zweifellos weitgehend zutrifft, wird nun zur allgemeinen These, nämlich dass „der ‚Inhalt‘ jedes Mediums der Wesensart des Mediums gegenüber blind macht" (McLuhan 1992, 15). Das Medium lenkt, einem Bild McLuhans zufolge, die Aufmerksamkeit auf den Inhalt, so wie der Einbrecher ein Stück Fleisch mitführt, um den Hund abzulenken. Dass es ganz andere, nämlich zum Beispiel künstlerische Verwendungen von Medien gibt, bei denen über die Wesensart des jeweiligen materiellen Mediums keineswegs hinweggesehen wird, wird in solcherlei Theoriebildung mit keinem Wort erwähnt, was nicht weiter problematisch wäre, handelte es sich nur um eine Theorie kommunikativer Massenmedien und nicht um eine allgemeine Medienphilosophie, mit dem Anspruch gepaart, auf jedes Medium anwendbar zu sein. Denn die These von der konstitutiven Transparenz der *Medien* gehört mittlerweile zu den fest etablierten Gemeinplätzen allgemeiner Medientheorien. Die Medienphilosophin Sybille Krämer bemüht hierfür den folgenden Vergleich: „Medien wirken wie Fensterscheiben. Sie werden ihrer

Aufgabe umso besser gerecht, je durchsichtiger sie bleiben [...] Die unverzerrte Botschaft macht das Medium nahezu unsichtbar" (Krämer 1998, 74). Der postphänomenologische Technikphilosoph Don Ihde argumentiert ähnlich, wenn er im Anschluss an Martin Heideggers Zeuganalyse aus *Sein und Zeit* darlegt, das Werkzeug sei umso erfolgreicher, als es sich im Gebrauch vergessen macht, was besonders bei Medien der Fernschaltung und Telepräsenz greifbar werde; „the closer to invisibility, transparency, and the extension of one's own bodily sense this technology allows, the better" (Ihde 1990, 74).

Unauffälligkeit, Unsichtbarkeit, Durchsichtigkeit – Medien, so der landläufige Konsens, müssen im Gebrauch aufgehen, von ihrer eigenen Machart ablenken, kurzum: Sie müssen, um ihre Aufgabe zuverlässig zu erfüllen, durchgestrichen oder gar „anästhetisiert" werden. Unschwer erkennbar ist vor dieser Folie, warum diese allgemeine Medientheorie offenbar einen Bereich vollkommen ausspart: den ästhetischen. Gerade bei Kunstwerken scheint es nachgerade schwierig, jene Dualität ausfindig zu machen, die McLuhan jedem einzelnen Medium (außer dem elektrischen Licht) zuschreiben will, nämlich die Dualität von Medium und Inhalt, von Kanal und Botschaft. Ein Kunstwerk, das eine und nur eine Botschaft hätte, stünde immer im Verdacht, allenfalls Propaganda oder Werbung zu sein, jedenfalls aber keine Kunst. Was für Kunstwerke allemal gilt, lässt sich jedoch mit Zuverlässigkeit auch über viele ästhetische Phänomene aussagen: Hier ist das jeweilige Medium keineswegs bedeutungslos, denn die Art und Weise, wie die jeweiligen Stoffe, Materialien, Techniken und Verfahren eingesetzt werden, greift entschieden in den Sinn des ästhetischen Gebildes ein und verweist auf die prinzipielle Verwobenheit von Modus und Bedeutung, auf die untrennbare Verquickung von *Wie* und *Was*.

Im Kontext ihrer Philosophie symbolischer Formen hat Susanne K. Langer die Vermutung aufgestellt, dass die Kommunizierbarkeit und Übertragbarkeit medialer Zeichen mit der materiellen Indifferenz ihrer sinnlichen Gestaltung korreliert. Je mehr man sich dafür interessiert, wie ein Gebilde jeweils aussieht, desto schwieriger wird es, die Botschaft von ihrer stofflichen Einfassung loszulösen. „Je karger und gleichgültiger das Symbol, um so größer seine semantische Kraft. [...] Kleine Geräusche hingegen sind ideale Vermittler von Begriffen, denn sie geben uns nichts außer ihrer Bedeutung" (Langer 1992, 83). Die aisthetische Gleichgültigkeit wird somit zur Voraussetzung kommunikativer Effizienz, erklärt allerdings auch, warum ästhetische Zugänge, bei

denen es ein genuines Interesse für die jeweilige Erscheinungsweise geht, in einer solchen Beschreibung kaum Platz haben.

Medienblindheit der Ästhetik

Man könnte nun meinen, die Eigengesetzlichkeit des Ästhetischen,
die sich der kommunikativen Effizienz widersetzt, müsse
unmittelbar mit einer Rehabilitierung der jeweiligen ästhetischen
Medien einhergehen. Dem ist allerdings nicht so. Neben der Kunstblindheit der Medientheorie belastet entsprechend eine Medienblindheit der Ästhetik das Unterfangen einer allgemeinen Medienästhetik. Kunstwerke, aber darüber hinaus auch das ganze Feld
ästhetischer Gebilde, Ereignisse, Situationen oder Atmosphären
zeichnen sich durch eine verhältnismäßig hohe Renitenz gegen
zweckrationale Vereinnahmungen aus. Gegenüber jedweder
Art von Funktionalisierung, ob sozialer, technischer oder ökonomischer Art, beansprucht das Ästhetische einen mehr oder
minder hohen Grad an selbstbezüglicher Zweckfreiheit, die nicht
zuletzt gegen die kalkulierten Effekte der Unterhaltungsindustrie opponiert. Dieser Anspruch auf einen ästhetischen Eigensinn, der sich zumindest in Teilen den Zwängen von Konsum,
Produktivität und Verführung entzieht, paart sich jedoch nicht
zwangsläufig mit einer Aufwertung des medialen Eigensinns.
Vielmehr stellt sich heraus, dass das Transparenzparadigma auch
in der Tradition ästhetischer Praxis sowie ihrer Reflexion wirk-
mächtig war, wiewohl aus etwas anders gelagerten Gründen. In
gewisser Weise könnte man von einer prinzipiellen *Antivirtuosität*
funktionierender Technik sprechen: Technische Medien und
Apparaturen gelten dann als zweckmäßig, wenn sie sich in ihrer
Materialität und Technizität vergessen machen und ihre eigene
Leistung gleichsam unter den Scheffel stellen. Ganz anders
ästhetische Erscheinungskomplexe, allen voran Kunstwerke, bei
denen die jeweilige Art und Weise des Vollzugs – Pinselführung,
Farbauftrag, Format, Rhythmus, Tempo, Gestik, Expressivität,
Idiomatik usw. – zählt: Das *Wie* lässt sich niemals ganz hinter dem
Was zum Verschwinden bringen. Diese konstitutive Unentwirrbar-
keit von Erscheinungsgeschehen und Erscheinungsgehalt heißt
allerdings nicht im Umkehrschluss, dass an jedem Erscheinungsgehalt schon das jeweilige Erscheinungsgeschehen sichtbar bzw.
dass in jedem ästhetischen Phänomen schon dessen aisthetischen
Voraussetzungen wahrnehmbar würden. Vielfach ist es geradezu
so, dass die ästhetische oder besser: artistische *Virtuosität* mit einer
Unsichtbarmachung ihrer jeweiligen Produktionsbedingungen
einhergeht – auch in der Kunst gibt es allerhand Unscheinbarkeit.

Ein antikes Motto bringt diesen Sachverhalt prägnant zum Ausdruck: *ars est celare artem*; Kunst ist, was Kunst verbirgt. Ob es sich um die bildenden, um die Raum- oder um die Sprachkünste handelt – der Gedanke, der die europäische Kunstliteratur seit der Antike durchzieht, besagt, dass Kunst in der Selbsttarnung und Selbstdurchkreuzung besonders formvollendet ist. Ihre höchste Verwirklichung erreicht Kunst dann, wenn sie den Anschein von Mühelosigkeit, Anmut und Unbeschwertheit erweckt. Nun stellen sich gerade solche Zustände bekanntlich selten spontan ein und sind oft nur mit besonders viel Aufwand zu erzielen. Das *ars celare artem,* das kunstvolle Verbergen der Kunst, wird in der Kunstliteratur der italienischen Renaissance auch mit dem Konzept der *sprezzatura* in Verbindung gebracht, mit der Fähigkeit also, eine Tätigkeit spielerisch und simpel aussehen zu lassen. Der Maler muss verbergen, auf welch mühsamen Umwegen der optische Effekt zustande kam, und den Eindruck suggerieren, sein Werk sei durch lässige Unbedarftheit, fast schon spontan entstanden. Dieser für das Quattrocento so zentrale Topos des *ars celare artem* verweist selbst wiederum auf die Tradition der Rhetorik zurück. Obwohl die explizite Form wohl erst mittelalterlicher Prägung ist, kann sie dem Gedanken, wenn noch nicht dem Wortlaut nach, auf die antike römische Rhetorik zurückgeführt werden, wo sie bei Tibull, Cicero, aber auch Quintilian wegweisend ist und noch die gesamte frühneuzeitliche Moraltheorie überschattet, wenn es – etwa bei Baldassare Castiglione – um die Frage geht, wie man in Gesellschaft besonders vorteilhaft erscheinen kann (Rosen 2003).[1]

Dass sich Kunst selbst vergessen machen muss, um als Kunst durchzugehen, findet sich ferner auch im 18. Jahrhundert, etwa wenn Kant argumentiert, wahre Kunst sei Kunst, die den Anschein von Natur habe (Kant 1968, § 45). Auch das romantische Geniekonzept zehrt von dieser Unsichtbarmachung der Technik. Schon Beethoven gab zu, dass vieles von dem, was zu seiner Zeit als kompositorisches Genie durchging, in Wirklichkeit nur auf die geschickte Verwendung des verminderten Septakkords zurückzuführen sei. Doch auch neue mechanische Künste rekurrieren auf ähnliche Denkmuster. Noch die Fotografie legitimiert sich zu Beginn des 19. Jahrhunderts als neue Bildkunst gegenüber der Malerei dadurch, dass sie auf ihre vermeintliche natürliche Indexikalität verweist und somit darauf, dass die Fotografie gleichsam ein offenes Fenster auf die Wirklichkeit darstellt. Nicht der Fotograf zeichnet sie auf, ja nicht einmal die Aufzeichnungstechnik,

---

1 Zum Verhältnis von Virtuosität und *sprezzatura* vgl. auch Suthor (2010).

vielmehr sei es der „Pinsel der Natur" selbst – der *pencil of nature*, wie sich der Fotopionier Henry Fox Talbot ausdrückt –, der auf der lichtempfindlichen Platte zeichnet.

Der europäische Kunstdiskurs ist nachgerade durchwirkt von dem Topos der *dissimulatio artis*, die damit immer auch einer *dissimulatio medii* entspricht. Selbst in einer modernistischen Ästhetik ist er noch unverkennbar zu spüren, und zwar paradoxerweise ausgerechnet bei solchen Künstlern, die als Athleten der Antivirtuosität in die Geschichtsbücher eingingen: Marcel Duchamp ist bekannt dafür, einer sinnengestützten Kunst den Kampf angesagt zu haben. Anstelle einer Kunst, die sich an die Retina, also an die Netzhaut wendet, müsse die Kunst laut Duchamp zu einer rein geistigen Angelegenheit werden. Aufgabe der Konzeptkunst, der damit der Weg geebnet wird, ist es nun im Wortlaut Duchamps fortan, eine *Vollnarkose der Sinne bzw. eine „Totalanästhesie" („anesthésie complète")* zu erreichen (Duchamp 1976, 191). Noch das Ready-made suggeriert, der Künstler habe das Objekt bereits fertig vorgefunden und lediglich unter vielen möglichen Alltagsgegenständen ausgewählt: Dass das Urinal noch einer Reihe weiterer Prozesse unterzogen wurde – die seitenverkehrte Aufstellung, die Positionierung auf dem Sockel, die handschriftliche Signierung usw. –, um zu einer *Fountain* gemacht zu werden, das wird dabei geflissentlich ausgespart. Als Teil des Legitimierungsdiskurses einer neuen Kunstrichtung, die sich vehement als Verabschiedung der bisherigen begreift, erhält das Motiv der Anästhetisierung Nachschub, wenn nun auch mit einer neuen Wendung, die Unsichtbarmachung der materiellen Arbeit. Neben der Kunstvergessenheit der Medientheorie lastet demnach auch eine umgekehrte Medienvergessenheit auf der Ästhetik.

Mittel ohne Zweck: Erosionen der Alterität

Nicht alle ästhetischen und artistischen Praktiken halten sich an die Vorschrift des *ars est celare artem*. Besonders in der Moderne ist die gegenläufige Tendenz zu verzeichnen, die den Kunstcharakter in der Rückbezüglichkeit auf Grenzen des jeweiligen Mediums verortet. Die eigenen stofflich-materiellen Bedingungen ausweisen, die Produktionsbedingungen offenlegen, die Anlässe, Eingriffe und Auslöser schonungslos vorführen – all dies wird Teil eines Selbstverständnisses der modernistischen Kunst. Gerade die Avantgarden definieren sich vielfach durch eine resolute Verweigerung von kommunikativer Transparenz; das ästhetische

Medium soll als es selbst hervorgestrichen werden, in seiner unfügsamen Immanenz. Vorbereitet wird diese Rückbesinnung auf das eigene Medium im 19. Jahrhundert durch die Bewegungen der „absoluten Musik" und der „absoluten Dichtung", auf die dann später die „nicht-figürliche Malerei" folgt. Im 20. Jahrhundert lassen sich zuhauf Beispiele solcher Werke nennen, in denen eine Kunst gleichsam ihren eigenen radikalen Nullpunkt sucht: in der Lyrik die rein akustische Poesie von Dada Zürich (die Lautgedichte von Hugo Ball oder Tristan Tzara), für die Malerei das *Schwarze Quadrat auf weißem Grund* von Kasimir Malewitsch (1915), für die Musik *4'33* von John Cage (1952) und für die Skulptur etwa die minimalistischen Würfel (*specific objects*) von Donald Judd aus den 1960er Jahren. Für den Tanz könnte man vielleicht die Choreografien von Yvonne Rainer nennen, und im Bereich des Experimentalfilms Arbeiten wie *The Flicker* von Tony Conrad (1965) oder *Light Describing a Cone* von Anthony McCall (1973). In all diesen Werken wird das Medium auf dinghafte Anwesenheit reduziert und der Verweischarakter unterbunden. In einigen Kunstrichtungen ist der Anspruch explizit, wie etwa in der monochromen Malerei oder im *Tachisme*: Jede Fremdreferenz wird getilgt, übrig bleibt allein das Farbfeld bzw. der Fleck (*tache*), der Sprenkel oder das Mal. Das Gemälde stellt sich aus in seiner reinen Präsenz, als mit Farbe oder Graphit überzogene Leinwand. In den Sprachkünsten sind es wiederum Bestrebungen, die semantische Artikulation aufzulösen zugunsten eines reinen Satz- oder Sprechflusses. In der *Noise*-Musik werden klassische Klangordnungen aufgehoben, um Platz zu machen für ein reines, bedeutungsbereinigtes Rauschen.

Überhaupt ist auffällig, wie sehr diese Avantgarden noch – wenn auch negativ – durch das Modell der Informationstheorie bestimmt sind. Anders als im Medienkonzept der Informationstheorie von Claude Shannon und Warren Weaver geht es nicht mehr darum, einen möglichst rauschfreien Kanal zu konstruieren, damit die Botschaft unbeeinträchtigt den Empfänger erreicht, sondern umgekehrt gleichsam den Kanal selbst zur Botschaft zu machen. *The medium is the message* – McLuhans Formel lässt sich umstandslos auch als Credo einer bestimmten modernistischen Kunst adaptieren. Im Aufbegehren des Mediums gegen seine Indienstnahme und seiner offensiven Zurschaustellung liegt nicht nur ein antifunktionalistisches Moment, das gleichsam die Souveränität und Eigengesetzlichkeit des Medialen affirmiert. Darüber hinaus erhält das transzendentalphilosophische Projekt einer Erforschung der Bedingungen der Möglichkeiten eine diesmal materialästhetische Wendung: Hinter dem Revanchismus der Apparaturen, hinter dem

Aufstand des Geräts, liegt nicht zuletzt die Hoffnung, nun endlich das Medium im Reinzustand erfassen zu können. Im französischen *Nouveau roman* der 1960er Jahre oder noch unmissverständlicher in der amerikanischen *Minimal art* der gleichen Zeit verdichtet sich diese Auffassung in einer Grammatik der Tautologie. So heißt es prägnant beim minimalistischen, kürzlich verstorbenen Maler Frank Stella: Nur was gesehen werden kann, ist auch da; was man sieht, ist, was man sieht („only what can be seen there *is* there [...] What you see is what you see") (Glaser, Judd und Stella 1968, 158). In einem ganz ähnlichen Sinne äußert sich Stellas Malerkollege Robert Ryman: „what the painting is, is precisely what [the viewers] see" (Ryman und Tuchman 1971, 53). Ein sozusagen völlig intransitiv gewordenes Medium, das jeder Zweckbestimmung enthoben wurde.

Derlei Konzepte des zweckfreien Mediums dürfen freilich nicht mit anderen Konzepten reiner Medialität verwechselt werden. Die Idee eines „Mittels ohne Zweck" hat etwa auch Giorgio Agamben entwickelt. Mit Rekurs auf die frühe Sprachtheorie Walter Benjamins meint Agamben hierbei keineswegs eine Rückbezüglichkeit auf die bloße Gegenständlichkeit, auf das reine Sosein, sondern vielmehr ein Medium, das seine eigene Medialität als Potentialität sichtbar werden lässt. Wenn die Sprache leerläuft, wenn das Material streikt oder die Geste nur noch sich selbst und nichts darüber Hinausgehendes ausstellt, dann sei gleichsam ein Punkt einer vollkommen zweckfreien Medialität erreicht. „Die Geste ist die Darbietung einer Mittelbarkeit, das Sichtbarmachen eines Mittels als solchem" (Agamben 2006, 69).[2] Von einer solchen von Agamben und Benjamin ins Feld geführten reinen Medialität kann bei ihrer tautologischen Variante keine Rede sein. In dem „es ist, was es ist" soll jede Potentialität, jede Latenz oder Überschüssigkeit negiert werden; es geht um bruch- und schattenlose Selbstkongruenz. Dass das modernistische Programm einer Rückführung der Kunst auf ihr reines, illusionsfreies Medium auf solch eine Fassung von buchstäblichem Objecthood hinauszulaufen droht, haben selbst einige ihrer eifrigsten Verfechter wie Clement Greenberg oder Mel Bochner zu gegebenem Anlass eingeräumt (Fried 1998; Bochner 1968).

Im Versprechen der Selbstoffenbarung des Mediums liegt ein fast schon eucharistisches Moment, verbunden mit der Verheißung einer medialen Realpräsenz. Man könnte von einer

---

2   Zu der Idee der „reinen Medialität" bei Benjamin und Agamben siehe Viglialoro (2021, 49–55).

positiven Theologie der Medien sprechen, die in eine quasi positivistische Theologie der Medien umschlägt. Momente des Entzugs, des Spalts oder der Nachträglichkeit, die Dieter Mersch in Anschluss an die negative Theologie unter dem Stichwort einer „negativen Medientheorie" ins Feld führte (Mersch 2008), können darin nicht vorkommen. Nachdem Medien lange nur noch als durchsichtige Fensterscheiben betrachtet wurden, deren Sinn in der transitiven Übertragungsleistung liegt, werden sie nach diesem Vorzeichenwechsel nun als intransitive, mit sich selbst identische Dinge begriffen. Auch hier bestätigt sich einmal mehr die Wirkmächtigkeit der ontologischen Zweiteilung in Zeichen und Dinge, deren starre Alternative der Eigenlogik des Medialen nicht gerecht wird (hierzu ausführlicher Alloa 2018, Kap. „Zwischen Ding und Zeichen"). Schließlich ist es keineswegs so, dass sich in der Störung der Verweisung schon das Medium im Reinzustand zeigt: Wenn die Live-Übertragung zusammenbricht und nur noch ein schwarzer Bildschirm zu sehen ist, dann sieht man nicht das Medium, sondern lediglich einen mit Leuchtdioden ausgestatteten Kasten, dessen mediale Funktion aussetzte. Genauso wenig wie Medien nur anderes zum Ausdruck bringen als sich selbst, sind sie nur sie selbst: Sie stehen weder nur für anderes noch bloß für sich, sondern lassen immer auch schon anderes und mehr in Erscheinung treten als das, was der Fall ist.

Mit den Irrwegen einer bestimmten Kunst, die in der Rückbesinnung auf das reine zweckfreie Medium die eigene Souveränität meint verteidigen zu können, ist ein Autor vielleicht am schärfsten ins Gericht gegangen: Theodor W. Adorno. In seiner *Ästhetischen Theorie* zeigt sich Adorno skeptisch, dass das Beharren auf den bloßen künstlerischen Mitteln und Verfahren einer instrumentellen Vernunft überhaupt effektiv etwas entgegenhalten kann. Schon der Diskurs des „reinen Mediums" sei gefährlich nah an demjenigen der Rationalisierung aller Mittel. Was sich als Widerstand gegen ein funktionalistisches Denken präsentiere, harmoniere letztlich damit, insofern die Fetischisierung der Mittel strukturell auf das gleiche Ergebnis hinauslaufe wie ein leerlaufendes Produktivitätsdenken. Je reiner die Verfügung über die Mittel, desto mehr neige sie dazu, Selbstzweck zu werden (Adorno 1997, 440). Auf die Kunst der 1960er Jahre bezogen klingt Adornos Verdikt dann so:

> Dem technologischen *parti pris* der zeitgenössischen Kunst sollte keiner mehr naiv sich überlassen; sonst verschreibt jene sich vollends dem Ersatz des Zwecks – des Gebildes – durch die Mittel, die Verfahrungsweisen, mit denen es hervorgebracht

wird. Der Zug dazu harmoniert nur allzu gründlich mit dem gesamtgesellschaftlichen, weil die Zwecke, die vernünftige Einrichtung der Menschheit, verbaut sind, die Mittel, Produktion um der Produktion willen, Vollbeschäftigung und was daran hängt, zu vergotten. (Adorno 1997, 508)

Man braucht mit Adornos Analyse nicht in jedem Punkt mitzugehen, um zu erahnen, warum das Affirmieren des reinen Mediums wohl ebenso wenig eine Medienästhetik begründen kann wie die umgekehrte Vergessenheit medialer Prozesse. Folgende Überlegungen fragen danach, ob alternative Zugänge möglich sind, die weder umstandslos die These reproduzieren, alle Medien wirkten wie Fensterscheiben, noch der Ansicht anhängen, Medienästhetik könne es lediglich im Augenblick des kommunikativen Zusammenbruchs geben. Die Gedanken, die im Folgenden skizziert werden, zielen darauf ab, ästhetische Prozesse nicht mehr *gegen*, sondern vielmehr als eine *andere Art von* Technik zu verstehen.

Phänotechnik: Medien des Erscheinenlassens

Der Schriftsteller und Pilot Antoine de Saint-Exupéry hat mit lapidaren Worten die landläufige Definition von Technik zusammengefasst:

> Je perfekter die Maschine, desto mehr verschwindet sie hinter ihrer Rolle [...] Es scheint, als würde die Arbeit der Ingenieure, Zeichner, Planer des Konstruktionsbüros offenbar nur darin bestehen, glatt zu schleifen und zu korrigieren, diesen Übergang zu verfeinern, diesen Flügel auszutarieren, bis man ihn nicht mehr wahrnimmt [...] Es sieht so aus, als ob die Perfektion nicht dann erreicht wird, wenn nichts mehr hinzuzufügen ist, sondern wenn es nichts mehr wegzulassen gibt. Am Ende ihrer Entwicklung ist die Maschine verborgen. (Saint-Exupéry 1990, 170; dtsch. 2017, o.S.)

Was Saint-Exupéry hier beschreibt, ist ein mittlerweile verfestigter Topos: Technik funktioniert meist dann am besten, wenn sie von sich selbst ablenkt und nicht mehr eigens in Erscheinung tritt. Verlässliche Technik geht ganz im Gebrauch auf, ja, am besten findet sie gleich ganz „hinter unserem Rücken" statt. Gehört Technik daher schon gleich in den Bereich des Nicht-Wahrnehmbaren?

Setzt Technik immer schon Anti-Ästhetik bzw. eine An-Ästhesie voraus?

Dieses Selbstverständnis soll hier hinterfragt und stattdessen eine andere Hypothese verfolgt werden: Selbst wenn die These von der Selbstanästhetisierung der Technik stimmt, folgt daraus noch nicht, dass Technik nichts mit Wahrnehmbarkeit zu tun zu haben braucht; genau genommen korreliert die Selbstzurücknahme des technischen Mediums vielmehr mit einer genuinen *Ästhetisierungsleistung der Technik*: mit der Tatsache nämlich, dass Technik vielfach dazu dient, (andere) Dinge zur Erscheinung zu bringen. Warum dies eine Revision des klassischen Transparenzparadigmas nach sich zieht, vermag vielleicht ein Beispiel zu veranschaulichen: Design. Landläufige Ansichten zum Design, die man mitunter gern (und vermutlich zu Unrecht) auf die Bauhaus-Ästhetik sowie auf die Ulmer Schule zurückgeführt hat, behaupten, gutes Design müsse in der Funktion aufgehen. So etwa Don Norman in *The Design of Everyday Things*: „Gutes Design ist weitaus schwerer zu entdecken als schlechtes, teils weil gutes Design unsere Anforderungen so gut bedient, dass es unsichtbar wird, dass es uns dienlich ist, ohne die Aufmerksamkeit auf sich zu ziehen" (Norman 2013, xi; eigene Übers.). Der Designtheoretiker Lucius Burckhardt formuliert es noch bündiger: „Gutes Design ist unsichtbar." Vieles hängt freilich daran, wie man diese Unsichtbarkeit auslegt. Denn es liegt etwas Merkwürdiges darin, Design aus dem Bereich des Wahrnehmbaren ausschließen zu wollen. Offenkundig sind es doch gerade die materiell-sinnlichen Aspekte des Designs, die handlungsanleitend sind: Der Türknauf mag gut in der Hand liegen und sich darin vergessen machen, aber erst seine stofflich-aisthetische Konfiguration sorgt dafür, dass er als Funktionsgegenstand richtig erkannt worden ist und die entsprechende Handbewegung ausgelöst hat. Dass Designobjekte nicht eigens bedacht werden, dass sie kein Gegenstand thematischer Aufmerksamkeit werden, bedeutet keineswegs, dass ihre äußere Erscheinung nicht maßgeblich ihre Funktion mit beeinflusst.[3]

Was schon für das Design gilt, gilt erst recht für die Kunst. Viele Kunstwerke *zeigen, wie sie zeigen*; sie weisen reflexiv auf, wie an ihnen etwas zur Erscheinung kommt, was sich mit ihrem bloßen materiellen Sosein nicht deckt. Anders als bei rein instrumentell-kommunikativen Artefakten kann bei künstlerischen Artefakten die jeweilige Ausgestaltung (die Machart, das Sosein

---

3 Vgl. die unterschiedlichen Kritiken an einem solchen transparentistischen Ansatz in der Designtheorie in: Feige, Arnold und Rautzenberg 2020, und darin insbesondere den Beitrag von Judith Siegmund.

des Bild-, Klang- oder Ausdrucksträgers) nicht weggerechnet werden, will man nicht Belanglosigkeit riskieren. Das Tempo der Ausführung, die Schraffur der Zeichnung, die Schnitttechnik im Film, die Mimik der Schauspielerin, die Ereignishaftigkeit der Performance – es geht um die jeweilige aisthetische Konfiguration, die sich nicht restlos in eine entkontextualisierbare und übertragbare Botschaft übersetzen lässt: Im Moment der Unübersetzbarkeit ist zugleich eine gewisse materielle Unersetzbarkeit angelegt. Wie derlei Medien gestaltet sind, hat Einfluss darauf, was sie gestalten können; ihre *Aisthesis* bedingt, was durch sie auf die Welt kommen kann. Jedes Darstellungsmedium *artikuliert* immer schon sinnlich mögliche Sinnordnungen.[4]

Kurz und bündig gefasst: Ästhetische Medien sind Medien, die *an* sich selbst *anderes* als sie selbst in Erscheinung treten lassen. In diesem Sinne sind Medien zwar konstitutiv *heteronom* – sie beginnen früher als bei sich selbst und nehmen von anderswoher ihren Auftrag entgegen –, aber keineswegs durchsichtig oder gar unwahrnehmbar, sondern allenfalls *durchscheinend*. Nur durch sie hindurch kann anderes gesehen (gehört, wahrgenommen, erfahren) werden. Zweifellos geht diese Durchgängigkeit oft – und zumal in Kontexten produktiver Effizienz – auf Kosten der jeweiligen Verfasstheit der Medien. Doch in vielen, speziell ästhetischen Zusammenhängen wird nicht etwa *trotz*, sondern vielmehr *dank* der jeweiligen Trägermedien und ihrer jeweiligen Logiken und Texturen etwas veranschaulicht. Hierin liegt möglicherweise der Einsatzort einer anderen, genuin medialen Ästhetik. *Glitch Art*, *Noise Music* und Pixel-Kunst führen heute vor, dass mediale Bedingungen nicht erst in der Unterbrechung des Vollzugs sichtbar werden, sondern Medialität immer schon in der Anwesenheit von materiellem Rauschen operiert.

Reine Zeichen gibt es ebenso wenig, wie es reine, mit sich selbst identische Dinge gibt. Wenn sie als Medien fungieren, stellen sie, indem sie anderes als sich erscheinen lassen, auch sich selbst in einem anderen Licht dar. Sollte es zutreffen, dass Medien immer schon übergriffig in das einwirken, was sie übermitteln, dann heißt dies, dass die Botschaft immer schon anderes besagt als gemeint. Wo Medien im Spiel sind, kommen das Sinnliche und das Sinnhafte nie fugenlos zur Deckung. Gerade künstlerische Praktiken vermögen dann bewusst zu machen, warum es dabei um Vollzüge geht, bei denen man immer schon ein Stück weit anderes

---

4 Zum Zusammenhang von Darstellung, Medialität und Artikulation vgl. allgemeiner Schürmann (2018).

tut als man denkt. Abwicklungen verlieren ihren Augenschein von Zwangsläufigkeit – es zeigt sich, dass es auch anders sein könnte, und dadurch wird der konkrete Möglichkeitshorizont erweitert. Jede Technik stellt einen Durchbruch dar: eröffnend, aber auch durchlöchernd. Schon allein deshalb liegt in ästhetischen Werkzeugen ein eröffnendes Potenzial, das Potenzial einer „Werk-Zeugung", wenn man so will.

Eine Medientheorie, die ästhetischen Dimensionen endlich den rechtmäßigen Anteil zuerkennen will, braucht daher nicht notwendig anti-technisch zu sein. Vielmehr unterzieht sie den Technikbegriff selbst einer Revision: Technik arbeitet nicht mehr „hinter den Phänomenen", sondern durchwirkt sie vielmehr. Ausgehend vom Generalverdacht gegen Vermittlungsprozesse jeder Art ging man klassischerweise davon aus, dass Medien ihren Geschäften am besten im Dunkeln nachgehen, dass sie verstohlen und hinter den Kulissen agieren. Diese Verdachtsgeschichte passt zudem gut zu dem traditionellen *Bias* der Medientheorie, die sich primär an digitalen Medien ausbildete und damit an Medien, die auf einem standardisierten Code beruhen, der selbst im Hintergrund wirkt und in dem übertragenen Inhalt nicht eigens in Erscheinung zu treten braucht. Ob in dem klassischen Generalverdacht gegen Vermittlungsprozesse oder in der traditionellen Medientheorie: In beiden Fällen wird die Vorstellung erhärtet, dass mediale Prozesse grundlegend dualistisch verlaufen und eine Ebene der Erscheinungen vom Hintergrundgeschehen zu trennen ist, ein *front end* von einem *back end*.

Genau diese Doppelung aber bleibt aus im Falle solcher Medien, die gerade nicht in unserem Rücken operieren, sondern im hellen Tageslicht, vor unseren Augen. Man könnte sie auch als präsentative Medien bezeichnen. Präsentative Medien führen an sich selbst etwas vor, indem sie eine bestimmte Form annehmen, die mit ihrem Sein nichts zu tun hat. Wo die Konstitutionsleistung von Medien etwas Neues und Eigenes erzeugt, findet in dem Zeugen auch ein Zeigen statt, das als „phäno-technisch" begriffen werden kann. Anstatt nach den verborgenen Armaturen des Scheins zu suchen oder, wie im Zuge des *new materialism*, nach einem – diesmal nicht mehr gesellschaftlichen, sondern technischen – Unterbau der Phänomene zu bohren, gilt es einzusehen, warum Technik weder eine Unterlage noch eine Zurüstung, sondern originär ist, wenngleich sie sich in reibungslos funktionierenden Gebrauchs- oder Sinnzusammenhängen gewöhnlich vergessen macht.

Gaston Bachelard hat in den 1930er Jahren für seine Wissenschaftstheorie das Konzept der „Phänomenotechnik" geprägt, auf deren Potenziale wie Grenzen bereits in anderem Zusammenhang ausführlich eingegangen wurde (Alloa 2015). Da für eine Medienästhetik jedoch nur einige von Bachelards Bestimmungen hilfreich sind, soll im Folgenden ein unbelasteterer Ausdruck, nämlich „Phänotechnik" bemüht werden. Besonders eingängig werden die Potenziale einer phänotechnischen Medienästhetik, wenn man dafür einige Experimentalpraktiken in den Künsten heranzieht, etwa in den Filmen von Jean Epstein, Stan Brakhage oder Jonas Mekas, um nur diese wenigen zu nennen, oder auch die *musique concrète instrumentale* eines Salvatore Sciarrino, Mathias Spahlinger und vor allem Helmut Lachenmann. Auf je spezifische Weise wird das verfügbare Repertoire des Sicht- und Hörbaren erweitert; die Kamera vermag Eigenzeiten einzufangen, die mit der natürlichen Wahrnehmung brechen, so wie Lachenmann seinerseits vorführt, welch ganz andere Formen von Klang mit herkömmlichen Konzertinstrumenten erzeugt werden können, die mit philharmonischen Erwartungen radikal brechen. Indem die filmischen oder musikalischen Werke ihre eigenen Voraussetzungen manifest werden lassen, indem sie also vorführen, wie durch sie etwas anderes wahrnehmbar wird, was bislang nicht oder nicht hinreichend wahrgenommen wurde, verschieben sie bereits die geltenden Muster des Sinns. Dass die Künste also in exemplarischer Weise Phänotechniken sind, bedeutet im Umkehrschluss nicht, dass sich Phänotechnik auf künstlerische Verfahren beschränkt.

Zum Abschluss sei daher noch kurz skizziert, inwiefern sich medienästhetische Gesichtspunkte für eine anders verstandene Theorie apparativen Wissens fruchtbar machen lassen. Anregungen dazu finden sich etwa bei Gilbert Simondon (2014). Medien wie Licht oder Elektrizität sind keinesfalls unsichtbar oder unwahrnehmbar, sondern können durch gezielte mediale Strategien indirekt in den Blick genommen werden, im Falle der Elektrizität etwa über vermittelnde Apparaturen wie das Galvanometer oder das Oszilloskop. Im Ausgang von diesen medialen Kopplungen lassen sich unschwer gegenläufige Verwendungen vorstellen. Simondons Beispiel ist eine handelsübliche Radioantenne, die etwa dazu genutzt werden kann, Blitzeinschläge akustisch hörbar zu machen. In vorher ionisierten Luftkanälen kommt es zu kleinen elektrischen Entladungen, die sich nach und nach verzweigen und elektrische Mikroblitze auslösen. Die wiederholten Ionisierungen, das verdeutlicht der Antennen-Sensor, erzeugen sogar eine regelrechte Klangmelodie, die sich auf- und nachzeichnen lässt: „Der buchstäblich fulminante Blitz ist lediglich ein hochgradig energiegeladenes, brutales Ende, das Finale einer pluralen Melodie der vorausgegangenen kleinen Entladungen. Der Endblitz ereignet sich auf bereits gespurten Bahnen" (Simondon 2014, 388).

Für Simondon geht es in dieser Ästhetik der Technik bzw. Techno-Ästhetik um eine Erweiterung und Amplifizierung der natürlichen *Aisthesis*, umgekehrt aber auch um eine Öffnung auf das noch nicht Wahrnehmbare: „Die Ästhetik der Natur kann einzig und allein durch ein technisches Gerät (hier durch einen aperiodischen Empfänger) wahrgenommen werden, wenn es darum geht, feinsinnige Phänomene zu registrieren, die einer ungenügenden Wahrnehmung entgehen und doch so ausschlaggebend sind" (Simondon 2014, 388). Genauso wenig wie es Kunstwerke gibt, die nur eine Botschaft besitzen, gibt es mediale Apparaturen, die nur für einen einzigen Zweck eingesetzt werden können. In den spielerischen Zweckentfremdungen tut sich ein unvorhergesehener Spielraum auf.[5] Ein solchermaßen erfinderischer Spielraum zeigt auf, dass Technik als Beherrschbarmachung des Möglichen das Ausmaß potenzieller Handlungs-, Denk- und Wahrnehmungsweisen noch lange nicht ausschöpft.

---

5   Weitere Beispiele für techno-ästhetische Praktiken finden sich u.a. in Simondon (2024, 149–52).

Literatur

Adorno, Theodor W. 1997. *Ästhetische Theorie*. GS 7. Frankfurt am Main: Suhrkamp.

Alloa, Emmanuel. 2015. „Produktiver Schein: Phänomenotechnik zwischen Ästhetik und Wissenschaft". *Zeitschrift für Ästhetik und Allgemeine Kunstwissenschaft* 60, Nr. 2 (November 2015): 169–82.

——. 2018. *Das durchscheinende Bild: Konturen einer medialen Phänomenologie*. Bd. 2, erw. Auflage. Zürich: Diaphanes.

Bochner, Mel. 1968. „Serial Art, Systems, Solipsism". In *Minimal Art: A Critical Anthology*, herausgegeben von Gregory Battcock, 92–102. New York: Dutton.

Duchamp, Marcel. 1976. *Duchamp du signe: écrits*, herausgegeben von Michel Sanouillet. Paris: Flammarion.

Feige, Daniel Martin, Florian Arnold und Markus Rautzenberg, Hgs. 2020. *Philosophie des Designs*. Schriftenreihe des Weißenhof-Instituts zur Architektur- und Designtheorie 1. Bielefeld: transcript.

Fried, Michael. 1998. „Art and Objecthood [1967]". In *Art and Objecthood: Essays and Reviews*, Michael Fried, 148–72. Chicago und London: University of Chicago Press.

Glaser, Bruce, Donald Judd und Frank Stella. 1968. „Questions to Stella and Judd [1964]". In *Minimal Art: A Critical Anthology*, herausgegeben von Gregory Battcock, 148–64. New York: Dutton.

Ihde, Don. 1990. *Technology and the Lifeworld: From Garden to Earth*. Bloomington: Indiana University Press.

Kant, Immanuel. 1968. *Kritik der Urteilskraft* [1790]. In *Werke in zwölf Bänden*, herausgegeben von Wilhelm Weischedel, Bd. 10. Frankfurt am Main: Suhrkamp.

Krämer, Sybille. 1998. „Das Medium als Spur und als Apparat". In *Medien, Computer, Realität: Wirklichkeitsvorstellungen und Neue Medien*, herausgegeben von Sybille Krämer, 73–94. Frankfurt am Main: Suhrkamp.

Langer, Susanne K. 1992. *Philosophie auf neuem Wege: das Symbol im Denken, im Ritus und in der Kunst*. Frankfurt am Main: Fischer.

McLuhan, Marshall. 1992. *Die magischen Kanäle [Understanding Media]*. Übersetzt von Meinrad Amann. Düsseldorf u.a.: ECON Verlag.

Mersch, Dieter. 2008. „Tertium datur: Einleitung in eine negative Medientheorie". In *Was ist ein Medium?*, herausgegeben von Stefan Münker und Alexander Roesler, 304–21. Frankfurt am Main: Suhrkamp.

Norman, Donald A. 2013. *The Design of Everyday Things*. Cambridge, MA und London: MIT Press.

Rosen, Valeska von. 2003. „Celare artem: Die Ästhetisierung eines rhetorischen Topos in der Malerei mit sichtbarer Pinselschrift". In *Visuelle Topoi: Erfindung und tradiertes Wissen in den Künsten der italienischen Renaissance*, herausgegeben von Ulrich Pfisterer und Max Seidel, 323–50. München: Deutscher Kunstverlag.

Saint-Exupéry, Antoine de. 1990. *La terre des hommes. Œuvres complètes, Bd. 1*. Paris: Gallimard-Pléiade.

——. 2017. *Die Erde des Menschen*. Übersetzt von Marion Herbert. Köln: Anaconda Verlag.

Schürmann, Eva. 2018. *Vorstellen und Darstellen: Szenen einer medienanthropologischen Theorie des Geistes*. Paderborn: W. Fink.

Simondon, Gilbert. 2014. „Réflexions sur la techno-esthétique [1982]". In *Sur la technique*, 79–96. Paris: PUF.

——. 2024. *Imagination und Invention*, herausgegeben und übersetzt von Emmanuel Alloa. Berlin: Matthes & Seitz.

Suthor, Nicola. 2010. *Bravura: Virtuosität und Mutwilligkeit in der Malerei der frühen Neuzeit*. München: Fink.

Viglialoro, Luca. 2021. *Die Geste der Kunst: Paradigmen einer Ästhetik der Geste*. Bielefeld: transcript.

Internationales Jahrbuch für Medienphilosophie und Medienästhetik,
Was ist Medienästhetik?, 2024

Martin Beck

MESSY STATES

MEDIENÄSTHETIK UND POSTDIGITALE KUNST

Medienästhetik hat das Verhältnis der digitalen Medien und ihrer technischen Möglichkeiten zur menschlichen Wahrnehmung betrachtet. Die postdigitale Kunst der letzten zwei Jahrzehnte kann diese Perspektive in drei Hinsichten erweitern: mit Ästhetiken des Technikversagens und der Reaktivierung analoger Praktiken im Kontext des Digitalen; mit post-internet als Reaktion auf die Rolle des Netzes als Massenmedium und seine Hybridisierung mit den institutionellen Räumen der Kunst; mit der Erweiterung des Interesses über die digitale Produktion von Bildern hinaus zur digitalen Produktion von Körpern. Hiervon ausgehend argumentiert der Aufsatz für eine postdigitale Perspektive auf das Verhältnis von Ästhetik und Technologie, in dem diese untrennbar mit gesellschaftlichen Erzählungen über das Digitale, mit einem Verständnis von Technologien als gestalteten Formen des Sozialen, sowie mit der affektiven und politischen Produktion unserer Körper und Identitäten verknüpft sind.

KEYWORDS
Medienästhetik, Postdigitale Kunst, Post-Internet, Körper, Technologie

Um das Jahr 2010 wirkt die Gegenwartskunst wie eine Antithese zur digitalen Kultur. Im Zeitalter der sozialen Medien und Smartphones feiern zentrale Ereignisse der Kunstwelt die leibliche Zwischenmenschlichkeit (wie Marina Abramovićs *The Artist is Present* im MoMA 2010) oder die Materialität des Analogfilms (wie Tacita Deans *Film* in der Tate Modern 2011). Warum bloß, fragt Claire Bishop in ihrem Aufsatz *Digital Divide*, sind die Künstler*innen der Gegenwart „so reluctant to describe our experience of digital life" (Bishop 2012)? Diese Einschätzung erntet zwar lauten Widerspruch aus den Reihen von *new media art* und *net.art*. Für Bishop bleiben diese allerdings themenbezogene Spezialdisziplinen jenseits des Mainstreams der Gegenwartskunst. In der Zwischenzeit haben sich unter Stichworten wie postdigitale Ästhetik, *post-internet art* und *new aesthetic* andere Verständnisse zum Verhältnis von Technologie, Kunst und Ästhetik herausgebildet (Berry und Dieter 2015). Mit ihnen stößt das Thema digitaler Technologie nun auch in die institutionellen Zentren der Gegenwartskunst vor, im deutschsprachigen Raum spätestens mit der Ausstellung *Speculations on Anonymous Materials* (Fridericianum Kassel, 2013). Gerade der Begriff *post-internet* changiert dabei zwischen einem Label, mit dem sich niemand identifizieren will – *„Post-internet is everyone else but me"* (Chan 2014, 117) – und einer anscheinend banalen Selbstverständlichkeit: „every artist today is a post-internet artist. Let's move on" (Darling 2014, 137). Die Ablösung der technologiebezogenen Avantgarde- oder Spezialbereiche der *new media art* und *net.art* durch eine diffuse Situation, in der Technologie zur alltäglichen Banalität wird und jede Gegenwartskunst *post-internet art* ist oder sein kann, ist exemplarisch für die Logik des Begriffs des Postdigitalen. Dieser bezeichnet nicht den Relevanzverlust oder das Ende digitaler Technologien, sondern einen Zustand, in dem sie nicht mehr den Status neuer und revolutionärer Medien haben und stattdessen zu ubiquitären und entzauberten Infrastrukturen geworden sind. Dabei konkretisieren sie sich zu gestalteten Formen des Sozialen, in denen sich technische mit ökonomischen, politischen und kulturellen Dynamiken verbinden, und verändern so auch die Weise, wie Kunst gemacht, gezeigt und rezipiert wird.

Dieser Aufsatz fragt nach der Bedeutung des Begriffs des Postdigitalen und der darunter gefassten Entwicklungen von Technologie, Gesellschaft und Kunst für das Konzept der Medienästhetik. Er beginnt mit einer kurzen Rekonstruktion grundlegender Fragen von Medienästhetik im Ausgang von Jens Schröter. Hiervon ausgehend werden die oben skizzierten Entwicklungen postdigitaler

Gegenwartskunst noch einmal genauer aufgeschlüsselt, um drei zentrale Perspektivenwechsel in den Blick zu nehmen: In Gegenüberstellung zur *new media art* wird betrachtet, wie postdigitale Ästhetiken der 2000er Jahre durch ein Interesse an Technikversagen und die Reaktivierung analoger Praktiken aus technodeterministischen Narrativen ausbrechen. In der Gegenüberstellung von *net art* und *post-internet art* wird betrachtet, wie Kunst um das Jahr 2010 darauf reagiert, dass sich das Netz vom künstlerischen und sozialen Experimentierfeld zu einem von ökonomischen, politischen und kulturellen Dynamiken durchdrungenen Massenmedium entwickelt hat. Schließlich wird einem Interesse an digitaler Bildproduktion, das für bestimmte Debatten der *post-internet art* kennzeichnend ist, ein Interesse der Kunst an der Rolle des Digitalen in der Produktion neuer Körper gegenübergestellt.

Florian Cramer bezeichnet mit dem Begriff eines *messy state* einen postdigitalen Zustand von Kunst, Design und Kultur, in dem Oppositionen wie alt/neu oder analog/digital, die für den Diskurs der neuen Medien bestimmend waren, in einem unübersichtlichen Nebeneinander und einer wechselseitigen Durchdringung miteinander verworren sind (Cramer 2014, 17). Im Folgenden wird diese *messiness*, Verflechtung und Komplexität als allgemeine Charakteristik postdigitaler Gesellschaften ebenso wie postdigitaler Kunst begriffen, die sich in zahlreichen Dimensionen beschreiben lässt: als Nichtabtrennbarkeit der Technologie von gesellschaftlichen Erzählungen; als Hybridisierung technischer mit ökonomischen, politischen und kulturellen Dynamiken in digitalen Infrastrukturen; als wechselseitige Durchdringung von virtuellen und physischen Räumen; als hybrider Zustand unserer von Technologie mitproduzierten Körper; und als pluriversale Vielfalt solcher Körper, Identitäten und Subjektivierungen jenseits einer universalen Mensch-Technik-Beziehung. Nicht zuletzt bezeichnet diese *messiness* auch einen Zustand, in dem das Thema digitaler Technologien nicht mehr in künstlerische Spezialdisziplinen ausgelagert werden kann, sondern jede gegenwärtige Kunstproduktion in der einen oder anderen Weise betrifft.

Medienästhetik, Wahrnehmungstheorie, Kunsttheorie

Zu einer initialen Bestimmung des Begriffs „Medienästhetik" dient hier der instruktive Aufsatz von Jens Schröter, der im Rahmen des Themenhefts *Medienästhetik* (2013) der *Zeitschrift für Medienwissenschaft* einen bestimmten Stand der Debatte zusammenfasst. Er beschreibt Medienästhetik als eine Reaktion auf die Ausbreitung der neuen, digitalen Medien in den 1990er Jahren und unterscheidet zwei Typen, die hier als wahrnehmungstheoretischer und kunsttheoretischer Ansatz bezeichnet werden.[1] In beiden Fällen reagiert Medienästhetik auf die neuen Medien mit der Frage nach dem Einfluss ihrer technischen Möglichkeiten auf die menschliche Wahrnehmung.[2]

Wahrnehmungstheoretische Ansätze gehen von einer Transformation der menschlichen Aisthesis aus, die nach einer neuen philosophischen Aisthetik verlangt. So nimmt der Sammelband *Digitaler Schein. Ästhetik der elektronischen Medien* von 1991 die Erfahrbarkeit virtueller Welten in der Computersimulation zum Anlass, über die ästhetische Modellierbarkeit der Wirklichkeit insgesamt nachzudenken. Medienästhetik ist dann Grundlagenwissenschaft einer „Analyse der medientechnischen Formierung der Wahrnehmung" und „überhaupt jeder Erkenntnistheorie vorgelagert" (Schröter 2013, 89). Für Mark Hansen macht es die Verbreitung technosensorischer Dispositive erforderlich, den Status der menschlichen Wahrnehmung zu überdenken: Diese, so zeige sich nun, sei eingebettet in ein „größeres aisthetisches Feld" (Schröter 2013, 97) und müsse in ihrem Hervorgehen „aus einer primordialen und vielfältigen, multiskalaren und zusammengesetzten Kosmo-Logik des Empfindens" (Hansen, zitiert aus Schröter 2013, 99) reflektiert werden. Schröter steht diesen Ansätzen insbesondere wegen einer Vermengung von Ästhetik und Aisthetik kritisch gegenüber, die sich etwa in der Annahme zeige, dass „die ganze so genannte Wirklichkeit als simulationsdurchdrungen, daher als irgendwie ‚künstlich' und ‚ästhetisch'" zu begreifen sei (Schröter 2013, 89).[3]

Kunsttheoretische Ansätze der Medienästhetik, exemplarisch im Ausgang von Martin Seel, widersprechen solchen Entgrenzungen des Ästhetischen und beschränken ihren Blick darauf, wie medienspezifische Strategien der Kunst die technischen

---

1 Schröters Beitrag ist die bis dato umfassendste überblickshafte Auseinandersetzung mit dem Begriffsfeld ‚Medienästhetik' aus philosophischer Perspektive. Indem sich die vorliegende Darstellung an Schröter orientiert, wird eine Reihe anderer möglicher Verständnisse von Medienästhetik ausgeklammert und werden spätere Ansätze ebenfalls nicht berücksichtigt. Für einen erweiterten Überblick vgl. die anderen Beiträge dieses Bandes.

2 Vgl. zu diesem Verständnis auch exemplarisch: „Medienästhetik analysiert Medien als Ausdruck einer spezifischen, durch ihre Technik definierten und nur ihr eigenen Form der Wahrnehmung" (Schnell 2000, 208).

3 Weitere Kritikpunkte beziehen sich darauf, dass beide Ansätze ihre Thesen an einer konkreten Analyse der Wahrnehmungserfahrung nicht zufriedenstellend nachweisen könnten, sowie, dass spezifisch die simulationstheoretischen Ansätze die Verknüpfung digitaler Technologien mit materiellen Prozessen unterschätzten.

Eigenschaften der neuen Medien reflexiv ausstellen und welche ästhetischen Wahrnehmungserfahrungen sie dadurch möglich machen.[4] Sie reagieren auf das Auftauchen der neuen Medien somit explizit mit einem Rückgriff auf die modernistische Ästhetik des 20. Jahrhunderts, zu deren prominentesten Vertretern Clement Greenberg gehört. Ins Zentrum ihres Interesses rückt daher die Frage, was Medienspezifik, Medienreflexivität oder die Materialität eines Mediums im Falle der neuen digitalen Medien heißen könnte. Hierauf existieren zwei Antwortstrategien: Luciana Parisi und Stamatia Portanova lokalisieren das Spezifische der neuen Medien im digitalen Code. Medienästhetik wird so zur „Ästhetik des numerischen, quantifizierenden Charakters des Digitalen selbst" (Schröter 2013, 97), die etwa in Tanz, Grafik oder Möbeldesign einen spezifischen Ausdruck finden kann. Schröter hält dieser Position entgegen, dass der immaterielle digitale Code selbst nicht wahrnehmbar ist und daher auch nicht reflexiv ästhetisch ausgestellt werden kann. Erst spezifische Rahmungen erlauben es den Computern, sich zu den „neuen Medien", also etwa zu „digitaler Fotografie", „digitalem Film" usw. auszudifferenzieren (Schröter 2013, 95). Statt bei der „„Digitalität an sich" müssen künstlerische Strategien daher, so Schröter, „bei der Reflexion dieser ‚Neuen Medien' ansetzen", d.h. bei den wahrnehmbaren Effekten des digitalen Codes (Schröter 2013, 96).[5] Hierzu gehören für ihn etwa die rasterartigen Artefakte des JPEG-Formats, die Thomas Ruff in einer digitalen Fotografie bewusst ausstellt. In reflexiven Strategien kann aber auch das Verhältnis von alten und neuen Medien thematisch werden, etwa wenn der digitale Animationsfilm *Monsters Inc.* (2011) einen *lens flare*, d.h. eine für den Analogfilm typische optische Störung simuliert. Daran zeigt sich die konstitutive Fähigkeit der neuen, digitalen Medien, die an eine spezifische Materialität gebundene Erscheinungsweise alter Medien durch Simulation oder Sampling zu wiederholen und in einen anderen medialen Kontext zu übertragen. An die Stelle einer „reflexive[n] Ausstellung fotografischer Materialität" tritt dabei „die reflexive Ausstellung der Potenz digitaler Simulation,

58

Martin Beck

4   Es geht dabei um den Zusammenhang von einem „Mit-Erscheinen des Mediums der Darstellung in der Darstellung" in der Kunst und einer „ästhetischen, selbstzweckhaft auf ihren eigenen Vollzug gerichteten Wahrnehmung" (Schröter 2013, 90).

5   Dieser Unterschied könnte auch so erklärt werden, dass es zwei Strategien gibt, die Medienspezifik des Digitalen zu denken, eine metaphorische und eine metonymische: ein metaphorischer Ansatz betrachtet die Übersetzung von Eigenschaften des digitalen Codes (wie das Diskrete, Numerische oder Entkörperte) in formalästhetische Eigenschaften und Ausdrucksmittel. Ein metonymischer Ansatz interessiert sich dagegen für solche Eigenschaften ästhetischer Gegenstände, die in einem sachlichen oder kausalen Zusammenhang zu den Möglichkeiten digitaler Informationsverarbeitung stehen.

die Materialität analoger Medien selber in transmaterielle Formen transformieren zu können" (Schröter 2013, 94). Dies gibt uns als Betrachterinnen die Möglichkeit, „unsere Wahrnehmung in ihrem – auch historischen – Vollzug selbst wahrzunehmen" (Schröter 2013, 97). Und weil so reflexiv nun auch „die Ästhetik der analogen Medien neu in den Blick [rückt], eben als Medien-Ästhetik" (Schröter 2013, 97), kann – so Schröter – statt von „Ästhetik" nun von „Medienästhetik" gesprochen werden.

Ein zentraler Gedanke dieses zweiten Typus von Medienästhetik ist es also, dass sich Künstler*innen, die sich der neuen digitalen Medien bedienen, nun auch in formaler und reflexiver Weise mit deren materiellen oder technischen Grundlagen befassen; und zwar in vergleichbarer Weise, wie es schon die Künstler*innen der Moderne mit Malerei, Skulptur oder analoger Fotografie getan haben. Wie später noch deutlich wird, ist dieser Rückgriff auf Modernismus und Medienreflexivität ein gemeinsames Merkmal zahlreicher Positionen im Diskurs der „neuen Medien", sowie von *new media art* und *net.art*.[6] Weil sich postdigitale Diskurse und Praktiken genau von diesen Positionen abgrenzen wollen, scheint es zunächst naheliegend, sie mit dem Begriff des Postmedialen zu assoziieren, der sich gegen modernistische Konzepte von Medienreflexivität und Medienpurismus wendet.[7] Dieser Weg soll im Folgenden aber aus zwei Gründen nicht eingeschlagen werden: zum einen, weil in diesem Diskurs über das Postmediale kunstwissenschaftliche und medienwissenschaftliche

---

6 Die Gemeinsamkeit soll hier nur symptomatisch und oberflächlich festgestellt werden, während die unterschiedlichen Intentionen, die damit verbunden sind, eine genauere Differenzierung nötig machen würden. Positionen einer philosophischen Medienästhetik sind hierbei auf einer ganz anderen Ebene anzusiedeln als etwa techno-deterministische Positionen der *new media art*, wie sie etwa Manovich als Kunst der Turinglands beschreibt. In der Medienästhetik zielt der Rückgriff auf den Modernismus darauf, eine Antwort der philosophischen Ästhetik auf neue Medientechnologien zu formulieren, die den ausgezeichneten Charakter einer ästhetischen Wahrnehmung gegenüber der funktionalen Alltagswahrnehmung absichert. Bei einem Künstler wie Thomas Ruff könnte die medienreflexive Auseinandersetzung mit digitaler Fotografie so verstanden werden, dass sie in der Tradition etwa von Greenbergs Modernismus den Kunstcharakter dieser Bilder gegenüber den Bildern der digitalen Massenmedien sicherstellt. Die für bestimmte Positionen der *new media art* charakteristische Idee einer Erforschung der ästhetischen Möglichkeiten des jeweils letzten Stands der Technik kann wiederum als Ausdruck eines techno-deterministischen Strebens nach Modernität und Fortschrittlichkeit gelesen werden.

7 In den Diskussionen um das Postdigitale und Post-Internet taucht daher regelmäßig auch der Begriff des Postmedialen auf, wobei postdigital und zugleich postmedial zu agieren Verschiedenes heißen kann: die Idee, dass künstlerische Praxis ihren Bezugspunkt nicht mehr in einem Medium als solchem hat, sondern in der Spezifik einzelner digitaler Werkzeuge (Cascone 2000); die Idee, dass für die Verwendung eines Mediums nicht mehr dessen technische Eigenschaften, sondern dessen soziale und politische Bedeutung entscheidend sind (Manovich 2000); oder die Idee, dass es für *post-internet art* charakteristisch ist, frei zwischen Netz und Ausstellungsraum zu fließen und nicht ontologisch an eine spezifische mediale Existenzform gebunden zu sein (Vierkant 2010).

Medienbegriffe in schwieriger Weise verknüpft werden;[8] zum anderen, weil durch die Bestimmung einer postdigitalen Ästhetik als „postmedialer Ästhetik" noch nicht viel darüber gesagt wird, welche neuen Inhalte und Perspektiven auf das Digitale an die Stelle von Medienspezifik und Medienreflexivität treten könnten.

Die folgende Darstellung setzt daher nicht beim Postmedialen an, sondern bei drei zentralen Eigenschaften, die die beschriebenen wahrnehmungs- und kunsttheoretischen Ansätze von Medienästhetik gleichermaßen betreffen: So wird Medienästhetik *erstens* als eine Reaktion auf neue Medien begriffen, die ein Interesse dafür einschließt, was diese von alten Medien unterscheidet; zentraler Gegenstand des Interesses sind *zweitens* deren technische Möglichkeiten; und es gibt *drittens* einen Fokus auf Wahrnehmung und Bildlichkeit einerseits und Potenziale der De- oder Transmaterialisierung andererseits. Dem kann nun die postdigitale Perspektive gegenübergestellt werden: Sie beschreibt die Banalisierung und Entzauberung der neuen Medien in ihrer Transformation zu ubiquitären Infrastrukturen, die Verschiebung des Interesses von technischen Möglichkeiten zur sozialen Bedeutung von Technologien und vom Digitalen als (angenommene) Kraft der Dematerialisierung zu Materialisierungsprozessen, insbesondere der Produktion neuer Körper durch technologische Prothesen und Dynamiken des Affekts. Im Folgenden werden diese Themenbereiche im Ausgang von einem allgemeinen Verständnis des Postdigitalen insbesondere hinsichtlich dessen betrachtet, wie sie sich in den Verfahrensweisen und Themen der Gegenwartskunst niederschlagen. Im abschließenden Fazit wird noch einmal nach den Impulsen dieser Betrachtung für die Medienästhetik gefragt.

Entgrenzung, Kritik, Umwertung

Der Begriff des Postdigitalen bezeichnet einen materiellen und kulturellen Zustand, in dem digitale Technologien aufgehört haben, neu und revolutionär zu sein: „Face it – the Digital Revolution is over" (Negroponte 1998). Bezieht sich der Diskurs

---

8   Bereits in dem Gedanken, dass die „neuen Medien" einen Rückgriff auf medienspezifische und medienreflexive Strategien der Moderne erfordern, kommen mindestens zwei disjunkte Medienbegriffe zusammen: der Begriff des künstlerischen Mediums (Malerei, Skulptur, Fotografie etc.), wie ihn etwa Clement Greenberg und Rosalind Krauss in der Kunstkritik verwenden; und der vom Kommunikationsmedium (Radio, Fernsehen, Internet etc.) her gedachte Medienbegriff der Medientheorie, etwa bei Marshall McLuhan (Cramer 2016b).

der neuen Medien auf eine Situation, in der das Digitale durch Bildschirmränder, Computerräume und Spezialfestivals für elektronische Kunst als Ausnahme im analogen Alltag markiert wird, reagiert der Diskurs des Postdigitalen auf Entgrenzungsprozesse: die Einbettung des Digitalen in sämtliche Alltagsgegenstände (Negroponte 1998), seine Inkorporation in leibliche Routinen (Chun 2016) und eine Hegemonie der Logiken digitaler Kultur, die nun auch sämtliche Bereiche jenseits der digitalen Medien strukturieren (Stalder 2016, 20). Das veränderte Verhältnis zur Technologie ist getragen von Gefühlen der Banalisierung und Entzauberung: Als ubiquitäre Infrastrukturen verlieren digitale Technologien ihr Faszinierendes, sie sinken unter die Schwelle der Aufmerksamkeit, werden banal, opak und ungreifbar (Berry und Dieter 2015). Die disruptive Kraft digitaler Technologien wird nicht mehr als revolutionär und inhärent progressiv, sondern als auf Dauer gestellte Krise erfahren: als Krise der Demokratie, Krise des digitalen Kapitalismus (Stakemeier 2014) oder als krisenhafte Usurpation unserer Gewohnheiten im Umgang mit Technologie durch regelmäßige Updates (Chun 2016). Das Präfix „post-" im Begriff „postdigital" steht daher zum einen für den Übergang einer ersten, revolutionäre Phase von Computerisierung und digitaler Vernetzung zu einer länger andauernden Phase der „Hybridisierung und Verfestigung des Digitalen" (Stalder 2016, 20). Zum anderen steht es für eine Entzauberung, die sich kritisch von den Diskursen der „neuen Medien", der „digitalen Revolution" und den darin entworfenen Fortschritts- und Innovationsszenarien abgrenzt. Die Rhetorik des radikalen Bruchs, die für solche Szenarien typische ist, wollen postdigitale Diskurse allerdings gerade nicht reproduzieren. Sie nehmen anhaltende Veränderungen, subtilere kulturelle Verschiebungen und Kontinuitäten in den Blick.[9]

Als *new media art* werden Kunstströmungen des späten 20. Jahrhunderts bezeichnet, für die auch Begriffe wie *computer art* (Manovich 1996) oder *media lab art* (Cramer 2016a, 123) stehen. Ihre Produktions- und Rezeptionskontexte wie *MIT Media Lab, Ars Electronica* oder *ZKM* bilden einen eigenen Bereich jenseits der Institutionen der Gegenwartskunst. Manovich unterscheidet daher zwei disjunkte institutionelle Kontexte der Kunstproduktion, die unterschiedlichen Regeln folgen: das Turing-Land der *new media art* und das Duchamp-Land der Gegenwartskunst. Kunstproduktion im Turing-Land ist „research into the new aesthetic possibilities of

---

9 Siehe zu einer ausführlicheren Diskussion dieser Logik des „Post-" im Ausgang von Post-Punk, Postkommunismus, Postfeminismus, Postkolonialismus und Postapokalypse Cramer (2014, 13).

new media" (Manovich 1996), d.h. eine Art angewandte Forschung, die sich am Modell des Labors orientiert, während sich die Gegenwartskunst zeitgleich von solchen Produktionskontexten emanzipiert (Cramer 2016a, 123). Diese Kunstwerke stellen neue ästhetische Möglichkeiten der Technik aus, kennzeichnend sind ebenfalls „Interaktivität" und spielerische Rezeptionsformate. Manovich führt dies in der folgenden schematischen Gegenüberstellung weiter aus: Orientiert sich das Duchamp-Land vor allem an Inhalten, so das Turing-Land am jeweils neuesten Stand der Technik. Ist die Gegenwartskunst komplex und vielschichtig, so die Computerkunst einfach zu verstehen und häufig ironiefrei. Und schließlich ist Duchamp-Kunst typischerweise selbstreflexiv, ironisch und destruktiv. Turing-Kunst teilt dagegen mit der Tech-Industrie einen grundsätzlichen Glauben an das Funktionieren von Technologie und reagiert – so der anekdotische Befund – auf Scheitern, Versagen und Störungen mit Schrecken, anstatt sie als einen wundervollen dadaistischen Moment zu genießen (Manovich 1996).[10]

An diesem Aspekt setzt Kim Cascones *aesthetics of failure* an, die einen der ersten Referenzdiskurse für den Begriff der postdigitalen Ästhetik bildet (Cascone 2000). Cascone beschreibt damit das Genre der *glitch music* der 1990er Jahre, die sich insbesondere für die nichtintendierten Begleiterscheinungen und das hörbare Versagen digitaler Technologien interessiert: „glitches, bugs, application errors, system crashes, clipping, aliasing, distortion, quantization noise, and even the noise floor of computer sound cards" (Cascone 2000, 13). Entscheidend daran ist, dass Cascone dies nicht mehr als Erforschung der erweiterten ästhetischen Möglichkeiten von Computermusik deutet, sondern im Sinne von zwei Aspekten eines postdigitalen Verhältnisses zur Technologie: zum einen – im Rückgriff auf John Cage – als ein Hörbarmachen der ubiquitären, aber zugleich unthematischen Anwesenheit von Technologie in den Produktionskontexten der Computermusik;[11]

---

10 Letzteres zeigt sich für Manovich auch im Verhältnis zur Technologie: etwa in den ironischen Maschinen bei Duchamp, selbstdestruktiven Maschinen bei Tinguely oder den destruktiven Eingriffen von Nam June Paik. Der Techno-Optimismus unterscheidet die von Manovich beschriebene Computerkunst der 1990er auch vom *Art and Technology Movement* der 1960er Jahre. Vgl. auch zu anderen Lesarten der *new media art*, die diese – mit einem etwas anderen Fokus – in die Nachfolge des Dadaismus stellen, exemplarisch: Tribe und Jana 2006.

11 Dabei soll etwa das gezielte Verstärken des Hintergrundrauschens von Soundkarten die ubiquitäre, aber gleichsam unwahrnehmbare Anwesenheit von Technologie ästhetisch wahrnehmbar machen. Dies steht somit für eine neue Bedeutung von Verfahren des Sichtbarmachens oder Mappings angesichts einer epistemischen Situation der zunehmenden Unsichtbarkeit von Technologie und der Weise, wie Technologie gesellschaftliche Prozesse formt. Hierfür exemplarisch steht auch das Blogprojekt ‚New Aesthetic' von James Bridle (seit 2012) als ein „attempt to document and catalogue patterns

zum anderen als Ausdruck eines Verlusts an Faszination und einer Kritik am Technikglauben. Damit wird das Verständnis digitaler Technologie von einer anscheinend objektiven Gegebenheit reflexiv auf ihren Zusammenhang mit Erzählungen des Techno-Optimismus und den Versprechen der Tech-Industrie hin erweitert. Das Scheitern von Technologie macht diese Verbindung sichtbar und öffnet einen Raum für alternative Narrative zur Technologie.

Postdigitale Praktiken wenden sich also gegen einen Techno-Optimismus, der vom Funktionieren von Technologie als Normalfall ausgeht, ebenso wie gegen das techno-deterministische Narrativ einer objektiven technologischen Entwicklung, der eine künstlerische Erforschung ihrer ästhetischen Möglichkeiten folgt. Hierzu gehört auch eine Idee des revolutionären Bruchs mit dem Alten und eine Steigerungslogik von Verbesserung, Update und Upgrade, wobei „digital" zum Synonym für „fortschrittlich", „neu" oder „innovativ" wird, während das Alte als obsolet und rückschrittlich gilt (Cramer 2014, 14). Charakteristischer Ausdruck hierfür ist eine „media aesthetics" von „digital high-tech and high-fidelity cleanness" (Cramer 2014, 14), die mit höherer Wiedergabetreue, zunehmender Immersion und einer Annäherung an Perfektion assoziiert ist. Als eine charakteristische Position postdigitaler Ästhetik jüngeren Datums kann in diesem Zusammenhang auch die Ästhetik des Abjekten des Video- und Installationskünstlers Ed Atkins betrachtet werden. Atkins bedient sich allerdings explizit keiner Glitches oder zufälliger Störungen, sondern einer Strategie der „absichtlichen Sabotage" (Atkins 2016, 110). Dabei orientiert er sich zwar am aktuellen Stand der Technik, dies dient aber lediglich zur Erzeugung einer „zu brechenden Konsistenz" (Atkins 2016, 110): Es geht darum, die in diesen Bildern impliziten Versprechen von Perfektion und Immersion durch Inszenierungen von Regression, Ekel, Körperverfall und Abfall sowie durch eine taktile Aufdringlichkeit der Bilder wieder kollabieren zu lassen. Ziel dieser Praxis sind nicht formale Auseinandersetzungen mit den ästhetischen Möglichkeiten von Technologie, sondern ein Interesse an den damit verbundenen ökonomischen, libidinösen und ethischen Verhältnissen von Körper und Technologie, an Subjektivierungsprozessen und dem „Handlungsvermögen des Publikums" (Atkins 2016, 110) – Themen, die in den folgenden Abschnitten noch eine Rolle spielen werden.

of the computational throughout everyday life" (Berry und Dieter 2015, 5). Damit reagieren solche Praktiken des Mappings und Sichtbarmachens laut Berry und Dieter auch auf das Verschwinden eines „analogen Außen" und einen Zustand von Immersion und Desorientierung, der klassische Strategien von Reflexion und Kritik unterminiert.

Neben der Inszenierung eines Scheiterns *im Digitalen* selbst scheren postdigitale Praktiken aber auch aus techno-deterministischen Logiken aus, indem sie Medien, Praktiken, Werte und Ästhetiken reaktivieren, die im Kontext von *new media* als obsolet gelten. Dies tun neuartige DIY-Praktiken, die etwa seit Mitte der 2000er Jahre mit Zinemaking, Analogfilm und analogen Synthesizern experimentieren. Der Begriff des Postdigitalen unterscheidet sich dabei von dem eines bloßen Revivals dadurch, dass diese Medien und Praktiken in ein Verhältnis zu digitalen Medientechnologien und zur digitalen Kultur gestellt und dabei mit neuen Funktionen versehen werden: „zines that become anti-blogs or non-blogs, vinyl as anti-CD" (Cramer 2014, 18). Umgekehrt wird die Logik digitaler Kultur auf das Arbeiten mit nicht-digitalen Formaten übertragen, wenn etwa Zines nicht mehr radikal individualistisch, sondern auf der Grundlage von Werten wie kollektiver Autorschaft und *open source* produziert werden (Cramer 2014, 18).

Postdigitale Praktiken stehen insofern, erneut mit Cramer zusammengefasst,[12] einerseits für den Bruch mit den Werten und ästhetischen Prinzipien des *New-media*-Paradigmas: Statt um Berechenbarkeit, Reproduzierbarkeit und das „globale Dorf" geht es diesen postdigitalen Praktiken um Taktilität, Do-It-Yourself und urbane Lokalität. Anstelle einer digitalen Ästhetik des Symbolischen und der abstrakten Codes privilegiert post-digitale Ästhetik Indexikalität, Spur und Kontext. Andererseits stehen die entsprechenden Praktiken auch für eine relative Entwertung und Pragmatisierung des Einsatzes digitaler Technologien: Letztere werden (i) nicht mehr mit dem Bruch zur vorangegangenen analogen Kultur assoziiert, obwohl die durch das Digitale hervorgebrachten Veränderungen begrüßt werden; (ii) nicht als intrinsisch gut begriffen, insbesondere im Sinne einer technologischen oder sozialen Fortschrittlichkeit; (iii) aus pragmatischen Gründen verwendet, dabei aber mit ästhetischen Mängeln assoziiert; (iv) im Endprodukt typischerweise nicht sichtbar gemacht, so dass das Digitale eher als stillschweigende Referenz anwesend ist, oder mit vordigitalen Medientechnologien hybridisiert (Cramer 2013).

Cramer bezeichnet diesen postdigitalen Zustand, wie bereits oben erwähnt, als den „messy state", den unordentlichen Zustand von Medien, Künsten und Design *nach* ihrer Digitalisierung (Cramer 2014, 17). Hybride Praktiken lösen dabei die Orientierung an den spezifischen Möglichkeiten eines Mediums, ebenso wie

---

12 Dieser Abschnitt ist eine größtenteils wörtliche Übersetzung aus: Cramer (2013), zitiert nach Cramer und Jandrić (2021, 975).

deren diskursive Einordung mittels Oppositionspaaren wie alt/ neu, analog/digital, konservativ/progressiv, auf. Während Analoges und Digitales, Altes und Neues einander durchdringen, werden zugleich neue Oppositionen und Narrative bedeutsam: Statt am technologischen Fortschritt und an der Differenz von neuen und alten Medien orientieren sich viele Praktiken an der Differenz von Big Tech und DIY, insofern digitale und analoge Low-tech-Praktiken Agency und die Beherrschbarkeit der Produktionsmittel versprechen. Politische und soziale Ziele und Erzählungen erhalten so eine größere Rolle. Exemplarisch für den *messy state* postdigitaler Kultur ist auch die Proliferation von ästhetischen Genres oder Stilen: Techno-nostalgische Genres wie *Outrun* oder *Vaporwave*, eskapistische Ästhetiken wie *Cottagecore* oder auch das allgemeine *Gothic*-Revival der letzten Jahre können als komplexe ästhetische Reaktionen auf digitale Technologien gelesen werden, die sehr unterschiedliche Narrative davon entwickeln, was es heißt, in einem digitalen Zeitalter zu leben.[13]

Mit ihrem Interesse an Inhalten und Narrativen, dem vielschichtigen, widersprüchlichen und ironischen Umgang mit kulturellen Codes und ihren negativen oder destruktiven Tendenzen stehen derartige Erscheinungsformen postdigitaler Ästhetik den Werten des Duchamp-Landes weit näher als denen des Turing-Landes. Der postdigitale Modus der Auseinandersetzung mit Technologie erweist sich damit als wesentlich kompatibler zu den Werten und Praktiken der Gegenwartskunst als die *new media art* mit ihren techno-deterministischen und techno-optimistischen Tendenzen. Insofern kann auch das ausgeprägte Interesse, das die Gegenwartskunst um das Jahr 2010 an Körperlichkeit, Stimme, Präsenz, Performanz, Materialität und Analogmedien genommen hat, als Ausdruck einer postdigitalen Haltung begriffen werden. So stellt auch Claire Bishop fest, dass die „alten Medien" dabei oft mit einer kulturellen Logik der „neuen Medien" verwendet werden – etwa mit Blick auf Vernetzung, Datenverarbeitung oder das Archiv (Bishop 2012). Manuela Ammer wiederum identifiziert es als Leistung von „Malerei im Informationszeitalter", gegenüber der anscheinend entkörperten Logik des Digitalen auf die Bedeutung von Körperlichkeit hinzuweisen (Ammer 2015).

---

13 Vgl. hierzu und zu dem entsprechenden Ästhetikbegriff das „Aesthetics Wiki" auf Fandom (o.D.).

In dem Prozess, mit dem digitale Technologien ihren Charakter als Neuheit und Ausnahme verlieren, banal und ubiquitär werden, konkretisieren sie sich zugleich zu gestalteten Formen des Sozialen, die von ökonomischen, politischen und kulturellen Logiken durchdrungen sind. Dieser zweite wichtige Aspekt des Postdigitalen zeigt sich schon daran, dass wir heute weit mehr über „soziale Medien" denn über „neue Medien" sprechen. Bereits Negroponte prognostiziert, dass die überraschenden Veränderungen nicht mehr die technologischen Innovationen selbst, sondern die Veränderungen des Lebensstils und der Formen des sozialen Zusammenlebens betreffen werden (Negroponte 1998). Stalder beschreibt diesen Prozess mit einer Formel von Clay Shirky: „Kommunikationsmittel werden erst dann sozial interessant, wenn sie technisch langweilig werden": Durch das Einsinken digitaler Technologien in Alltag und Lebenswelt kommt es zu einer Konkretisierung des vormals Neuen in längerfristig bedeutsamen Infrastrukturen und Praktiken, womit sich auch der Fokus auf die soziale Bedeutung von Technologien verschiebt (Stalder 2016, 20). Ein Verständnis digitaler Technologie kann sich daher nicht mehr auf die technischen Grundlagen von Informationsverarbeitung und Internet wie Code, Algorithmus oder Protokoll beschränken, sondern muss deren Zusammenspiel mit ökonomischen, politischen oder kulturellen Logiken betrachten.

Als Infrastruktur unserer individuellen und sozialen Existenzweisen liegt Technologie im Plattformkapitalismus zudem nicht mehr in einem Stadium abstrakter technischer Möglichkeiten vor, sondern in je konkreten, gestalteten Formen, wie etwa als Iphone, Instagram-Feed oder Verkaufsplattform Amazon. Ein Verständnis dieses gestalteten Charakters von Technologie im postdigitalen Zustand kann sich an der Designtheorie Latours orientieren, die sich von der techno-deterministischen und revolutionären Logik der Moderne in vergleichbarer Weise abgrenzt wie der Diskurs des Postdigitalen vom Diskurs der neuen Medien. Dem objektivistischen Verständnis von Technologien als *matters of fact* stellt Latour hierbei ein relationales Verständnis von gestalteten Dingen als *matters of concern* gegenüber, die es stets mit Bedeutungen und Interpretationen zu tun haben: Es gibt demnach, so Latour, „keine Objekte, sondern nur Dinge und umstrittene Assemblagen" (Latour 2009, 363). Als Ursache dieser Situation kann nicht zuletzt die Komplexität von Designprozessen begriffen werden: Designprozesse sind nie ausschließlich die Anwendung technischer Möglichkeiten, sondern multifaktorielle Aushandlungsprozesse: zwischen ökonomischen Verwertungsinteressen der Technologieindustrie, den Überwachungsinteressen oder Datenschutzregelungen der Politik, kulturellen Normen einer Gesellschaft und den Bedürfnissen und psychischen Dispositionen der Nutzer*innen. Der Designpraxis liegt – etwa im *human-centered design, behavioral design* oder *nudging* – eine Pluralität von Modellen der Beziehung von Nutzer*in und Technologie zugrunde, die sich nicht auf eine universale Mensch-Technik-Beziehung reduzieren lässt. Während der Diskurs der neuen Medien den Bruch zum Alten betont, eröffnet das postdigitale Verständnis von Technologie als Infrastruktur des Sozialen den Blick auf soziale, politische, ökonomische und kulturelle Kontinuitäten. Hierzu gehört, dass Design- wie Nutzungsprozesse Mechanismen von Sexismus, Heteronormativität oder rassistischer Diskriminierung reproduzieren, was dazu führt, dass die einem Designobjekt angelegten Affordances und Zwänge nicht alle Subjekte gleichermaßen betreffen (Canli 2020). Schließlich eröffnet der Gedanke *gestalteter Technologie* mit Latour auch die normative Dimension von gutem oder schlechtem Design: Der Vorstellung, dass digitale Technologie entweder inhärent progressiv oder repressiv ist, steht ein Verständnis gestalteter Formen gegenüber, die stets kontingent und prinzipiell veränderbar sind.

Diese Konkretisierung von Technologie zur gestalteten Form des Sozialen spiegelt sich in der Ablösung der *net.art* der 1990er und frühen 2000er Jahre durch die *post-internet art. Net.art* steht für eine oft experimentelle und spielerische Kunstproduktion, der die dezentralisierten Infrastrukturen des Netzes gleichermaßen als Produktions-, Distributions- und Rezeptionsraum dienen. Im Gegensatz zur *new media art* des Turing-Landes sind ihre Praktiken, so Cramer, „non-institutional contemporary art practices", deren Außenseiterposition einem kulturellen Zustand entspricht, in dem das Netz noch nicht zum Massenmedium geworden ist (Cramer 2016a, 124). Netzkünstler*innen können ihre Praxis dabei einerseits medienreflexiv verstehen: „Netzkunst beschäftigt sich – wie die modernistische Malerei – mit den spezifischen, nativen Eigenschaften ihres Mediums" – so der Künstler Tilman Baumgärtel (2001, 16–17, zit. nach Schröter 2013, 96). Andere Praktiken begreifen das Netz und seine kommunikativen Möglichkeiten vor allem als politischen, sozialen und kulturellen Freiraum, der sich ökonomischer Verwertung, politischer Kontrolle und kulturellen Hegemonien entzieht. Hierzu gehören nicht zuletzt auch die Machtstrukturen und Zumutungen von Kunstinstitutionen und

Kunstmarkt. Exemplarisch für eine solche Praxis ist Cornelia Sollfranks *net.art generator*, der die Mittel des Netzes nutzt, um die patriarchale Logik etablierter Kunstinstitutionen freizulegen und subversiv zu untergraben.

Mit dem Begriff *post-internet* assoziierte Praktiken werden um das Jahr 2010 im Kunstfeld breiter diskutiert und können als genuines Produkt des Systems der Gegenwartskunst begriffen werden (Cramer 2016a, 124). Für ihr Selbstverständnis ist erneut die kritische Überwindung des Neue-Medien-Diskurses und seiner Technikfixierung zentral: An die Stelle des Interesses von „new media" an den „specific workings of novel technologies" tritt nun eine „sincere exploration of cultural shifts in which that technology plays only a small role" (Vierkant 2010). Das Netz soll nicht mehr aus der Perspektive einer Geschichte medientechnologischer Innovationen (der „photo → film → new media storyline"; Olson 2011, 62) betrachtet werden, sondern aus der einer materialistischen Kulturgeschichte. Statt um „aesthetic concerns or formal traits" geht es nun um „media ecologies" als „the site of a vast array of commercial, political, libinal, economic, and rhetorical functions" (Olson 2011, 62–63). Die zwei standardmäßig genannten Merkmale von *post-internet art* sind dabei, dass sie das Internet in seiner neuen Gestalt als Massenmedium nutzt und seine kulturellen Logiken in physische Räume übersetzt (Chan 2014, 107). Dabei wird insbesondere die Situierung zu einer zentralen Frage von Kunstproduktion: Situiert sich die *net.art* im Netz als einem Freiraum, der sich gleichermaßen außerhalb von Massenkultur und etablierten Kunstinstitutionen befindet, so bilden diese drei Bereiche für *post-internet* tendenziell eine einzige, hybride Umwelt.

Eine erste zentrale Entwicklung hierbei ist der Wandel des Netzes vom ästhetisch-technischen und sozialen Experimentierfeld zum gestalteten, d.h. ökonomisierten, überwachten, vergeschlechtlichten Raum der Alltags- und Massenkultur. Hierfür stehen insbesondere die sozialen Medien und der Plattformkapitalismus.[14] In einer charakteristischen Arbeitsteilung beschränken sich die Tech-Konzerne dabei auf die Bereitstellung von Formen und Plattformen, während den User*innen die Produktion des *contents* überlassen wird (Daub 2020, 37ff.). An die Stelle der häufig sprachbasierten, technisch und politisch versierten Hackerkultur der 1990er Jahre treten dabei visuelle kulturelle Inhalte wie Social Media Posts und Image Board Memes.

---

14 Post-Internet lässt sich hierbei auch so deuten, dass mit diesem Prozess das Internet weitgehend verschwunden ist und durch den CPC (Corporate Platform Complex) ersetzt wurde (Terranova 2022).

Angesichts dieser eigentümlichen nichtkünstlerischen Bildproduktion ersetzt *post-internet* das formale Experimentieren mit dem Netz durch eine beobachtend-rezeptive Haltung: *Post-Internet Artists* sind Flaneure, Beobachter und Follower, wenden sich ethnografisch oder dokumentarisch diesem kulturellen *content* zu und präsentieren und diskutieren dies im Rahmen von Surf Clubs und Surf Blogs (Cornell 2018).[15] Eine gängige Worterklärung für die Begriffe *post-internet* oder *art after the internet* ist daher auch: *art after browsing on the internet* – Kunst, die nach dem Surfen im Internet entsteht und die Erfahrungen und Fundstücke des Surfens weiterverarbeitet. Exemplarisch hierfür sind etwa Jon Rafmans Führungen durch das *Second Life* oder die Verwendung von Memes oder Found Footage aus den sozialen Medien in seinen Videoarbeiten.

Gleichzeitig verwenden Künstlerinnen das Netz nun auch selbst in der Gestalt, „wie es von Google, Facebook, Instagram, Tumblr und sonstigen Unternehmen formatiert wurde" (Cramer 2016b, 57). Bestimmend für die künstlerische Praxis ist dann nicht mehr das Experimentieren mit der Form, sondern die Produktion von *content*. Exemplarisch hierfür ist die Performance „Excellences and Perfections" (ab 2014), in der die Künstlerin Amalia Ullmann in einem Instagram-Profil ihren eigenen Körper als Kunstfigur inszenierte, ohne zunächst den Status als Kunstperformance offenzulegen. Wie Cramer feststellt, ist das „Medium, das sie nutzt [...], weder ‚neu', noch wird es von der Künstlerin technisch-ästhetisch erforscht oder gebrochen". Weiterhin sind, so Cramer, die eigentlichen Inhalte und Themen von Ulmanns Arbeit nicht technologie- oder netzspezifisch: Mit Fragen nach den Codes und Klischees weiblicher Selbstdarstellung und des männlichen Blicks steht sie stattdessen in Kontinuität mit künstlerischen Praktiken etwa Cindy Shermans – die sozialen Netzwerke sind lediglich der zeitgemäße Ort, an dem diese Inszenierungen stattfinden (Cramer 2016b, 57). Geht es Cramer an dieser Stelle vor allem um die Abgrenzung zu experimenteller Medienkunst, muss hier doch ergänzt werden, dass die Auseinandersetzung mit einer sozialen Fragestellung bei Ullman nicht einfach die Auseinandersetzung mit einem Medium ersetzt. Ullmans Arbeit eröffnet gerade eine Perspektive auf die untrennbare Verknüpfung von Medientechnologien und Geschlechterverhältnissen, indem sie den Blick darauf lenkt, wie soziale Dynamiken von Geschlecht durch Medientechnologien rekonfiguriert werden, und darauf,

---

15 Vgl. zur Geschichte der Surf Clubs: Slocum (2016).

dass Medientechnologien nicht neutral, sondern stets Teil ver-geschlechtlichter Machtverhältnisse sind.

Eine zweite für *post-internet* entscheidende Entwicklung ist die zunehmende Hybridisierung und Durchdringung von Netz und physischem Raum, was nicht zuletzt die Räume der Gegenwartskunst betrifft. Wurde Netzkunst typischerweise für die Rezeption am Computer produziert, nutzen viele *Post-internet*-Künstler strategisch zwei Kanäle der Distribution: Konzepte wie „Circulationism" (Steyerl 2013) oder auch „Athletic Aesthetics" (Troemel 2013) stehen für ein schnelles Produzieren, das von der Reichweite der sozialen Medien wie *Instagram* oder *YouTube* Gebrauch macht. Gleichzeitig dringt mit *post-internet* netzspezifische Kunst in die etablierten Institutionen und Räume der Gegenwartskunst ein. *Post-internet* kann daher auch bedeuten: Kunst über das Internet, die aber nicht (nur) im Internet stattfindet. Ein Video von Ryan Trecartin kann etwa gleichzeitig als frei verfügbare Datei im Netz und als Installation im Ausstellungsraum existieren. Zugleich nutzen Künstler*innen wie Oliver Laric die physischen Strukturen des *white cube,* um das Verhältnis von digitalen und materiellen Objekten zu befragen.

Dabei reflektiert *post-internet art* nicht zuletzt, wie die Aufmerksamkeitsökonomien der sozialen Medien auch die Distributions- und Rezeptionsformen des klassischen *white cube* durchdringen und restrukturieren. Dies betrifft insbesondere die Tatsache, dass Kunstwerke häufiger über Fotos als im Ausstellungsraum rezipiert werden (Vierkant 2010). Zu einer privilegierten Form der Kunstrezeption wird so der mit Photoshop nachträglich optimierte *installation view* ebenso wie zahlreiche andere Rezeptionsformen über Plattformen wie Instagram. Implizit zeigt sich diese Bedeutung der sozialen Medien bereits in der Performance *The Artist is Present* von Marina Abramović, bei der das Geschehen und die Rezeption im Ausstellungsraum maßgeblich durch Fotos in den sozialen Medien mitstrukturiert wurden. Explizit zeigen Katja Novitskovas Aluminiumaufsteller, die etwa Tierfotos oder Clip Art aus dem Internet wiedergeben, wie sich die Gewichte zwischen dreidimensionaler Raumerfahrung und zweidimensionaler Bildansicht verschieben. Mit ihrer visuellen Prägnanz, Flächigkeit und ihrem Maßstabsbezug zum menschlichen Körper sind sie nicht für die ästhetische Erfahrung im Ausstellungsraum, sondern auf Selfies und *Instagrammability* hin optimiert. Auch diese Praxis erforscht dabei nicht die ästhetisch-technischen Möglichkeiten eines neuen Mediums, sondern macht, wie dies in anderer Form schon bei Cascones Glitch-Ästhetik der

Fall war, die ubiquitäre hintergründige Anwesenheit von Smartphones und den Einfluss der sozialen Medien auf die Kunstrezeption im Ausstellungsraum sichtbar.

Rückblickend bezeichnet es Florian Cramer als die Leistung der Begriffe „postdigital" und *„post-internet"*, die systemische Trennung von digitaler Kunst und Gegenwartskunst überwunden zu haben, um sich im selben Zuge obsolet zu machen (Cramer und Jandrić 2021, 977–78). Sie bezeichnen damit einen Zustand, in dem digitale Technologien nicht mehr mit den Gedanken der Neuheit, des Freiraums und der Erforschung oder dem Experimentieren mit neuen Möglichkeiten assoziiert sind, sondern zu ubiquitären sozialen Realitäten geworden sind. Dabei durchdringen sich analoge und digitale Medien und Praktiken, digitale und physische Räume ebenso wie Räume der Massenkultur und Räume der Gegenwartskunst in einer hybriden *messiness*. Der Begriff *post-internet* beschreibt daher, so die Künstlerin und Theoretikerin Marisa Olson, letztlich kein Kunstgenre, sondern Bedingungen, die für die Gegenwartskunst insgesamt selbstverständlich geworden sind: *„We are now in a postinternet era. Everything is always-already post-internet* [...] *all works are postinternet* (albeit to a lesser or greater degree of reflexivity) because all works produced now are produced in the *postinternet* era" (Olson 2012, 63). Dies ist die Erklärung für den eingangs skizzierten paradoxen Zustand, in dem sich niemand als *Post-internet*-Künstler bezeichnen will, gleichzeitig aber alle *Post-internet*-Künstler sind. So wie das Geschehen in den sozialen Medien heute zu einem entscheidenden Faktor gesellschaftlicher Prozesse geworden ist, ist heute schwer eine Kunstproduktion denkbar, die nicht vom Netz und seinen Infrastrukturen affiziert ist. In dieser Situation scheint es unsinnig, Kunst, die sich mit dieser Situation auseinandersetzt, noch mit einem spezifischen Label zu versehen.

Materialisierung, Körper, Affekt

Indem digitale Technologien in den Alltag eindringen, unser individuelles und soziales Leben transformieren, transformieren sie auch unsere Körper und erzeugen neue Subjektivierungen und Identitäten. Mit diesem dritten Aspekt des Postdigitalen verschiebt sich die Perspektive auf digitale Technologien von Themen wie Dematerialisierung, Bildlichkeit und Wahrnehmung hin zu Materialisierung, Körperlichkeit und Affekt. Die erstgenannte Perspektive lässt sich auch in den oben betrachteten Positionen der Medienästhetik wiederfinden. Am deutlichsten ist dies in der simulationstheoretischen Auffassung, die dem Digitalen das Potenzial einer – wie auch immer gearteten – Dematerialisierung unseres Weltverhältnisses zuschreibt. Dem hält Schröter zu Recht entgegen: „Im Gegenteil ist die Simulation eines der mächtigsten Mittel, um sehr Reales entwerfen, erforschen, kontrollieren und herzustellen zu können." Allerdings schließt Schröter an: „nur sind die genannten Verwendungen für eine Medienästhetik ganz irrelevant" (Schröter 2013, 92). Indem Schröter digitale Medientechnologien als Quelle neuer Wahrnehmungserfahrungen betrachtet, legt er hier erneut einen Fokus auf die dematerialisierenden Potenziale des Digitalen, exemplarisch auf die „Potenz digitaler Simulation, die Materialität analoger Medien selber in transmaterielle Formen transformieren zu können" (Schröter 2013, 94). Auch die Debatten um Post-Internet kennzeichnet ein Fokus auf digitale Bilder und die „infinite reproducibility and mutability of digital materials" (Vierkant 2010), die sich etwa im Fehlen eines Originals, den Bildökonomien des Netzes oder einem freien Fließen von Kunstwerken zwischen den Formaten äußert.

Kerstin Stakemeier begreift es dagegen als eine spezifische Leistung der eingangs genannten Ausstellung *Speculations on Anonymous Materials* (2013), gesellschaftliche und ökonomische Materialisierungsprozesse in Form eines „körperlichen Übergriff[s] des Digitalen" (Stakemeier 2014, 169) in den Blick zu nehmen. Um diese Akzentverschiebung vom Bild zum Körper zu markieren, schlägt sie vor, nicht mehr von „Post-Internet-Art" sondern von „Post-Digital-Art" zu sprechen. Während Stakemeier die digitale Koproduktion von Körpern in den Begriffen der Prothese und des Prothetischen diskutiert, wird hier vorgeschlagen, sie ausgehend von der Affizierbarkeit und Plastizität menschlicher Körperlichkeit zu begreifen. (Hierbei wäre im Einzelnen zwischen Körper, Leib und Fleisch zu differenzieren, für die begrenzten Zwecke dieses Aufsatzes wird allerdings im Folgenden pars pro toto durchgehend der Begriff „Körper" verwendet.) Die Begriffe Affizierbarkeit und Plastizität können zugleich für eine Ausweitung der philosophischen Ästhetik über den Zusammenhang von Wahrnehmung und Imagination stehen.[16]

---

16 Dies sowie die anderen in diesem Abschnitt skizzierten Themen sind Inhalt eines Buchprojekts des Verfassers. Vgl. zur Konzeption einer solchen Ästhetik des Affekts im Kontext digitaler Technologien insbesondere auch die Ausstellung ‚Radikale Passivität: Politiken des Fleisches' (nGbK, Berlin 2020) und deren Ausstellungskatalog: Busch 2020. Im Rahmen dieser Ausstellung konnte der Verfasser auch seine Überlegungen zum Digital-Abjekten bei Ed Atkins und Jon Rafman vorstellen. Vgl. zum Konzept einer krisenhaften Transformation von Körpern durch digitale Technologien im Zusammenhang von Affekt und Plastizität den Begriff einer „digitalen Pubertät" in Beck 2016.

Exemplarisch zeigt sich der Perspektivwechsel von Dematerialisierung und Entkörperung zu Materialisierung und Körperproduktion erneut an den gesellschaftlichen Mainstreamdebatten über Technologie. Diskussionen über Simulation und Wirklichkeitsverlust machen seit den 2000er Jahren Diskussionen darüber Platz, wie soziale Medien Affekte erzeugen und unser Verhalten auf der Ebene eines Somatisch-Nichtbewussten beeinflussen. Ein wichtiges Thema ist dabei das Narrativ der Manipulation des körpereigenen Dopaminsystems durch eine Ökonomie quasi-pornografischer digitaler Superstimuli (Lembke 2021) oder ein Trigger-orientiertes zeitgenössisches Interaktionsdesign (Eyal 2016). Trotz der Beschränkungen solcher neuro- und verhaltenswissenschaftlichen Diskurse (Paasonen 2022) können sie zeigen, dass die Affizierbarkeit und Plastizität unserer Körper für unser Verhältnis zu digitalen Technologien entscheidend sind. Sie bilden die Grundlage von Habitualisierungs- und Internalisierungsprozessen, deren Prinzip darin besteht, Rezeptivität in Spontaneität zu verwandeln (Chun 2016). Hierbei können Affizierbarkeit und Plastizität als zentrale Anschlusspunkte einer „technischen Heteroaffektion" und einer „affektiven Kopplung" von humaner und nonhumaner Agency verstanden werden (Angerer 2022). Dies führt zu einem Verständnis von postdigitalen Körpern als hybriden Körpern, die immer schon technisch oder in einem ständigen Prozess des Technisch-Werdens begriffen sind. Menschliche Spontaneität ist hierbei immer eine hybride Spontaneität, in der die Selbstaffektionen von Bewusstsein und Körpergefühl untrennbar mit einer technischen Hetero-Affektion verbunden sind.

Dass solche Subjektivierungsprozesse aber nicht auf die Mechanismen von Technologie und Design zu beschränken sind, kann Paul Preciados Theorie des pharmapornografischen Kapitalismus zeigen, die die affektiven Interaktionslogiken digitaler Technologien mit pharmakologischen Interventionen zusammendenkt (Preciado 2016). Die Theorie einer orgasmischen Kraft, die ihre Wirkungsweise in Zyklen von Frustration und Erregung entfaltet, erweist sich hierbei anschlussfähig an die Diskurse um den Zusammenhang des Interaktionsdesign mit dem menschlichen Dopaminsystem. Wie Preciado aber ebenfalls argumentiert, sind die Affizierbarkeit und Plastizität von Körpern nicht von ihrer Verknüpfung mit Logiken des Kapitalismus und der

Dieser Essay wurde zusammen mit einem Bildarchiv (*Postanthropologische Habitate I: love knows no concept of dimension*) im Rahmen der vom Verfasser mitverantworteten Ausstellung *fühle meinen körper sich von meinem körper entfernen* (Winter 2016/2017) im Heidelberger Kunstverein gezeigt.

Vergeschlechtlichung zu trennen. Sie bilden dabei ein ambivalentes Feld für Prozesse des Designs bzw. Selbstdesigns, das zwischen ökonomischer Ausbeutung der Weise, wie der Körper Lust empfindet, und einer selbstbestimmten Transition durch Testo-Gel changiert. Auch der dritte Aspekt des Postdigitalen führt also in einen *messy state*, der diesmal die *messiness* von hybrid-technologischen Körpern betrifft, wie auch der politischen Zeitlinien, auf denen sich diese befinden.

Postdigitale Gegenwartskunst, wie sie exemplarisch in *Speculations on Anonymous Materials*, aber auch zahlreichen anderen Kontexten gezeigt wurde, interessiert sich nicht mehr nur für die Modulierbarkeit, Proliferation oder sozialen Bedeutung digitaler Bilder, sondern ebenso sehr für die Koproduktion von Körpern innerhalb des skizzierten Kontexts postdigitaler Affektökonomien.[17] Exemplarisch hierfür sind etwa die an Reality TV und sozialen Medien geschulten performativen Videoinszenierungen von Ryan Trecartin, als deren Grundstimmung eine „hypomania of becoming symbiotic with machines" (Kholeif 2018, 103) identifiziert werden kann. Hier soll für deren Verfahrensweise der Begriff des „Post-Camp" vorgeschlagen werden. In Camp-Ästhetiken werden „affektierte", feminin und queer markierte Verhaltensweisen zum Werkzeug einer offensiven Ausstellung von Nichtauthentizität, Artifizialität und Technizität. Post-Camp greift – so meine These – diese Logik des Affektierten im Kontext postdigitaler Körperformationen auf, um das Anschmiegen des Körpers an Dispositive der Selbstdarstellung und die technischen Hetero-Affektionen des Körpers auszustellen.[18] Einer gleichsam entgegengesetzten Richtung folgen die Arbeiten von Ed Atkins, deren Ästhetik des Digital-Abjekten bereits angesprochen wurde. In ihnen kehrt die für die Ästhetik des Abjekten charakteristische doppelte Logik eines „breaching of the body" (Foster 1996, 121) als „irruption of corporeal reality" (Atkins 2016, 109) im Kontext einer Affektlogik digitaler Bildmedien wieder: Bilder von Körperverfall und aufdringlicher Emotionalität werden mit der strategischen Sabotage immersiver Bildwelten kombiniert, um existierende Verknüpfungen von Körper und Technologie zu unterbrechen und die Möglichkeit von affektiven Neuverknüpfungen zu schaffen.

17 Dies bedeutet nicht automatisch eine Wende vom Bild zur Skulptur, sondern schließt insbesondere Bildkonzepte ein, die nicht mehr auf Sichtbarkeit und Wahrnehmung, sondern auf affektiven Verbindungen beruhen und auch zur Affektregulierung eingesetzt werden. Zu solchen Bildkonzepten im Kontext aktueller digitaler Ästhetik, z.B. im Konzept des ASMR vgl. Weinstock (2023).

18 Hierbei wird Camp zugleich aus seinen queeren und nichtweißen politischen Kontexten herausgelöst und verliert seine utopische Dimension. Vgl. dazu skizzenhaft Beck (2023).

Aufgrund der durchgehenden Verknüpfung der uns umgebenden Technologien mit sozialen, politischen und ökonomischen Machtverhältnissen betreffen auch solche affektiven Verhältnisse, Attachments, Trigger oder Gewohnheiten verschiedene Körper in unterschiedlicher Weise. Eine universalisierende Sprache über Mensch-Technik-Verhältnisse muss daher durch ein pluriversales Verständnis verschiedener affektiv-plastischer Koproduktionen ersetzt werden, das berücksichtigt, dass sich verschiedene Körper in ihrem Verhältnis zur Technologie auf unterschiedlichen individuellen oder politischen Trajektorien oder Zeitlinien befinden. Exemplarisch steht hierfür zum einen die künstlerische Auseinandersetzung mit affektiv-toxischen Männlichkeiten. Timur Si Qins Arbeit *Axe Effect* (2011–2013) etwa thematisiert die technopharmakologische Koproduktion von Männlichkeit, die hier gleichermaßen als Konsumobjekt und als biologistischer Mechanismus pheromonaler Steuerung sozialer Beziehungen erscheint. Jon Rafmans Auseinandersetzung mit der Figur des *Betamale* gibt wiederum Einblicke in Subjektivierungsprogramme der *manosphere*, zu denen der Mythos von technologischen Räumen als männlichen Räumen gehört. Auf der anderen Seite befassen sich etwa die Arbeiten von Sondra Perry und Jacolby Satterwhite mit dem Verhältnis von Körper und Technologie aus einer intersektionalen Perspektive von *race, queerness, fatness* und *disability*. Dabei setzt Satterwhite der Banalität des weißen männlichen Körpers seinen eigenen, in verschiedener Weise markierten Körper ebenso wie Visionen von Techno-Körpern entgegen. Auch Perry thematisiert das Verhältnis ihres eigenen Körpers und anderer Schwarzer Körper zur Technologie in Konstellationen von Normierung, Sichtbarkeit und Ausbeutung. Sie entwirft aber auch Figuren wie den digitalen Fleischball, eine mit einer *texture map* von Fleisch überzogene animierte Kugel. In seiner Kombination von fleischlicher Exponiertheit und abstrakter Form kann der Fleischball gleichermaßen für ein Maximum an Affizierbarkeit und ein Maximum an Plastizität stehen, und somit ebenso für eine vorgängige, schwarze Fleischlichkeit, die von den gestohlenen Köpern der *middle passage* her zu denken ist (Bradley 2023), wie auch für Techno-Körper als politische Möglichkeitsräume.

Was können die drei diskutierten Aspekte des Postdigitalen für Programme und Positionen der Medienästhetik bedeuten? Wahrnehmungstheoretischen Ansätzen geht es um den Einfluss digitaler Technologien auf die menschliche Aisthesis und die Weise, wie diese theoretisch zu rekonstruieren ist. Wird hierbei von den Kritikpunkten Schröters abgesehen, die – so die hier vertretene Sichtweise – nicht intrinsischer Bestandteil solcher Positionen sein müssen,[19] sind diese Ansätze mit einem postdigitalen Technologieverständnis grundsätzlich kompatibel. Dies gilt insbesondere, weil sie nicht von einer bloß situativen oder punktuellen Begegnung mit digitalen Interfaces und Bildmedien ausgehen, sondern, wie etwa Hansen oder Hörl, von einem ökologischen und atmosphärischen Verständnis von Medien, das deren Anteil an Subjektivierungsprozessen berücksichtigt. Eine solche Perspektive auf digitale Medien kann die technischen Grundlagen der Modulation von Wahrnehmung zugleich mit Blick auf ihr konkretes Gestaltetsein und ihre Interrelation mit sozialen, politischen, ökonomischen und kulturellen Dynamiken analysieren. Exemplarisch hierfür zeigt Beate Ochsners Auseinandersetzung mit „Hearables" im vorliegenden Band, wie Hören und Nichthören nicht nur „zunehmend digital ermöglicht oder verhindert", sondern auch „reguliert und bewirtschaftet" werden (Ochsner 2024). Im Sinne einer skizzierten Erweiterung der Frage nach der Aisthesis über die Wahrnehmung hinaus betrachtet Medienästhetik dann ebenfalls, wie Affekte und die damit zusammenhängenden Prozesse der Inkorporierung und Habitualisierung digital ermöglicht, verhindert, reguliert und bewirtschaftet werden.

Charakteristisch für kunsttheoretische Ansätze der Medienästhetik ist – so Schröter – ein „modernistische[r] Impuls" (Schröter 2013, 97), der zu der Frage führt, wie Künstler*innen die medienspezifischen Eigenschaften der neuen digitalen Medien thematisieren und reflexiv ausstellen. In verschiedenen Spielarten findet sich diese Medienreflexivität etwa in der zeitgenössischen Fotografie, im digitalen Animationsfilm, sowie in Praktiken der *new media*

---

19 Schröter kritisiert zum einen ein Fallenlassen der Differenz zwischen funktionalen und ästhetisch-selbstzweckhaften Formen der Wahrnehmung und argumentiert, dass „auch und gerade im Zeitalter von *ubiquitous* computing, RFID und allgegenwärtiger Smartphones" d.h. im Zuge einer zunehmenden technologischen Durchdringung und Mediatisierung der menschlichen Aisthesis, dennoch am Unterschied von Aisthetik und Ästhetik festzuhalten sei. Zum anderen stellt er mit Blick auf die von ihm diskutierten Fälle, wie z.B. die Technosensorik, fest, dass sich ein konkreter Einfluss auf menschliche Wahrnehmungserfahrungen nur schwer plausibilisieren lasse.

art. Nicht zuletzt bestimmt die Frage, wie Kunst die ästhetischen Möglichkeiten von Technologie erforschen, reflektieren und ausstellen kann, viele gegenwärtige Debatten über das Verhältnis von Ästhetik und *machine learning.* Dieser Aufsatz hat dargestellt, wie postdigitale Gegenwartskunst Perspektiven auf digitale Technologie entwickelt hat, die über die formale Auseinandersetzung mit den ästhetisch-technischen Möglichkeiten ihres Mediums hinausgehen. In diesem Sinne schreibt auch Melissa Gronlund über die künstlerischen Positionen der 2010er Jahre: „Work concerned with digital technology freely moves from formal investigations of the medium to socio-economic or affective implications and back again" (Gronlund 2017, 4). Diese Aspekte können allerdings, wie dieser Aufsatz zeigen wollte, nicht wirklich voneinander getrennt werden, sondern müssen als Teil eines erweiterten Begriffs des Digitalen verstanden werden. Dieser liegt im Begriff des Postdigitalen vor, der digitale Technologien im Sinne einer *messiness* in ihrer grundlegenden Verflochtenheit mit allen Lebensbereichen und ihrer Nichtabtrennbarkeit von narrativen, sozialen und körperlichen Dimensionen denkt. Ein am Postdigitalen orientiertes Verständnis von Medienästhetik könnte den Entwicklungen postdigitaler Gegenwartskunst folgen, die diese *messiness* zum Ausgang ihrer Praxis gemacht haben und die Frage nach dem Verhältnis von Technologie und Wahrnehmung um mindestens drei weitere Hinsichten ergänzen oder erweitern: mit dem Blick auf eine Pluralität gesellschaftlicher Narrative über Technologie; auf die Rolle von digitalen Technologien als gestalteten und stets von Ökonomie, Politik und Kultur durchdrungenen Formen des Sozialen; und auf die Weise, wie digitale Technologien prothetisch und affektiv in unsere Körper eingreifen und dabei Subjektivierungen und Identitäten miterzeugen, aufbrechen oder transformieren.

Literatur

Ammer, Manuela. 2015. „,How's My Painting?' (Judge Me, Please, Don't Judge Me)". In *Painting 2.0. Malerei im Informationszeitalter,* herausgegeben von Manuela Ammer, Achim Hochdörfer und David Joselit, 85–101. München: Prestel.

Angerer, Marie-Luise. 2022. *Nichtbewusst: Affektive Kurzschlüsse zwischen Psyche und Maschine.* Wien und Berlin: Turia + Kant.

Atkins, Ed. 2016. „Daten-Verfall/Data Rot". *Frieze d/e* 23: 107–10.

Baumgärtel, Tilman. 2001. *Net.art 2.0: Neue Materialien zur Netzkunst.* Nürnberg: Verlag für Moderne Kunst.

Beck, Martin. 2016. *Postanthropologische Habitate II: Otherkin, Digitalisierung, Pubertät. Drei Skizzen zu Krisen der Verkörperung.* Heidelberg: Heidelberger Kunstverein.

——. 2023. „Collapsed Camp Aesthetic". In *Weak Signals: New Narratives in Art and Technology,* herausgegeben von Lukas Feireiss und Florian Hadler, 48–49. Leipzig: Spector Books.

Berry, David und Michael Dieter. 2015. „Thinking Postdigital Aesthetics: Art, Computation and Design". In *Postdigital Aesthetics: Art, Computation and Design,* herausgegeben von David Berry und Michael Dieter, 1–11. Basingstoke: Palgrave Macmillan.

Bishop, Claire. 2012. „Digital Divide: Contemporary Art and New Media". In: *Art Forum* 51 (September): 434–41.

Bradley, Rizvana. 2023. *Anteaesthetics: Black Aesthesis and the Critique of Form.* Redwood City: Stanford University Press.

Busch, Kathrin. 2020. *Radikale Passivität: Politiken des Fleisches. Eine Ausstellung in drei Szenen.* Berlin: nGbK.

Canlı, Ece. 2020. „Design's Performative Agency: Thoughts and New Directions for Materiality, Ontology and Identity-Making". In *Design and Agency: Critical Perspectives on Identities, Histories, and Practices,* herausgegeben von John Potvin und Marie-Eve Marchand, 287–99. London: Bloomsbury.

Cascone, Kim. 2000. „The Aesthetics of Failure: ‚Post-Digital' Tendencies in Contemporary Computer Music". *Computer Music Journal* 24, Nr. 4: 12–18.

Chan, Jennifer. 2014. „Notes on Post-Internet". In *You Are Here: Art After the Internet,* herausgegeben von Omar Kholeif, 107–23. Manchester, London: Cornerhouse.

Chun, Wendy Hui Kyong. 2016. *Updating to Remain the Same: Habitual New Media.* Cambridge, MA: MIT Press.

Cornell, Lauren. 2018. „Professional Surfers". In *Art in the Age of the Internet: 1989 to Today,* herausgegeben von Eva Respini, 90–95. New Haven: Yale University Press.

Cramer, Florian. 2013. „Post-digital Aesthetics". *Lemagazine,* 1. Mai 2013. Letzter Zugriff am 4. Februar 2021. http:// lemagazine.jeudepaume.org/2013/05/ forian-cramer-post-digital-aesthetics/.

———. 2014. „What Is ‚Post-Digital'?" *APRJA* 3, Nr. 1: 10–24.

———. 2016a. „When Claire Bishop Woke Up in the Drone Wars: Art and Technology, the nth Time", in *Across & Beyond: A Transmediale Reader on Post-digital Practices, Concepts, and Institutions,* herausgegeben von Ryan Bishop, Kristoffer Gansing, Jussi Parikka und Elvia Wilk, 122–34. Berlin: transmediale e.V; Sternberg Press.

———. 2016b. „Nach dem Koitus oder nach dem Tod? Zur Begriffsverwirrung von ‚Post-digital', ‚Post-Internet' und ‚Post-Media'" *Kunstforum International* 242: 54–67.

Cramer, Florian und Petar Jandrić. 2021. „Post-digital: A Term That Sucks but Is Useful". *Postdigit Sci Educ* 3, Nr. 3: 966–89.

Darling, Jesse. 2014. „Post-Whatever #usermilitia". In *You Are Here: Art After the Internet,* herausgegeben von Omar Kholeif, 136–41. Manchester, London: Cornerhouse.

Daub, Adrian. 2020. *What Tech Calls Thinking.* New York: FSG Originals.

Eyal, Nir. 2014. *Hooked: Wie Sie Produkte erschaffen, die süchtig machen.* München: Redline Verlag.

Fandom. o.D. „Aesthetics Wiki". Letzter Zugriff 25. November 2024. https://aesthetics. fandom.com/wiki/Aesthetics_Wiki

Foster, Hal. 1996. „Obscene, Abject, Traumatic". *October* 78: 106–24.

Frieze. 2016. „Dossier: The Abject". *Frieze d/e* 23: 86–110.

Gronlund, Melissa. 2017. *Contemporary Art and Digital Culture.* New York: Routledge.

Kholeif, Omar. 2018. „HELLO WORLD, GOODBYE WORLD, AND HELLO AGAIN! Looking at Art after the Internet". In *Art in the Age of the Internet: 1989 to Today,* herausgegeben von Eva Respini, 96–104, New Haven: Yale University Press.

Latour, Bruno. 2009. „Ein vorsichtiger Prometheus: Einige Schritte hin zu einer Philosophie des Designs, unter besonderer Berücksichtigung von Peter Sloterdijk". In *Die Vermessung des Ungeheuren: Philosophie nach Peter Sloterdijk,* herausgegeben von Marc Jongen und Sjoerd van Tuinen, 356–73. München: Fink.

Lembke, Anna. 2021. *Dopamine Nation: Finding Balance in the Age of Indulgence.* London: Headline.

Manovich, Lev. 1996. „The Death of Computer Art". Letzte Änderungen 2001. https:// rhizome.org/community/41703/.

———. 2001. „Post-Media Aesthetics". Letzter Zugriff am 25. November 2024. http:// manovich.net/index.php/projects/ post-media-aesthetics.

Negroponte, Nicholas. 1998. „Beyond Digital". *Wired* 6, Nr. 12.

Ochsner, Beate. „Hören und Nicht-Hören als techno-ästhetische Praxis", in diesem Band.

Olson, Marisa. 2011. „Postinternet: Art After the Internet". *Foam Magazine* 29 (Winter): 59–63.

Paasonen, Susanna. 2022. „Drugs, Epidemics, and Networked Bodies of Pleasure". In *Technopharmacology,* herausgegeben von Joshua Neves, Aleena Chia, Susanna Paasonen und Ravi Sundaram, 1–28. Lüneburg: meson press.

Preciado, Paul B. 2016. *Testo Junkie.* Berlin: b-books.

Schnell, Ralf. 2000. *Medienästhetik: Zu Geschichte und Theorie audiovisueller Wahrnehmungsformen.* Stuttgart: Metzler.

Schröter, Jens. 2013. „Medienästhetik, Simulation und ‚neue Medien'". *Zeitschrift für Medienwissenschaft* 5, Nr. 8: 88–100.

Slocum, Paul. 2016. „Catalog of Internet Artist Clubs". Letzter Zugriff 25. November 2024. https://sites.rhizome.org/surfclubs/.

Stakemeier, Kerstin. 2014. „Prothetische Produktionen: Die Kunst digitaler Körper. Über ‚Speculations on Anonymous Materials' im Fridericianum Kassel". *Texte zur Kunst* 24, Nr. 93: 167–81.

Stalder, Felix. 2016. *Kultur der Digitalität.* Berlin: Suhrkamp.

Steyerl, Hito. 2013. „Too Much World: Is the Internet Dead?" *e-Flux Journal* 49.

Terranova, Tiziana. 2022. *After the Internet: Digital Networks between Capital and the Common.* Los Angeles: Semiotext(e).

Tribe, Mark und Reena Jana. 2006. *New Media Art.* Köln u.a.: Taschen.

Troemel, Brad. 2013. „Athletic Aesthetics".
    The New Inquiry. Letzter Zugriff am 25.
    November 2024. https://thenewinquiry.com/
    athletic-aesthetics/.
Vierkant, Artie. 2010. „The Image Object
    Post-Internet". http://jstchillin.org. Letzter
    Zugriff am 25. November 2024.
Weinstock, Katharina. 2023. „Ist unser Finger-
    spitzengefühl ins Auge gewandert? ASMR
    und Materialität in der Kunst". *Monopol
    Magazin,* 7. Oktober 2023. Letzter Zugriff
    am 25. November 2024. https://www.
    monopol-magazin.de/asmr-oddly-satisfying-
    kunst-social-media-ist-unser-fingerspitzen-
    gefuehl-ins-auge-gewandert.

Internationales Jahrbuch für Medienphilosophie und Medienästhetik,
Was ist Medienästhetik?, 2024

Jörg Sternagel

AUF DEM WEG ZU ANDEREN

ERKUNDUNGEN DES MEDIALEN

Im Exzerpieren, Paraphrasieren, Zitieren, Übersetzen, Nachvollziehen und Formulieren erkundet der Beitrag das Mediale als ein Dazwischen unter uns, indem (1.) der Abstand als Figur der Störung und Unordnung mit François Jullien neu gedacht wird, (2.) die Ästhetik der Wörter in einer dialogischen Kommunikation Bedeutung erlangt, (3.) die Orientierung an Objekten und Anderen mit Sara Ahmed ihre Energie und Aufmerksamkeit auf das richtet, was weniger nah oder sogar abweichend, „andersartig" oder queer ist. Dazwischen schieben sich jeweils weitere Stimmen, durch Einrücken der Zitate jeweils kenntlich gemacht und somit als Polyphonie in den Text gebracht, im Dialog zwischen dem Philosophiedoktoranden Senthil Vasuthevan in Berlin und der Kunstgeschichtsstudentin Valmira Surroi in Marburg, die sich zufällig bei Facebook begegnen, wo sie miteinander in einen fortlaufenden, intensiven Austausch geraten, der sich auf den Buchseiten in dem 2016 veröffentlichten Debütroman Vor der Zunahme der Zeichen von Senthuran Varatharajah erstreckt.

KEYWORDS
Medialität, Alterität, Abstand, Ethik, Ästhetik, Orientierung, Flucht, Migration, Queere Phänomenologie

Einleitung

Wie lässt sich das Mediale erkunden? Indem alle den Anderen, den sie umgebenden Menschen gegenüber ihre Position darlegen, sie entfalten, sie freilegen und durch sie aktivieren. *Entre-tenir (unter-halten)?* Dazwischen halten, im Dazwischen halten, ein Dazwischen in den Händen, in den Worten und Gesten halten.[1] Jedes Wahrgenommene muss sich dem Wahrnehmenden mitteilen, weswegen ein Drittes anzunehmen ist, wofür Aristoteles in seiner Wahrnehmungslehre *De Anima / Über die Seele* den Begriff *metaxu* verwendet, der aber *unbestimmt* bleibt (vgl. Aristoteles 2011, 82–83). Er besitzt kein An-und-für-sich, kein Sein oder eigenes Wesen und setzt sich als Mittleres oder Zwischenraum nur durch seine Gegensätze zusammen. Im Mittelalter wird er daraufhin in den scholastischen Aristoteles-Kommentaren mit dem Begriff „Medium" belegt.[2] „Nun", fragt François Jullien als Philosoph und Sinologe, was könnte dann aber eine „weitere Berufung auf dieses *Dazwischen* sein, wenn man es nicht mehr auf den Status eines Mittleren reduziert, zwischen plus und minus, sondern wenn es als *durch (dia)* zur Entfaltung kommt?" (Jullien 2014, 54). Da das Denken antiker chinesischer Philosophie sich in Begriffen von Hauch, Fluss und Atmung bewegt, ist es das *Dazwischen,* wovon und wodurch jede Begebenheit ausgeht und sich entwickelt. Die Wirkungsweise des Dazwischen ist so verstanden eine, die sich jeder konkreten Zuordnung entzieht; sie besteht vielmehr darin, *Evasives, Ausflüchtendes* zu erhalten, ohne dabei das Sinnliche zu verlassen oder auf die Phänomenalität der Dinge zu verzichten. Wir selbst situieren uns *da-zwischen,* das selbst keinen Ort hat, sich an keinem Ort befindet, sondern *nirgend-wo* ist, in der, wie Jullien auch über Michel Foucault und die Heterotopien hinaus denkt, *A-topie,* weswegen das Dazwischen niemals isolierbar ist, keine Eigenheiten besitzt, ohne Essenz und Beschaffenheit bleibt, aber dennoch funktioniert, kommuniziert und alles Treiben erst ermöglicht. Wir nehmen damit natürlich eine alles andere als standfeste Position ein, denn wir folgen so abwechselnd der Kohärenz der einen *oder* der anderen Denkweise, um sie in die Gegenüberstellung der Reflexion zu führen, die es uns, so gedacht, nicht erlaubt, uns auf irgendeiner Seite zu stabilisieren. *Doch besteht darin nicht gerade*

---

1 Damit endet mein Beitrag „Andere mediale Topographien. Versuche der Teilhabe in technologischen Zeitaltern" (Sternagel 2020a). Der vorliegende Beitrag setzt die dort angefangenen Erkundungen des Medialen fort.

2 Vgl. zu dieser verwickelten und auch umstrittenen Begriffsgeschichte etwa Hagen (2006); vgl. auch Mersch (2006, 18–19).

die Aufgabe auch der Medienwissenschaft? Begnügen können wir uns daher damit, dass wir immer wieder erkunden sollten, was Medialität ausmacht, was produktiv zu machen ist, denn wir können so stetig neue Perspektiven eröffnen und eine besondere Aufmerksamkeit dafür entwickeln, was vielleicht widersprüchlich ist oder nicht aufgeht und damit auch neue Anfänge ermöglicht (vgl. Mersch 2015, 46). Das Mediale wird so immer wieder neu erkundet, wie gleichsam in einer psychoanalytischen Behandlung, in der es nicht darum geht, Eindeutigkeiten herauszuarbeiten, sondern zwischen Behandelten und Analytiker*innen ein *Dazwischen* einzuschalten. Das Mediale ist nicht das *Eine*, weswegen es auch nicht nur auf das Technologische reduziert werden kann, sondern im Denken einer Situation inmitten von Theorie und Praxis *dazwischen* wirkt, *durch* auf dem Weg genutztes oder auch ungenutztes Potenzial in Perspektivierungen. Wir gewinnen so, über ein derart vorgeschlagenes *Denken* des Medialen, unsere Beschaffenheit aus dem Dazwischen des *unter uns*. Womit wir uns im Erkunden des Medialen auch auf andere, uns umgebende Lebewesen zubewegen, sie berücksichtigen, sie erkennen und anerkennen, auf sie eingehen, uns selbst in Zurückhaltung üben und damit unserem Denken des Medialen eine ethische Dimension verleihen, die zwar bei mir, beim Ich anfängt, aber anderswo, bei Anderen beginnt, wie gleichsam in einer Bewegung auf Andere zu, indem wir das Dazwischen herauslösen, um Andere und Anderes hervortreten zu lassen, *dieses* Dazwischen, das nach Jullien der Abstand entfaltet und das es erlaubt, sich mit den Anderen auszutauschen, sie zu Partner*innen in der sich ergebenden Beziehung befördert. Das Dazwischen, welches der Abstand erzeugt, ist zugleich die Bedingung, aus der das Andere und die Anderen hervorgehen, und das Vermittelnde, das uns mit ihnen verbindet. Es braucht ein Anderes und Andere und folglich zugleich einen Abstand und ein Dazwischen, um ein Gemeinsames zu fördern, das man nicht durch Überwindung der Unterschiede erreicht, sondern aus den Abständen heraus durch sie hindurch, wo ein Dazwischen erzeugt wird, wo das Gemeinsame wirksam wird, auch das *politisch* Gemeinsame, das wir nur durch diese Arbeit und um diesen Preis erlangen.

Im Exzerpieren, Paraphrasieren, Zitieren, Übersetzen, Nachvollziehen und Formulieren heißt aus dem „Dazwischen unter uns" im Folgenden (1.) den *Abstand* mit Jullien neu zu denken, nicht vertikal und Ungleichheiten vertiefend, wie zwischen Klassen, Ordnungen, Rängen oder Kapitalvermögen, sondern horizontal und in Spannung versetzend, wie zwischen Sprachen, Lebensarten,

Tätigkeiten, Landschaften und Zeitaltern. Das Dazwischen unter uns gerät so zu einem ethischen Projekt, in dem (2.) die *Ästhetik der Wörter* Bedeutung erlangt, etwa in einer dialogischen Kommunikation, die mit Michail M. Bachtin als die eigentliche Lebenssphäre der Sprache gelten kann. Aus dem Dazwischen unter uns kann sukzessive ein queeres Projekt werden, denn es kommt mit Sara Ahmed auf (3.) die *Orientierung* an, sich gegebenenfalls zu reorientieren, wirklich neue Perspektiven aufzuschließen und sichtbar und erfahrbar zu machen, wer am Tisch und auf dem Stuhl Platz nimmt, wer dort eine Stimme hat und bekommt und wer nicht. *Dazwischen* schieben sich jeweils weitere Stimmen, durch Einrücken der Zitate jeweils kenntlich gemacht und somit als Polyphonie in den Text gebracht, im Dialog zwischen dem Philosophiedoktoranden Senthil Vasuthevan in Berlin und der Kunstgeschichtsstudentin Valmira Surroi in Marburg, die sich zufällig bei Facebook begegnen, wo sie miteinander in einen fortlaufenden, intensiven Austausch geraten, der sich auf sieben Tage über 242 Buchseiten in dem 2016 veröffentlichten Debütroman *Vor der Zunahme der Zeichen* von Senthuran Varatharajah erstreckt. Im Laufe ihres Gesprächs erzählen sie sich von ihrem Leben, ohne sich zu begegnen. In ihren Nachrichten kommen ihre Familien vor, sie berichten von ihren Fluchterfahrungen aus Bürgerkriegsgebieten, von ihrer Kindheit in Asylbewerberheimen sowie ihrer Schul- und Studienzeit.[3] Hier wird das Dazwischen unter uns produktiv gemacht, indem über ein soziales Medium, ohne dass sich die Dialogpartner*innen kennen, virtuell ein *Raum der Reflexivität* geschaffen wird, in dem sich ein Chat gegenseitiger Anerkennung entwickelt und damit im Kontext von Digitalität die Möglichkeit einer *diskursiven* Praxis (vgl. Sternagel und Ochsner im Erscheinen).

Samstag
Senthil Vasuthevan   23:35
seit wann wohnst du in marburg?

Valmira Surroi   23:48
Vor fünf Jahren bin ich hierhergezogen, in der letzten Woche, bevor das Wintersemester begann.

3   Vgl. Eick (o.J.). Der Autor und Philosoph wendet sich im Interview in Bezug auf seinen Roman gegen ein „Bild" des Dazwischen, weil es einen Abstand suggeriert, der zwischen den Dingen liegt und von jeweils abgeschlossenen Einheiten ausgeht. Stattdessen präferiert er einen „Nicht-Raum", in dem die Situation im Roman stattfindet. Beides schließt jedoch das jeweils andere nicht aus und ermöglicht genau die Reflexion auf die „Überschneidungen" und „Vermengungen", von denen der Autor hier spricht, und damit die Ent- und Aufdeckung von Anderen, Neuen, Ungewohnten, Übersehenen.

Es müsste an einem Donnerstag gewesen sein, an einem Donnerstag Mitte Oktober.

Senthil Vasuthevan   23:55
ende september zweitausendacht bin ich nach berlin gezogen

Valmira Surroi   23:57
Wir sind uns also nie begegnet.

Senthil Vasuthevan   23:58
wir hätten uns nie begegnet sein können.

Sonntag
Valmira Surroi   15:01
Bist Du hier?

Senthil Vasuthevan   ▣ 16:03
ich bin auf einer tagung.

Senthil Vasuthevan   ▣ 16:05
in einer stunde beginnt das panel, auf dem ein freund sprechen wird.

Montag
Valmira Surroi   ▣ 08:50
In einer Stunde beginnt mein letztes Seminar.
Die Biographie des Asyls – Das Asyl der Biographie

Valmira Surroi   ▣ 09:00
Wir werden ein Gespräch mit einem *ehemaligen Flüchtling* führen, so steht es im Vorlesungsverzeichnis.

Valmira Surroi   ▣ 09:13
Im Asylbewerberheim wurden jeden Montag gelbe Nahrungsmittelpakete verteilt. Als ich noch nicht die Schule besuchen durfte, holte ich sie morgens mit meinem Vater in der Gemeinschaftsküche ab, wo sie auf dem Fußboden übereinandergestapelt lagen, wie eine Pyramide. Die Tischdecke war blau mit weißen Punkten darauf, und ich erinnere mich daran, dass ich dachte, sie würde wie ein Kleid aussehen,

das eine meiner Tanten besessen hatte, damals, in Prishtina.
(Varatharajah 2016, 27–28 und 31)[4]

Abstand

Jullien versucht, den Abstand (*l'écart*) auf dem Weg zu Anderen
im Nachdenken über Alterität im Zeitalter der Globalisierung als
eine Figur der Störung und Unordnung zu etablieren, indem er
postuliert, dass dieser ermöglicht, verschiedene Denkweisen zu
erkunden, die im Abstand zueinander auf einem fruchtbaren Feld
hervortreten. Der Abstand eignet sich daher dazu, keine Identität
zu setzen oder gar ein Identitätsbedürfnis zu befriedigen, sondern
eröffnet vielmehr in der Trennung verschiedener Denkweisen voneinander einen *reflexiven Raum* zwischen ihnen, in dem sich jede
Denkweise entfalten und die jeweils andere berücksichtigen kann,
ohne in einer bloßen Unterscheidung zu verharren. Der Abstand ist
damit nicht nur als Figur der Störung und Unordnung zu begreifen,
denn er kommt einer Aufforderung gleich, die Momente der
Selbstreflexion ermöglichen, die auch das Menschliche als nicht
gesetzt begreifen und es von einem wie auch immer gearteteten
Apriori, etwa über seine „Natur", entbindet. Der Abstand leitet
sich so gedacht von einer Entfernung her und stellt nicht wie der
Unterschied eine Unterscheidung her, die etwa eine gemeinsame
Gattung unterstellt, ihm vorausgeht und seine Grundlage bildet.
Der Abstand beschränkt sich demgegenüber darauf, zu einer
Gabelung zurückzuführen, um die Stelle einer Differenz oder auch
Distanznahme aufzuzeigen.[5] Bezogen auf alltägliche Erfahrungen
bedeutet dies, dass etwa die Unterscheidung zwischen einem Tisch
und einem Stuhl von vornherein im Hinblick auf eine allgemeinere
Einheit wie etwa das Mobiliar als zugehörig betrachtet wird, womit
der Blickpunkt ein kategorischer ist. Wenn jedoch Tisch und Stuhl
im Abstand zueinander betrachtet werden, auch nur als Gedanken-
experiment, wird die Kategorisierung zumindest abgeschwächt
und die Perspektive kann sich wandeln, und zwar in faktischer
Hinsicht, nämlich einfach indem sich zwischen Tisch und Stuhl

---

4   Der Chatverlauf aus dem Buch wird hier beibehalten, einschließlich der Orthografie und
der Kennzeichnung, ob ein Chatbeitrag jeweils am Desktopcomputer (ohne Emoji) oder
mit einem Smartphone (mit Emoji) versendet wurde.

5   Dies ist insofern auch wichtig zu betonen, als jedes Dazwischen unter uns aus dem
Abstand heraus auch die Differenz feststellen und die Distanznahme vornehmen
kann und muss, etwa im Angesicht von Antisemitismus, Homophobie, Islamophobie,
Misogynie, Rassismus und Xenophobie, *Gewaltanwendungen*, die ein Zusammenleben
mit Anderen erschweren oder verunmöglichen können, weil die Nähe zu Anderen uner-
träglich wird (vgl. Berlant 2022, 1–30, „Introduction: Intentions").

ein Raum eröffnet, der nicht nur Assoziationen, sondern auch Dissoziationen erlaubt, ein Raum, in dem nicht mehr unbedingt eine gesetzte Identität, hier als Möbelstück, mitverstanden wird, dafür aber zunächst der Tisch oder der Stuhl selbst, für und an sich, und von dort aus zum Gegenüber, in wechselseitiger Betrachtung oder Musterung, wo der eine sich selbst im Blick durch den anderen entdeckt, ausgehend vom anderen, indem er sich von ihm scheidet.[6] Es bedarf also keiner theoretischen oder methodischen Transzendenz, um den Abstand herzustellen, denn dieser ergibt sich aus der Situierung heraus, aus der Schaffung von Raum, und geht nicht darüber hinaus, etwa indem Postulate angenommen werden (vgl. Jullien 2014, 31–32: Den Abstand wirken lassen). Daher geht es mit dem Begriff des Abstands nicht um Anschauung und Deskription. Es geht um Produktivität, und zwar in dem Maße, in dem der Abstand ein Spannungsverhältnis zwischen dem herstellen kann, was er getrennt hat. Darin sieht Jullien die eigentliche Funktion des Abstands. Wenn, so gedacht, Abstände wirken gelassen werden, wie etwa zwischen einem antiken chinesischen Denken und dem Europas, so steckt dahinter die Absicht, sie nicht miteinander zu vergleichen, indem ein gemeinsamer hypothetischer Rahmen gesetzt wird, innerhalb dessen sich nach Gleichem und Anderem ordnen lässt, vielmehr fordert er dazu auf, Perspektivierungen zu eröffnen, die sich durch den festgestellten Abstand ganz von selbst darstellen.[7] Mit anderen Worten, der Abstand erlaubt als ein Mittel, durch den einen Schritt, der mit ihm ein Zurücktreten oder -nehmen erlaubt, einen Raum der Reflexivität zu eröffnen, wo sich die Denkarten, die einander im Abstand voneinander sind, durch ihn entdecken. Indem der Abstand sie in ein Spannungsverhältnis setzt, gibt er zu denken und ermöglicht Verschiebungen gegenüber dem Erwarteten und Vereinbarten. So wird es möglich, sich abzuheben, das heißt Bereiche der Norm zu verlassen, um

6   Es liegt nahe, hier auch über Sozialität und Alterität, Gabe und Gastfreundschaft weiter nachzudenken. Vgl. etwa Därmann (2008, 17–18): Was ereignet sich *zwischen* dem einen und den Anderen als „Intersubjektivität, Interaktion, Interpassion, als Mit-Sein und Mit-Teilung", etwa im Ausgang von Jean-Luc Nancys „singulär plural sein", im Weiterdenken der Gabe nach Marcel Mauss, der Gastfreundschaft bei Jacques Derrida und der *écriture féminine* bei Hélène Cixous sowie der Vita communis bei Hannah Arendt. Siehe auch die Kapitel „Ästhethik weiblicher Schrift", „Ereignis der Hospitalität" und „Vita Communis" in Sternagel (2020b, 161–82, 183–203, 205–25).

7   Sinologisch wird dieses Vorgehen Julliens kritisiert, weil es nicht nuanciert genug ist. Philosophisch auch, weil es nicht prononciert genug ist, wobei verkannt wird, worum es ihm vor allem geht: sich aus sich heraus gegenüber Anderen und Anderem zu öffnen, wobei der Weg über antike chinesische Philosophie nur *einen* Umweg auf dem Weg dorthin darstellt. Vgl. etwa die Kritik in Billeter (2015, 34–35). Der von Billeter festgestellte „Komparatismus" bei Jullien beruht jedoch auf einem Missverständnis, denn es geht Jullien mit der Figur des Abstands gerade nicht um einen Vergleich, sondern um die Eröffnung eines Dazwischen durch den Abstand. Vgl. dazu Sternagel und Schürmann (2024).

sich an andere Orte vorzuwagen: der Abstand als forschender Begriff, als abenteuerfreudiges Konzept, nicht klassifizierend oder typologisierend, aber erfinderisch, dynamisch, um Möglichkeiten zu erkunden, auch in dem Sinne, wie sich etwa zwischen Kulturen Ressourcen nutzbar machen lassen, und zwar unabhängig von der jeweils ursprünglichen Zugehörigkeit und dem Herkunftsort.[8] Der Abstand lässt sich erkunden und nutzen, wie etwa der zwischen Wahrnehmung und Perspektive im europäischen und der Atmung im antiken chinesischen Denken.[9] Der Abstand ist so angewendet auch ein Werkzeug, das weder einen Universalismus noch einen Relativismus in Gang setzt, weder nur eine Sicht der Welt auf den Rest der Welt projiziert noch etwa jede Kultur in ihre Blase einschließt und sie dort isoliert. *Nichts versteht sich so mehr von selbst und läuft nicht mehr Gefahr, sich nicht mehr anzusehen und sich nicht mehr zu reflektieren.* Im sukzessiven Ausloten der Abstände wird in den Gegenüberstellungen so allmählich das Menschliche selbst erkennbar und reflektiert sich in seinen Ressourcen und Möglichkeiten. Jullien betont, dass es im eigentlichen Sinn keine anderen Menschen gibt als die, die sich versuchen, die gewagt, die Abstand gewonnen haben, und das in unterschiedlicher Weise, was in seiner Entfaltung der Vielfalt der Kulturen gleichkommt. Das „gemeinhin Menschliche" situiert sich so nicht in einem vorgegebenen Universellen, sondern im Vorgang des Denkens selbst, im Verstehbaren, in dem, was verständlich wird, was sich im Prozess, im Bau ständig entkategorisiert und rekategorisiert und sich umso mehr entfaltet, je mehr es Verstehbarkeiten durchschreitet, die einen Abstand zueinander aufweisen. Anders gewendet bedeutet dies, das *dia* des Abstands zu setzen, im Zuge dessen sich der *dia-log* umso reicher entfaltet, je mehr Abstände er herstellt und damit auch Konfrontationen aufbringt, die den *logos* des Verstehbaren ermöglichen, in ständiger Neukonfiguration, in der das Verständnis des Gemeinsamen immer wieder neu belebt wird (vgl. Jullien 2014, 46–47).

> Montag
> Senthil Vasuthevan   14:26
> es hat lange gedauert, bis ich verstanden habe, dass das
> wort *asyllandheim*, das nicht nur meine eltern immer noch

---

8   Vgl. Jullien (2017, 35–43): Die Differenz oder der Abstand: Identität oder Fruchtbarkeit. Unter „Ressource" versteht Jullien ein anderes Mögliches, das sich durch den Abstand im Dazwischen und aus ihm heraus fruchtbar erschließt. Es erlaubt uns, etwas aneinander zu entdecken, was wir bisher nicht in Betracht gezogen haben, und setzt weiteren Austausch in Gang.
9   Vgl. Jullien (2018, 302–303): Nicht vergleichen, sondern reflektieren.

benutzen, das nach *schullandheim*, nach ausflug und aus-
gelassenheit klingt, eigentlich *asylantenheim* heißt.

Valmira Surroi   14:41
Ich weiß nicht, was ich zu Deiner Geschichte sagen soll.

Senthil Vasuthevan   14:42
es ist nicht meine geschichte.

Mittwoch
Senthil Vasuthevan   02:52
in dem album, das ich gestern erstellt habe, wirst du ein
foto finden, auf dem eine junge frau vor einer beigen mauer
noch zu sehen sein sollte; sie ist leicht verrußt. das haus
gehörte meinen eltern. unser vater hatte es schon verlassen. er könnte bereits auf dem weg nach berlin gewesen
sein, über moskau, in einer aeroflotmaschine vielleicht.
ich besitze noch das kleine wörterbuch von langenscheidt,
englisch – deutsch, das er in den ersten monaten hier
benutzte; der einband ist abgegriffen und grau von den
berührungen; es fehlen seiten; auf der ersten steht sein
name. es gab kein wörterbuch tamil – deutsch; es gibt
immer noch keines von langenscheidt. die sri lankische
armee begann junge tamilische männer festzunehmen und
verschwinden zu lassen. sie kamen ohne ankündigung.
sie kamen durch wände. sie kamen tag und nacht. meine
mutter sah, wie sie in einem jeep vorbeifuhren. sie sagt,
das sei ein zeichen. sie sagt, bevor diese zeichen zunehmen,
vor der zunahme der zeichen sollte mein vater gehen. er
hätte keine zeit mehr. es gab keine zeit. die mauer steht
nicht mehr am selben ort. meine mutter steht vor ihr. rot-
braun ist der ausgeblichene streifen, der sie in ihrer mitte
teilt. ein bündel trägt meine mutter im arm, ein hellblaues
tuch, um diesen säugling gewickelt, der, laut ihren erzählungen, ich, jemand, der diesen flüchtigeren hauch mit
unvorbereiteter stimme noch nicht zu erzeugen fähig war,
gewesen sein soll. ich war sein letztes zeugnis, drei oder
vier monate nach seiner flucht wurde ich geboren. ich war
nicht sein zeuge. die gliedmaßen des vierjährigen jungen,
der sich vor sie, vor ihr linkes schienbein gestellt hatte,
waren angewinkelt; es scheint, als wären feine, unsichtbare schnüre fest um die gelenke meines bruders gebunden
worden, von letzter hand; wenn sie schlief und der säugling,

der ihren erzählungen nach ich gewesen sein soll, schrie, soll er seine hände auf dessen gesicht gelegt haben, nase, mund bedeckend, bis sie mich oder ihn, mich als ihn oder ihn als mich, stillte. er schaut in die kamera, die aus dem geschäft meines vaters vielleicht hätte stammen können und vermutlich auch stammte. die straße war weder geteert noch gepflastert, und an der stelle, an der die augen meiner mutter hätten sein können, lag eine farbe, zwischen grau und schwarz, und die eine anhäufung von schatten gewesen sein müsste.
[...]

Valmira Surroi   04:45
Wenn meine Mutter im Supermarkt Verkäufern eine Frage stellt, wird sie von ihnen geduzt.
Sobald sie ihren Mund öffnet und sie ihren Akzent hören, sprechen sie mit ihr, als wäre sie ein Kind.
Sie sprechen mit ihr, als wäre sie schwerhörig oder schwer von Begriff.
Sie reden langsam und gedehnt.

Valmira Surroi   04:46
Sie betonen jede Silbe.
(Varatharajah 2016, 38–39, 80–82 und 91–92).

Ästhetik der Wörter

Michail M. Bachtin (1895–1975), der von offiziellen, staatlichen Stellen marginalisiert und isoliert wurde und dessen Schriften zu Lebzeiten in der Sowjetunion unter seinem Namen nicht erscheinen konnten, entwickelt in seinen Studien zur Kunst und Verantwortung Überlegungen zur Beziehung zu Anderen und zur Konzeption des Dialogischen (vgl. Sasse 2018). Er durchdenkt eine Polyphonie, im Laufe derer sich die vielen Stimmen im Dialog austauschen, aufeinander eingehen, gehört werden, *antworten*. Das dialogische Zwischengeschehen ist für ihn ein existenzielles insofern, als es sich in Momente des Ich-für-mich, Die-Anderen-für-mich und Ich-für-die-Anderen ausdifferenziert, die grundlegend zur Handlungswelt gehören, ihre tatsächlichen und realen Komponenten ausmachen, und zwar nicht im Sinne allgemeiner Begriffe oder Gesetze, sondern als allgemeine Momente ihrer konkreten Architektonik, womit Bachtin nicht einem abstrakten

Schema, sondern einem konkreten Plan der Welt und ihrer Konstruktion den Vorrang in seinem Denken gibt.[10] Alles in der Welt ist um diese architektonischen Punkte der tatsächlichen Handlungswelt herum angeordnet: ästhetische, ethische, soziale, politische und religiöse Werte und Beziehungen, die sich räumlich-zeitlich und inhaltlich-sinnhaft um diese zentralen Momente der Alterität bündeln. In diesem *Zwischengeschehen* nehmen alle jeweils teil, haben ihren Anteil, handeln antwortend und ver-antwortlich, zeigen Anteilnahme und formen die Wirklichkeit mit. Anders gewendet bedeutet Ich-für-mich zunächst, dass ich keinen Zugang zur Welt ohne mich habe, denn ohne mich gibt es mein Leben nicht, und die Welt, in der ich lebe, wäre eine andere ohne mich. Die-Anderen-für-mich stehen in genau diesem paradoxen Verhältnis und nehmen genau so an der Welt teil, wie ich es tue. Daraus ergibt sich mein Ich-für-die-Anderen, meine Anteilnahme an Anderen, aus der Gegenüberstellung von mir und den Anderen heraus festgestellt, aus der sich mit Bachtin sowohl eine autonome Teilhaftigkeit als auch eine teilhafte Autonomie konstituiert, im Antworten auf die Handlungen der Anderen.[11] Alles Menschliche vollzieht sich so im Dialog, in dem Verantwortung fassbar wird als Geschichte, die Andere und ich mitgestaltet und mitgeprägt haben. Mit jeder Handlung, die ich ausübe oder auch unterlasse, präge ich die Welt mit, genauso wie die Anderen mit jeder Handlung, die sie ausüben oder auch unterlassen, die Welt mitprägen. Dies ist unser aller Platz im „Sein", den es zu realisieren gilt, von dem ich nicht absehen kann, denn ich bin für mich, Andere sind für mich und ich bin für die Anderen. Handlungen vollziehen sich im dialogischen Antwortgeschehen, wobei wichtig ist herauszustellen, was mit Antworten gemeint ist. Das Antworten im engeren Sinne (*to answer*) beinhaltet die Erteilung einer Auskunft und die Vermittlung eines Wissens: Ich werde nach etwas gefragt und gebe darauf eine Antwort; ich werde nach dem Weg gefragt und erteile bereitwillig Auskunft. Damit geht es um eine spezielle Weitergabe des Wissens, das beim Antworten in einem weiteren Sinne (*to respond*) nicht mehr darauf beschränkt bleibt, wenn der Anspruch der Anderen hinzugedacht wird, sobald zum Beispiel die Antwort auf die Frage nicht gegeben wird: *Auch keine Antwort ist eine Antwort*, weil die Anderen mit ihrem Anspruch vor mir stehen, sie etwas von mir einfordern. Damit ist das Antworten in einem weiteren Sinne auch

Jörg Sternagel

---

10 Vgl. Bachtin (2011, 117–18): „Das Leben kann nur in der konkreten Verantwortung begriffen werden."

11 Vgl. Pape (2015, 141–42): Die Spezifik des Anderen in Bachtins phänomenologischer Anthropologie: „Wenn wir einander anschauen."

nicht auf die Sprache beschränkt, sondern geht darüber hinaus und kann hier ein Wegsehen oder Weghören einschließen oder im Falle eines Handschlags ein Ausschlagen desselben. Entscheidend ist für Bachtin bei beiden Spielarten nicht was, sondern *dass* jemand antwortet. Im Dialog bindet er dabei das Wort nicht nur an seine Sprecher*innen, sondern auch an seine Hörer*innen, indem jedes Wort eine bestimmte Konzeption von den Hörer*innen mit beinhaltet, von ihrem apperzeptiven Hintergrund, vom Grad ihrer Antwortlichkeit, ihrer vernehmbaren Distanz. Das *Wort* lässt sich als eines begreifen, das bei ihm nicht als eine linguistische Einheit den Regeln der *langue* unterworfen ist, sondern vielmehr der dialogischen Kommunikation entnommen ist, die er als die eigentliche Lebenssphäre der Sprache ansieht.[12] Das Wort tritt als *Sprachereignis* auf und ist damit nicht sekundärer Träger eines Gedankens oder aus subjektiven und objektiven Faktoren zusammengesetzt, sondern verkörpert eine Idee, die zur Sprache kommt und die damit eins ist mit der Verkörperung derjenigen, die sprechen.[13] Es tritt zudem als zweistimmiges und halbfremdes Wort auf, weil es sich zwar auf den Gegenstand richtet, aber sich auch zugleich antwortend und vorhersehend an das Wort der Anderen wendet. Im Besonderen kommt so in Bachtins Arbeiten zur *Ästhetik des Wortes* auch zur Sprache, was sich über seine Romantheorien zunächst in der Literatur, in ihrem Lesen und in der Beziehung zwischen Leser*innen, Autor*innen und Held*innen in der ästhetischen Tätigkeit als komplexe Dialektik von Äußerem und Innerem beschreiben lässt, was Bachtin hier zunächst mit der Methodologie der Literaturwissenschaft zusammenbringt: „Die Aktivität des Erkennenden verbindet sich mit der Aktivität des Sich-Öffnenden (Dialogizität), das Vermögen, etwas zu erkennen, mit dem Vermögen, sich auszudrücken" (Bachtin 1979, 350; vgl. auch Bachtin 2008, 33–34). Es entsteht eine Wechselwirkung zwischen dem Horizont der Erkennenden und dem der zu Erkennenden. Bachtin verdeutlicht, dass „ich" genau dort für die Anderen und mit den Anderen existiere, weswegen die konkrete Selbsterkenntnis ohne die Rolle, die darin Andere spielen, und ohne dass „ich" mich in Anderen spiegele, undenkbar ist. Sowohl in der ästhetischen Beziehung (Leser*innen, Autor*innen und Held*innen) als auch in der ethischen Beziehung (Ich und Andere) entwickeln sich von dort aus Gedanken zur Offenheit, zur Unabschließbarkeit erst des

---

12 Vgl. Waldenfels (2017, 46–58): Polyphonie in Bachtins Romantheorie und in Dostojewskis Romanen.

13 Vgl. meine Ausführungen dazu, vor allem in Rekurs auf Waldenfels und sein Denken der Responsivität, in Sternagel (2020b, 107–13).

Kunstwerkes, die Bachtin vor allem in Arbeiten zu Dostojewskis Texten hervorhebt, mithilfe derer genau diese Offenheit und Unabschließbarkeit dann Kriterien für Polyphonie und Dialogizität werden (vgl. Bachtin 1985; siehe auch Sasse 2011, 30–31).

Senthil Vasuthevan   05:12
wenn wir im kindergarten menschen mit dunkler haut malten, nahmen uns die erzieherinnen, die wir *tanten* nannten und die weder schwestern unserer mutter noch unseres vaters waren, den stift aus der hand, und sie nahmen einen hellrosanen aus der buntstiftdose vor uns und sie legten ihn zwischen unsere finger, und ihre hände schlossen sich um sie und sie sagten, ihren mund zu uns gewandt, so nah, dass die atemwärme noch auf der wange zu spüren war, selbst als sie nicht mehr hinter uns standen, diese farbe nenne man *hautfarbe*, sie wiederholten es, *diese farbe nennen wir hautfarbe*, und wir sprachen es ihnen nach.

Valmira Surroi   21:58
[...]
Wenn jemand erfährt, dass ich nicht hier geboren wurde, fangen sie an, mich für mein Deutsch zu loben, und sie fragen mich, wann ich wieder zurückgehe, zurück in meine Heimat, dort, wo ich wirklich herkomme, Du kennst es, ich muss es Dir nicht sagen.

Valmira Surroi   21:59
Hier in Marburg werde ich von den Dozenten oft für eine Austauschstudentin gehalten, und einmal schrieb eine Dozentin unter eine Hausarbeit, dass sie mir zu Beginn zu meinem *fehlerfreien Deutsch* gratulieren möchte, und Du wirst es wissen.

Valmira Surroi   22:00
Unsere Namen stehen über allem, was wir sagen, sie gehen jedem Satz voraus, und auch hier stehen sie über ihnen.
(Varatharajah 2016, 94–95, 191–92)

Orientierung

Sara Ahmed arbeitet aus feministischer und postkolonialer Perspektive eine queere Phänomenologie aus, die sich *orientiert*, und zwar an Objekten und Anderen. Sie betont, dass Orientierungen verschiedene Weisen beinhalten, die Nähe von Objekten und Anderen zu registrieren (vgl. Ahmed 2006, 3: Find your way). Orientierungen formen nicht nur die Art, wie wir Raum bewohnen, sondern auch, wie wir diese Welt geteilter „Bewohnung" erfassen und wem oder was gegenüber wir unsere Energie und Aufmerksamkeit ausrichten. Eine queere Phänomenologie verlagert in diesem Sinn die Energie und Aufmerksamkeit auf das, was weniger nah oder sogar abweichend oder „andersartig" ist. Damit fragt Ahmed danach, was in der Phänomenologie das Konzept der Orientierung ausmacht, aber sie fragt zugleich auch danach, wie die Orientierung der Phänomenologie aussieht. Wie werden zum Beispiel Objekte in der Phänomenologie in ihrer Funktion als Gegenstände der Orientierung thematisiert?[14] Ein Objekt, mit dem sie ihre Überlegungen beginnt, ist der Schreibtisch, der deswegen erscheint, weil er das Objekt ist, das den Körpern der Philosoph*innen am nächsten ist.[15] Der Schreibtisch ist ihnen deshalb so nahe, weil sie auf ihm schreiben, weil ihre Philosophien auf ihnen entstehen, auf Papier und in die Datei geschrieben werden, ob am Desktopcomputer, Tablet oder Smartphone, und das vorwiegend im Sitzen, weshalb auch der Stuhl als weiteres sinngenerierendes Objekt hinzukommt. Schreibtisch und Stuhl sind die Möbel, durch die ein eigener Raum geschaffen wird, von dem aus die reale Welt beobachtet wird. Sie sind beide nah zur Hand und schaffen den Ort der Philosophie, indem sie den Philosoph*innen nah sind und das sind, womit die Philosoph*innen in Kontakt treten. Vor allem der Gebrauch des Schreibtisches zeigt uns dabei genau die Orientierung der jeweiligen Philosophie, verdeutlicht, was den Körpern der Philosoph*innen nah ist und mit was (oder wem) sie in Kontakt treten oder nicht (vgl. Banfield 2000, 1–2). Es ist für Ahmed hier nicht überraschend, dass das Objekt, an dem geschrieben wird, im Schreiben erscheint, mit-thematisiert wird, wobei jedoch das Schreiben sich vom Tisch abwenden kann. Selbst wenn der Tisch noch im Schreiben erscheint, gerät er nur noch als Hintergrund einer Landschaft in den Blick, in der weitere (noch) nicht näher betrachtete Objekte auftreten. Dieser *Relegation*

---

14 Anknüpfungs- und Kritikpunkte findet Ahmed hier unter anderem bei Edmund Husserl (Orientierung), Maurice Merleau-Ponty (Zwischenleiblichkeit), Emmanuel Levinas (Nähe), Frantz Fanon (Rassismus und Geschichte) und Judith Butler (Feminismus).

15 Und nicht nur den Philosoph*innen, sondern unter anderem auch den Handwerker*innen, vgl. dazu etwa Platon im Versuch, Nachahmung zu erklären: „Es gibt eine Vielzahl von Tischen und Stühlen [...] Aber Ideen gibt es für diese Dinge nur zwei, eine Idee für den Tisch und eine für den Stuhl [...] Nun pflegen wir zu sagen: Der Handwerker schaut auf die Idee jedes dieser Geräte und erzeugt so hier die Tische, dort die Stühle, derer wir uns bedienen, und alles andere ebenso. Denn die Idee selbst verfertigt keiner der Handwerker, nicht?" (Platon 2000, 595c–596c, 432). Siehe auch Schmitt (2010).

des Tisches schreibt Ahmed von ihrem Tisch aus aktivistisch als feministische Spaßverderberin (*feminist killjoy*) und Philosophin entgegen.[16] Obwohl der Tisch, von dem aus geschrieben wird, eine große Bedeutung hat, gerät er oftmals aus dem Blickfeld, und das als Objekt, von dem aus gedacht wird und auf das wir unsere Aufmerksamkeit richten. Daher rückt Ahmed den Tisch wieder in den Vordergrund des Schreibens, um herauszuarbeiten, dass das, wovon aus wir denken und schreiben, bereits ein Mittel zur Orientierung bietet. Es wird so in den Vordergrund geholt, was in den Hintergrund getreten ist; es wird so ermöglicht, neue Perspektiven zu eröffnen, neue *queere* Perspektiven auch auf die Phänomenologie: So erinnert uns phänomenologisches Denken daran, dass Räume im Chiasmus von Leib-Sein und Körper-Haben nicht einfach außerhalb sind, sondern als eine zweite Haut erfahren werden, die sich in den Falten des Leibes entfaltet. Ahmed verweist darauf etwa in der Erfahrung von Migration, im Zuge derer es darum geht, die eigene Haut wieder zu bewohnen, indem die verschiedenen Eindrücke einer neuen Landschaft, die andere Luft, die ungewohnten Gerüche und die noch nicht einzuordnenden Geräusche wie Punkte erscheinen, zwischen denen Linien gezogen werden müssen, um neue Texturen auf der Oberfläche der Haut entstehen zu lassen (vgl. Ahmed 2000, 86–87). Diese Räume beeindrucken den Leib und hinterlassen Eindrücke, die die Oberfläche des Leibes verändern oder sogar verformen. Auch das Soziale hat so eine Haut, als eine Grenze, die sich anfühlt, als sei sie von den Eindrücken Anderer geformt. Die Haut des Sozialen kann hierbei vom Kommen und Gehen verschiedener Leiber affiziert werden und schafft neue Linien und Texturen dadurch, wie sich alles orientiert und reorientiert. Damit meint Ahmed jedoch nicht, dass das Zuhause verlassen werden muss, um neue Orientierungen und Reorientierungen zu ermöglichen, denn sie betont, dass dies auch zuhause möglich ist, denn dort muss ebenfalls nicht alles immer am selben Platz bleiben und kann sich bewegen, wie jedes Zuhause selbst sich auch bewegen und wegbewegen kann. Dazu gehört, dass jedes Zuhause bereits auf eine Geschichte des Ankommens verweist, was zum Beispiel für Räume der Diaspora gilt, die nicht einfach dadurch entstehen, dass migrierende Leiber dort ankommen. Diese Ankunft wird eher von denen, die schon da sind, als Ankunft begriffen. Diejenigen, die schon da sind, mussten zwar ebenfalls ankommen, doch wird deren Ankunft nicht unbedingt

---

16 Vgl. Ahmed (2023, 133): „To think of the feminist killjoy as a philosopher is to bring philosophy to *that* same table, to the heat of conversation, to activism, to the effort to build more just worlds."

mehr berücksichtigt oder ist vergessen worden. Was Ahmed in diesem Zusammenhang als migrierende Orientierung fasst, beinhaltet das aufreibende Ankommen, die Desorientierung darüber, was Zuhause ist und was es bedeutet, nicht dort zu sein, sondern an einem anderen Ort, nicht an seinem Platz (*out of place, out of line*). Diese Orientierung lässt sich daher als gelebte Erfahrung mit zwei Richtungen beschreiben, hin zu einem Zuhause, das verloren ist, und hin zu einem Ort, der noch nicht Zuhause ist. Auch wenn eine solche migrierende Orientierung nicht notwendigerweise in den Leibern der Migrierenden anwesend sein muss, erlaubt sie doch Aufschluss darüber, wie Migrierende ankommen und wie sie – als Bedingung, überhaupt anzukommen – in verschiedene Richtungen gelenkt werden, was wiederum darüber Aufschluss gibt, wie der Platz platziert wird (*in place, in line*). Ahmed greift hier auf ihre eigenen Erfahrungen zurück und erinnert sich, wie sie vor allem weniger ihre Deplatzierung als vielmehr ihre Platzierung als etwas erfahren hat, das ihr den Atem nahm. Doch wie sie schreibt, wird eine solche Erfahrung oftmals spät oder sogar zu spät hinterfragt: Was hat mich aus der Gegenwart herausgeführt, an einen anderen Ort und in eine andere Zeit? Wie kam es, dass ich hier oder dort angekommen bin? Ahmed beschreibt, dass sie eher das Auspacken als das Einpacken bevorzugt, wie sie, nach der Küche, das Arbeitszimmer bewohnbar macht, oder den Ort, für den sie sich entschieden hat, an dem sie schreiben wird. Dort, wo der Schreibtisch stehen wird, dort, wo sie ihre Gedanken sammeln wird, dort, wo sie schreiben und über das Schreiben schreiben wird. Wie es für sie wichtig ist, sich ein Zuhause durch den Schreibtisch zu schaffen, der den Raum für sie als ein Zuhause erfahrbar werden lässt. Wie es für Frauen wichtig ist, sich einen solchen Raum zu schaffen, diesen Raum zu bewohnen, durch das, was jede mit ihrem Leib dort macht (vgl. Ahmed 2006, 11). Wie für ihr queeres Leben das Nachhausekommen oder dorthin, wo sie aufgewachsen ist, einen desorientierenden Effekt haben kann, und zwar dadurch, dass diese Orte zumeist noch Spuren heterosexueller Intimitäten aufweisen, die es schwer machen, den eigenen Platz einzunehmen, ohne diese Spuren als Druckpunkte zu begreifen. In solchen Momenten weiten sich die Leiber nicht auf den Raum aus und fühlen sich deplatziert, auch wenn sie einen Platz haben. Diese Gefühle verweisen dann wiederum auf andere Orte, sogar auf die, die noch bewohnt werden müssen. Ihre eigene Geschichte der Orientierung, so Ahmed, mache einen solchen queeren Punkt. Daher fragt sie auch, ob queere Tische die Tische sind, an denen sich queere

Leiber treffen (vgl. zur Suche nach neuen, queeren Horizonten Trott und Laufenberg 2023). Sicher sind es die Tische, die queere Treffen unterstützen können, die Momente, in denen sich um den Tisch versammelt wird, um zu essen, sich zu unterhalten, zu lieben und zu leben, um Räume und Zeiten füreinander zu schaffen. Was aber nicht unbedingt bedeutet, dass der Tisch ein queeres Objekt wird oder dass er während queerer Treffen eine andere Funktion innehat. Doch kann er der Ort sein, an dem queere Positionen *gemacht* werden.[17] Wichtig ist, dass der Tisch jeweils uns folgt, er ist Effekt dessen, wie wir handeln. So wie wir auch ein Haus möblieren, ausstatten, gestalten, mit einem Tisch und anderen Dingen, die für uns Bedeutung haben, so gestaltet das Haus auch uns. Womit Ahmed das queere Gestalten (*queer furnishing*) als nicht unbedingt überraschende Formulierung aufbringt, als in Beziehung zum Aufführen, zum Vollziehen (*to perform*) stehend und damit verbunden mit der Frage, wie Dinge erscheinen. *Queer wird damit zur Angelegenheit dessen, wie Dinge erscheinen, wie sie sich versammeln, wie sie etwas aufführen oder vollziehen, um Ränder der Räume und der Welten zu schaffen.*

Literatur

Ahmed, Sara. 2000. *Strange Encounters: Embodied Others in Post-Coloniality*. London: Routledge.

———. 2006. *Queer Phenomenology: Orientations, Objects, Others*. Durham: Duke University Press.

———. 2023. *The Feminist Killjoy Handbook*. London: Penguin.

Aristoteles. 2011. *De Anima / Über die Seele*. Stuttgart: Reclam.

Bachtin, Michail M. 1979. *Die Ästhetik des Wortes*. Frankfurt am Main: Suhrkamp.

———. 1985. *Probleme der Poetik Dostojevskijs*. Frankfurt am Main/Berlin/Wien: Ullstein.

———. 2008. *Autor und Held in der ästhetischen Tätigkeit*. Frankfurt am Main: Suhrkamp.

———. 2011. *Zur Philosophie der Handlung*. Berlin: Matthes & Seitz.

Banfield, Ann. 2000. *The Phantom Table: Woolf, Fry, Russell and the Epistemology of Modernism*. Cambridge: Cambridge University Press.

Berlant, Lauren. 2022. *On the Inconvenience of Other People*. Durham: Duke University Press.

Billeter, Jean François. 2015. *Gegen François Jullien*. Berlin: Matthes & Seitz.

Chávez, Karma R. 2023. „Die differentiellen Visionen queerer Migationsmanifeste". In *Queer Studies: Schlüsseltexte*, herausgegeben von Mike Laufenberg und Ben Trott, 473–521. Berlin: Suhrkamp.

Därmann, Iris. 2008. „Die Tischgesellschaft: Zur Einführung". In *Die Tischgesellschaft: Philosophische und kulturwissenschaftliche Annäherungen*, herausgegeben von Iris Därmann und Harald Lemke, 15–41. Bielefeld: transcript.

Eick, Anna Lena. o.J. „Niemand wird wissen, von welchen Rändern wir aus sprechen: Senthuran Varatharajah über seinen Debütroman, Social Media und Sprache". *Schauinsblau: Magazin für Literatur, Kunst und Wissenschaft*. Letzter Zugriff am 30. Juni 2024. https://www.schauinsblau. de/niemand-wird-wissen-von-welchen-raendern-wir-aus-sprechen/.

Hagen, Wolfgang. 2008. „Metaxy: Eine historiosemantische Fußnote zum Medienbegriff". In *Was ist ein Medium?*, herausgegeben von Stefan Münker und Alexander Roesler, 13–29. Frankfurt am Main: Suhrkamp.

17 Vgl. zu politischen Orientierung, auch ausgehend von Sara Ahmed, weiterführend Chávez (2023).

Jullien, François. 2014. *Der Weg zum Anderen: Alterität im Zeitalter der Globalisierung.* Wien: Passagen.

———. 2017. *Es gibt keine kulturelle Identität: Wir verteidigen die Ressourcen einer Kultur.* Berlin: Suhrkamp.

———. 2018. *Vom Sein zum Leben: Euro-chinesisches Lexikon des Denkens.* Berlin: Matthes & Seitz.

Mersch, Dieter. 2006. *Medientheorien zur Einführung.* Hamburg: Junius.

———. 2015. „Wozu Medienphilosophie? Eine programmatische Einleitung". *Internationales Jahrbuch für Medienphilosophie* 1: 13–48.

Pape, Carina. 2015. *Autonome Teilhaftigkeit und teilhaftige Autonomie: Der Andere in Michail M. Bachtins Frühwerk.* München: Fink.

Platon. 2000. *Politeia / Der Staat.* Stuttgart: Reclam.

Sasse, Sylvia. 2011. „Vorwort". In *Zur Philosophie der Handlung,* Michail M. Bachtin, 5–31. Berlin: Matthes & Seitz.

———. 2018. *Michail Bachtin zur Einführung.* Hamburg: Junius.

Schmitt, Arbogast. 2010. „Mimesis bei Platon". In *Die Mimesis und ihre Künste,* herausgegeben von Gertrud Koch, Martin Vöhler und Christiane Voss, 231–45. München: Fink.

Sternagel, Jörg. 2020a. „*Andere* mediale Topographien: Versuche der Teilhabe in technologischen Zeitaltern". *Internationales Jahrbuch für Medienphilosophie* 6: 313–25.

———. 2020b. *Ethik der Alterität: Aisthetik der Existenz.* Wien: Passagen.

Sternagel, Jörg und Eva Schürmann. 2024. „Denken des Dazwischen: Zur Einstimmung". In *Denken des Medialen: Zur Bedeutung des Dazwischen,* herausgegeben von Jörg Sternagel und Eva Schürmann, 9–17. Bielefeld: transcript.

Sternagel, Jörg und Beate Ochsner. Im Erscheinen. Dossier „Das Verschwinden der Anderen? Digitalität und diskursive Praxis". Mit Beiträgen von Thomas Bedorf, Christoph Brunner und Annekathrin Kohout. *Internationales Jahrbuch für Medienphilosophie* 8-9. Im Erscheinen.

Trott, Ben und Mike Laufenberg. 2023. „Queer Studies: Genealogien, Normativitäten, Multidimensionalität". In *Queer Studies: Schlüsseltexte,* herausgegeben von Mike Laufenberg und Ben Trott, 7–99. Berlin: Suhrkamp.

Varatharajah, Senthura. 2016. *Vor der Zunahme der Zeichen.* Frankfurt am Main: Fischer.

Waldenfels, Bernhard. 2017. *Platon: Zwischen Logos und Pathos.* Berlin: Suhrkamp.

Internationales Jahrbuch für Medienphilosophie und Medienästhetik,
Was ist Medienästhetik?, 2024

Ulrike Ramming

VON DER REFLEXIVITÄT DES MEDIUMS ZUR MUSIKALISCHEN REFLEXION VON DIGITALITÄT

*Im Rahmen dieses Artikels wird ein Ansatz von Medienästhetik erprobt, der sich philosophisch einer Philosophie der Medialität verpflichtet weiß, mit der Technik und damit auch digitale Techniken als Medium verstanden werden. In der exemplarischen Auseinandersetzung mit Werken der Neuen Musik wird danach gefragt, welche neuartigen Klangmöglichkeiten von den Komponist*innen eingesetzt werden, um unter anderem auch auf die Digitalisierung unserer Lebenswelt zu reflektieren.*

KEYWORDS
Medienphilosophie, Medienästhetik, Digitalität, Neue Musik

I

In einer umfassenden musikwissenschaftlichen Studie zum Phänomen von Netzmusik formuliert Golo Föllmer drei Leitfragen, die der Strukturierung seines Untersuchungsfeldes dienen sollen:

1. Wie beziehen sich Musiker bzw. Künstler bei der Produktion von Musik auf strukturelle Merkmale des Internet?
2. Wie bilden sich Spezifika des Netzes in der formalen Struktur und in der Ästhetik von Musik ab?
3. Welche Formen der Rezeption ergeben sich dusrch Möglichkeiten der Interaktion mit netzspezifischer Musik? (Föllmer 2005, 4)

Föllmers Arbeit lässt sich als medienästhetisches Projekt avant la lettre verstehen, das von der Seite der Produktion danach fragt, welche vielfältigen und neuartigen Möglichkeiten das Netz zu einem bestimmten Zeitpunkt für die Entwicklung von Musik und die Interaktion unter Musikerinnen bereitstellte; Gleiches gilt für die Seite der Rezeption, die ebenfalls die Interaktion von Hörern und Musikerinnen bzw. den zu bedienenden Programmen bot. Die zweite Frage zielt auf die ästhetischen Eigenschaften der Musik in Abhängigkeit von den technisch-strukturellen Möglichkeiten des Netzes, eine Frage, die dem Bereich der Musikästhetik im engeren Sinn zuzuordnen wäre und in der Arbeit eine eher untergeordnete Rolle einnimmt. Die produktionsästhetische Perspektive lässt sich noch einmal in der Weise unterteilen, dass einerseits danach gefragt wird, in welcher Weise das Netz als Mittel für die Erzeugung einer genuin netzspezifischen Musik eingesetzt wurde bzw. werden kann; andererseits, inwiefern mit musikalischen Mitteln auf es selbst und seine Spezifika reflektiert wird.

Damit ergibt sich unter der Hand eine prinzipielle Abhängigkeit vom Stand technischer Entwicklungen, die sich beispielsweise daran erweist, dass Föllmers Fragen auf die technischen und ästhetischen Möglichkeiten zielen, die das Netz in seiner spezifischen Form im Zeitraum von 1995 bis zu Beginn der 2000er Jahre bot. Die zeitliche Begrenztheit des Phänomens Netzmusik begründet er in der folgenden Weise:

> Regelrechte Netzmusik setzte auf Vorläuferexperimente in den 1960er und 1970er Jahren auf, kam etwa 1995 in eine „heiße Phase" und büßte nach dem Jahr 2000 mit der Aufgabe ihrer strengen Fokussierung ihre Eigenständigkeit ein. In der heißen Phase hörten Musiker und Künstler in die Strukturen des Internets hinein und stellten Charakteristika

von Netzwerken ganz ins Zentrum ihrer Arbeiten. Sie suchten nach einer originären Musik der Netzwerke [...] Die Auflösung von Netzmusik als Konsequenz der Diffusion des Netzes in andere Medienbereiche mündet in wechselhafte künstlerische Konstellationen. (Föllmer 2008, 85)

Als Indiz für die Abhängigkeit von einem bestimmten Stand technischer Entwicklung lassen sich auch die unter dem Stichwort „Medienästhetik" eruierten Befunde verstehen: So nahm Miriam Hansen die massenmediale Inszenierung von Colin Powells Auftritt vor den Vereinten Nationen, in dessen Verlauf er die Notwendigkeit eines Angriffs auf den Irak begründete, zum Anlass, um eine Medienästhetik in kritisch-aufklärerischer Absicht einzufordern, die sich der Analyse der politischen und ideologischen Implikationen derartiger Inszenierungen widmen solle. Hansen verknüpft ihr an Walter Benjamins materialistischer Ästhetik orientiertes Projekt bewusst mit der Diagnose eines zeitgleichen Medienwechsels, in dessen Verlauf das Leitmedium Fernsehen von neuen, digitalen Medien abgelöst wurde (Hansen 2004). Noch deutlicher stellt Jens Schröter den zeitlichen Zusammenhang her zwischen ersten sich dezidiert als medienästhetisch verstehenden Ansätzen und der in den 1990er Jahren dominierenden Debatte um Computersimulationen (Schröter 2013). Und wenn Judith Siegmund vom Design digitaler Geräte als von affizierenden Oberflächen spricht, die darauf zielen, das Imaginäre der Nutzerinnen zu aktivieren und zu besetzen, so bezieht sie sich damit implizit auf den Prozess der umfassenden Digitalisierung aller Lebensbereiche unter den Bedingungen einer Logik proprietärer Märkte (Siegmund 2020).[1] Als erster Befund lässt sich daher die sehr allgemein gehaltene These formulieren, dass die Rede von Medienästhetik in einem direkten Zusammenhang mit der Entwicklung von Computertechnologien und der Durchsetzung digitaler Medien im Alltag, zumindest in Gesellschaften der westlichen Hemisphäre, steht. Medienästhetik unterscheidet sich damit von Bereichsästhetiken einzelner Gattungen wie Bild-, Film- oder Musikästhetik und legt den Fokus auf die Analyse digitaler Formate.[2]

Im folgenden Beitrag möchte ich mich auf Föllmers erste Frage konzentrieren und mich mit der Frage beschäftigen, inwiefern Komponist*innen im Bereich der Neuen Musik digitale

Ulrike Ramming

---

1   Zur Logik proprietärer Märkte im Zuge der Ausbildung des digitalen Kapitalismus vgl. Staab (2019).

2   Zu der damit verbundenen Ausweitung des Forschungsbereichs auf alltägliche Verwendungsweisen unter Einbeziehung von Methoden der Cultural Studies für den musikalisch-klanglichen Bereich, vgl. Sanio (2010).

Medien nicht allein als Mittel des Komponierens einsetzen, sondern auf Digitalität mit musikalischen Mitteln reflektieren. Dieser Fragestellung liegt die philosophische These zugrunde, dass Digitalität, wie im zweiten Teil dieses Beitrags ausgeführt werden soll, als Technik mit systemischem Charakter zu verstehen und Technik allgemein wiederum als Medium zu begreifen ist. Die hiermit verfolgte medienästhetische Perspektive fragt somit danach, inwiefern Technik nicht lediglich als Mittel für die Produktion künstlerischer und nicht-künstlerischer Artefakte zu verstehen ist, sondern inwiefern sie Medium in der Weise ist, dass sie Möglichkeiten für die künstlerische Produktion und den ästhetischen Gehalt von Kunstwerken eröffnet. Die Tragfähigkeit eines derartigen Ansatzes soll in der Auseinandersetzung mit Kompositionen von Steven Kazuo Takasugi, Elisabeth Schimana und Jennifer Walshe erprobt werden, die, so die These, in den zu diskutierenden Werken mit genuin musikalischen Mitteln auf digitale Phänomene und Effekte von Digitalität reflektieren. Wenn, so die Überlegungen des zweiten Teils, Medien allgemein und Technik als Medium im Besonderen sich vorrangig über ihre Effekte reflexiv erschließen lassen, so entwickeln die ausgewählten musikalischen Beispiele ästhetische Strategien zur Reflexion auf Dimensionen des Digitalen.

Die hiermit vertretene starke Akzentuierung des technisch-digitalen Aspekts steht in einem deutlichen Spannungsverhältnis zu einer umfassenden Ästhetik des Medialen, wie sie Dieter Mersch formuliert hat. Als Gemeinsamkeit kann die Berücksichtigung von Wahrnehmung, *aisthesis*, gesehen werden, wie sie seit dem gleichnamigen Sammelband von 1990 zum verbindlichen Standard in der medienphilosophischen Diskussion wurde (Barck et al. 1990). Während allerdings medienphilosophische und -ästhetische Ansätze mehrheitlich den Fokus auf das durch technische Entwicklungen zum Erscheinen Gebrachte legen und damit in direkter Linie zu Benjamins These von der Historizität von Wahrnehmung stehen, geht Mersch – im Gegensatz zu Aristoteles – von einer als unvermittelt verstandenen Wahrnehmung aus, die jeder Formierung durch Medien vorausgeht. Vielmehr, so Mersch, resultiere das Mediale erst aus der Responsivität in der Wahrnehmung (Mersch 2002b, 53ff.). Mersch versteht in diesem Zusammenhang Medien vorrangig unter dem Aspekt des Apparathaften, im Sinn von Techniken der Überformung, Kanalisierung, Bündelung von Wahrnehmung, die er als Eingrenzung und Beschränkung interpretiert. Reflexion auf Medialität ist vor diesem Hintergrund als Reflexion auf Ereignishaftes zu verstehen, über das sich immer auch ein

technisch überformtes Amediales, Nichtverfügbares, Nichtsig-
nifizierbares erschließen lässt. Medialität im Sinn der Eröffnung
neuartiger, auch künstlerischer Möglichkeiten durch Technik
schließt dieser Ansatz aus.

Mit der Wahl von Beispielen aus dem Bereich der
zeitgenössischen Musik soll der von Sabine Sanio und Golo Föllmer
konstatierten Tatsache Rechnung getragen werden, dass sowohl in
Medienwissenschaft und theorie als auch in den Cultural Studies
eine Dominanz literatur- und kulturwissenschaftlicher Ansätze
zu bemerken ist, wohingegen musikästhetische und wissenschaftliche Arbeiten in der Minderzahl sind (Sanio 2010, 1; Föllmer
2005, 3). Das ästhetische Moment soll in diesem Zusammenhang,
ganz im kantischen Verständnis, so verstanden werden, dass es
auf ästhetischer Wahrnehmung im Sinn einer selbstbezüglichen
Art von Wahrnehmung oder, in der Formulierung Schröters, auf
einer „Wahrnehmung, die den Vollzug der Wahrnehmung selbst
mit wahrnimmt" (Schröter 2009, 71) beruht. Zu fragen ist somit
auch, auf welche Weise die genannten Komponist*innen mit
digitalen Mitteln musikalische Klänge und Verläufe entwickeln,
die ästhetische Wahrnehmungen in dieser Form hervorrufen
und zugleich darüber hinaus in eine Konfrontation mit Hörerwartungen und konventionellen Zuordnungsschemata führen.

II

Die These, Technik sei als Medium zu verstehen und Digitalität
in diesem Sinn als Basistechnik und medium, baut auf mehreren
Voraussetzungen auf. So verweist Christiane Voss im Rahmen eines
Vorschlags zur Bestimmung des Projekts Medienphilosophie auf
eine irreduzible Mehrdeutigkeit in Bezug auf das, was als Medium
gelten kann (Voss 2022, 4). Nun scheint die Behauptung, ein
Begriff sei genuin mehrdeutig, problematisch zu sein, wird doch
für Begriffe gefordert, dass Intension wie Extension begrenzt sein
müssen. Die Intension, die Bedeutung des Begriffs, bestimmt die
Merkmale, durch die der jeweilige Gegenstandsbereich festgelegt
wird. Bereits diese Forderung wird durch den Medienbegriff nicht
erfüllt. Während für die neuere Diskussion seit Marshall McLuhan
die Annahme von der formierenden, prägenden Funktion zentral ist, weist Stefan Hoffmann in einer umfangreichen begriffs-
geschichtlichen Studie auf, dass für die philosophische Tradition
seit Aristoteles gerade die entgegengesetzte Auffassung grundlegend war: In ihr wird vom diaphanen, transparenten Medium

ausgegangen (Hoffmann 2002). Nun ist Bedeutungswandel bei Begriffen nicht außergewöhnlich und es soll an dieser Stelle auch nicht die um die 2000er Jahre dominierende Diskussion um den Medienbegriff wiederholt werden – über die Differenz transparent/nicht-transparent besteht die Möglichkeit zwei Gegenstandsbereiche zu unterscheiden: den der gegenständlichen bzw. apparathaft-technischen Medien und den der nicht-technischen Ausdrucksmedien. In diesem Sinn lässt sich Merschs Auseinandersetzung mit der Ausdrucksfunktion von Körpersprache und Stimme interpretieren, wobei sich Letztere jeder eindeutigen Bestimmung entzieht und allein über ein Wechselspiel von Zeigen und Entziehen reflexiv einzuholen ist (Mersch 2002a). Eine derartige begriffsstrategische Option könnte Gefahr laufen, in Beliebigkeit zu führen, und die von Lambert Wiesing bereits 2005 formulierte Frage aufwerfen, was dann überhaupt *kein* Medium sei (Wiesing 2005, 149).[3] Mersch ist in diesem Sinn allerdings nicht misszuverstehen: Die von ihm verfolgte Perspektive weist auf ein Ereignishaftes im Medialen hin, das in seiner Performativität Präsenz zeigt und sich zugleich entzieht. Indem er dies im Ausgang von unterschiedlichen Paradigmen entwickelt, macht er deutlich, dass Dimensionen des Medialen allein anhand von Modellen ausgearbeitet und aufgewiesen werden können. Daraus ergeben sich aus meiner Perspektive zwei Schlussfolgerungen: Unter Medialität ist, erstens, keine Eigenschaft von Medien zu verstehen; vielmehr bezeichnet der Ausdruck Dimensionen, die durch einzelne Medien eröffnet werden und nicht für alle Medien in gleicher Weise anzunehmen sind. Dies unterstreicht, zweitens, die Rede vom Modellcharakter einzelner Medien, an denen sich jeweils spezifische Dimensionen des Medialen reflexiv einholen lassen und mit deren Untersuchung, wie Voss in Hinblick auf die affizierenden Dimensionen des Kinos betont, immer eine grundlegende Perspektivität verbunden ist. Medienphilosophische und -theoretische Ansätze weisen deshalb aus mindestens drei Gründen eine prinzipielle Perspektivität auf: zum einen wegen der Interdisziplinarität des Forschungsfeldes; zweitens weil entsprechende Untersuchungen immer nur exemplarischen Charakter haben, da sie sich immer nur einzelnen Mediengattungen zuwenden

---

3 Mehrdeutigkeit ist nicht mit Beliebigkeit gleichzusetzen; dies scheint Wiesing in Anbetracht eines aus seiner Sicht inflationären Gebrauchs des Medienbegriffs zu unterstellen, wenn er als Gegenstrategie die Orientierung am Alltagsverständnis empfiehlt, was eine Eingrenzung des Gegenstandsbereichs auf Kommunikationsmedien zur Folge haben würde. Mehrdeutigkeit in dem von Voss intendierten Sinn lässt sich dagegen so verstehen, dass auf eine nicht-hintergehbare Dimension des Medialen verwiesen wird, die sich nur an Modellen entwickeln lässt.

(können); und drittens, weil mit den investierten Medienbegriffen zusätzlich Perspektiven vorgegeben sind. Das von mir investierte Medienverständnis hat seine Herkunft aus der Philosophie und betont den nicht-gegenständlichen Aspekt von Medien.

Eine weitere Voraussetzung betrifft die Erklärungsfunktion des Medienbegriffs in theoretischen Kontexten. Eva Schürmann unterscheidet diesbezüglich zwischen mehreren Bedeutungsdimensionen: Neben einem instrumentellen Verständnis sowie der Betonung einer transzendentalen Vermittlungsfunktion ist aus meiner Sicht die „Milieudimension" (Schürmann 2013, 76) von besonderem Interesse. So fasst Hoffmann die topische Mitte im Sinn „[...] des durch Medien geschaffenen spezifischen Milieus resp. der Allgegenwart des Mediums [...]" auf (Hoffmann 2002, 149); Schürmann spricht, mit Verweis auf die naturwissenschaftliche Konnotation des Ausdrucks, vom Medium „nach Art eines Milieus, in dem osmotische Austauschverhältnisse bestehen" (Schürmann 2018, 145). Ein derartiges Verständnis lässt sich bereits bei Jacques Derrida in seiner frühen Auseinandersetzung mit dem Sprach- und Schriftverständnis Edmund Husserls finden, in deren Rahmen er die Möglichkeit einer „Phänomenologie des Geschriebenen" (Derrida 1987, 120) bis an ihre Grenzen ausreizt und letztlich deren Unmöglichkeit aufweist – ein Befund, der in die phänomenologiekritischen Studien *Die Schrift und die Differenz* sowie *Die Stimme und das Phänomen* überleitet und in den programmatischen Thesen der *Grammatologie* kulminiert. Derrida verwendet in dieser frühen Studie zunächst eine transzendentalphilosophische Formulierung, die im französischen Original „le langage comme médium et condition de possibilité de l'objectivité" (Derrida 1974, 69) lautet, spricht dann aber von „ce milieu de l'écriture" (Derrida 1974, 91). Was an dieser Stelle unter Milieu verstanden wird, lässt sich auch als Medialität bezeichnen: als jene umfassenden Dimensionen, mit denen durch die Einführung eines bestimmten Mittels, z.B. graphischer Notationen im weitesten Sinn, gängige Praxen und die mit ihnen verbundenen Standards grundlegenden Transformationsprozessen unterzogen werden. Derrida greift in *Grammatologie* diesbezüglich auf die einschlägigen Befunde von Walter Ong und Eric A. Havelock zurück, die die kulturhistorische Revolution vermaßen, die mit der Durchsetzung grafisch-schriftlicher Zeichen einsetzte. Hierfür verwendet er den Ausdruck „Ur"-Schrift, „arche"-écriture, mit der eine Vorgängigkeit bezeichnet wird, hinter die nicht mehr zurückzugehen ist bzw. die alle vorhandene Praxis verändert und neue hinzufügt. Derridas Verwendung der Vorsilbe „Ur-" verweist nicht auf einen unvermittelten Anfang, dessen Ursprünglichkeit als „rein", unverstellt zu denken wäre; vielmehr ist, ganz im Sinn der *différance*, von einem Prozess der Iteration, des Wiederholens und Aufgreifens auszugehen, der mit Verschiebungen, Verrückungen unauflöslich verbunden ist. Der Anfang ist ein „Ur"-Anfang, weil mit ihm etwas unwiderruflich Neues beginnt.[4] Derridas Ausführungen lassen sich in systematischer Hinsicht in der Weise fortführen, dass zwischen äußerer und innerer Medialität unterschieden wird. Zur ersten zählt die Gesamtheit der verfügbaren gegenständlichen und nicht-gegenständlichen Mittel: Werkzeuge, Arbeitsmittel mit ihren impliziten Aufforderungen, sie in bestimmter Weise zu nutzen; die Praktiken ihres Einsatzes, die habitualisiert, institutionalisiert und rechtlich abgesichert werden müssen. Innere Medialität umfasst die dadurch bewirkte Organisation von Arbeits- und Produktionsverhältnissen, Freizeitverhalten etc., die Organisation von zeitlichen und räumlichen Distanzen; so wird heute niemand mehr einen dringenden Geschäftsbrief mit dem Ozeandampfer von Europa in die USA senden.[5] Weil Medialität in diesem Sinn Nutzungsroutinen und Handlungsoptionen und damit generell Orientierungen in grundlegender Weise vorausgeht, ist sie nur reflexiv zu erschließen.

Als ein derartiges „Ur"- oder Basismedium, auf dem Infrastrukturen aufbauen und das deshalb systemischen Charakter aufweist, lässt sich Digitalität begreifen, verstanden als eine Technik, die auf Verfahren zur Entwicklung von Algorithmen beruht, die unter Zuhilfenahme von Programmiersprachen „in Form von Code implementiert werden. Hierbei werden Symbole der Mathematik Symbolen einer maschinenlesbaren Sprache zugeordnet" (Levermann 2018, 34). Nicht zufällig werden in der aktuellen Debatte Parallelen zur Erfindung des Buchdrucks und der damit eingeleiteten kulturellen Revolution gezogen, um die Bedeutung aktueller Transformationsprozesse zu verdeutlichen. Treffender noch erscheint mir Jörg Nollers Vergleich mit dem Prozess der Elektrifizierung, mit dem er sich auf den französischen Philosophen Tristan Garcia bezieht.[6] Denn wie Elektrizität kann der digitale Code sowohl zur Steuerung von Industrieanlagen

---

4   Für eine entsprechende medialitätsphilosophische Analyse der schriftphilosophischen Arbeiten Derridas vgl. Ramming (2006, Kap. 2).

5   Zur Unterscheidung von äußerer und innerer Medialität mit Bezug auf Hegels Teleologiekapitel aus der *Wissenschaft der Logik* vgl. Hubig (2002, 24ff.) und Hubig (2006, Kapitel 4).

6   Es ist darauf hinzuweisen, dass schon Marshall McLuhan Elektrizität in den Katalog der Medien aufnahm; Wolfgang Schivelbusch untersuchte in seiner 1983 erschienenen Studie *Lichtblicke – Zur Geschichte der künstlichen Helligkeit im 19. Jahrhundert* die Bedeutung der Elektrifizierung für die Moderne.

wie Fließbändern, Heizkraftwerken oder von selbstfahrenden Autos eingesetzt werden als auch zur Herstellung von künstlerisch anspruchsvollen Filmen, Bildern oder Musik. Elektrizität ist diesbezüglich als noch grundlegender anzusehen, da sie die Energie für das Betreiben dieser Anlagen und der erforderlichen Rechner stellt.

Adorno verwies im Rahmen seiner Radiostudien, die in den Jahren zwischen 1939 und 1942 in Princeton entstanden und die er unter dem Titel *Current of Music* zu veröffentlichen beabsichtigte, auf diese doppelte Funktion von Elektrizität, die es aus ästhetischer Perspektive zu berücksichtigen gelte. Der Titel spielt mit der Doppeldeutigkeit des Ausdrucks ‚current': einmal verstanden als Strom im Sinn von Elektrizität als derjenigen Energie, die für das Betreiben von Rundfunkgeräten und die Übertragung von (klassischer) Musik über den Rundfunk benötigt wird; dann aber auch als jener unaufhörliche Strom von Musik, der aus den Radiogeräten erschallt (Hullot-Kentor 2006, 13). Adornos Analysen zielen auf die Frage, inwiefern ein bestimmtes Mittel, Elektrizität, – und die mit ihm zur Verfügung gestellten Möglichkeiten für Musikaufnahmen und deren Verbreitung – zum Medium wird, indem es nicht nur Einfluss nimmt auf den klanglichen Charakter der aufgenommenen Musik, sondern auch auf das Hörverhalten der Hörer*innen an den Geräten. In diesem Zusammenhang weist er zum einen auf die Filterfunktion hin, die die Frequenzbereiche der Mikrofone, deren Aufstellung sowie die Klangeinstellungen bei der Aufnahme ausüben. Zum anderen betont er die im Vergleich zum Konzertsaal vollkommen anderen Rahmenbedingungen für das Hören der Musik: kleinere Wohnräume mit niedrigen Zimmerdecken, die akustisch alles andere als optimal ausgestattet sind; überdies kann die Hörerin über den Regler die Lautstärke nach Belieben ändern (Ramming 2023, 127). Adornos Überlegungen weisen auf die Forschungen im Rahmen der *sound studies* voraus, die der Frage nachgehen, wie Musik im heutigen Alltag eingesetzt wird.

Terminologisch soll, im Unterschied zu dem von Felix Stalder in die Debatte eingeführten weiten, kulturwissenschaftlichen Verständnis, ein enger Begriff von Digitalität verwendet werden, unter dem die informationstechnische Dimension der Entwicklung von Algorithmen und deren Implementierung qua digitalem Code verstanden wird, unter deren Voraussetzung soziokulturelle Praktiken daraufhin untersucht werden können, inwiefern sie „quantifiziert, algorithmisiert und damit automatisiert werden können" (Levermann 2018, 34). Als Digitalisierung gilt, hierauf aufbauend, der

Prozess, in dem die technisch-digitale Modellierung derartiger Praktiken neuartige Standards für diese Praktiken setzt und damit auf eine nicht wieder rückgängig zu machende Weise unseren Alltag durchdringt.[7]

Das hier entwickelte umfassende, basale Medienverständnis kann sowohl philosophischer als auch künstlerischer Reflexion unterzogen werden, wie die Beispiele im letzten Teil dieses Beitrags zeigen sollen. Zugleich ist Daniel Feige darin recht zu geben, dass eine „Reduktion des Ästhetischen auf das Digitale" (Feige 2015, 82) zu unterkomplexen Resultaten führt. Mit Bezug auf filmtheoretische Diskussionen argumentiert er dahingehend, dass ein Film nicht gleichzusetzen sei mit seinen materiellen Voraussetzungen wie Filmmaterial, Kamera etc. (Feige 2015, 95). Wichtiger sei der Hinweis, dass bei digitalen Artefakten der Rekurs auf den digitalen Code zu unspezifisch bleibt, da vernachlässigt wird, dass Bilder oder Musik erst auf der Basis entsprechender Dateiformate generiert und dargestellt werden können:

> [...] es müssen vielmehr Dateiformate wie etwa JPEG oder MP3 gemeint sein, in denen Bilder und Musik auf dem Computer gespeichert werden [...] Ein Bilddokument ergäbe kaum etwas Sinnvolles, wenn es in einem Musikprogramm geöffnet würde, wie eine Musikdatei kaum etwas Sinnvolles ergäbe, wenn sie mit einem Programm zur Ansicht von Bildern geöffnet würde. (Feige 2015, 99–100)

Aus diesem Hinweis lässt sich schließen, dass gegenüber dem Basismedium Digitalität eine zweite Ebene zu berücksichtigen ist, auf der die konkreten Algorithmen und Programme in Hinblick auf ihre funktionalen oder künstlerischen Einsatzmöglichkeiten thematisiert werden.

Christian Grüny gibt Anhaltspunkte für eine dritte Ebene, die ein medienästhetischer Ansatz zu berücksichtigen hat, wenn er die Spannbreite des Feldes, innerhalb dessen Algorithmen und neuronale Netze im Prozess des Komponierens eingesetzt werden, in der Weise auffächert, dass er in Anlehnung an Don Ihde von einer „alterity relation" spricht. Unter ihr versteht er, dass „Technologie als Akteur eigenen Rechts und/oder Kommunikationspartner auftaucht" (Grüny 2022, 178) und auf diese Weise Einfluss

---

7　Ich orientiere mich terminologisch an Daniel Feige, der unter Digitalisierung über die von mir an dieser Stelle investierte Bedeutung hinaus die „gesellschaftliche Entwicklung" versteht, „im Rahmen derer Daten die neue zentrale Währung werden und alle Inhalte nur noch unter der Maßgabe der Frage, ob sie im Rahmen einer Datenlogik berechenbar sind, behandelt werden" und dabei allein „kapitallogischen Erwägungen" unterliegen (vgl. Feige 2022, 57).

auf Produktionsprozesse im Allgemeinen und künstlerische im Besonderen nimmt. In medienphilosophischer Terminologie lässt sich dies in der Weise ausdrücken, dass Algorithmen und neuronale Netze dann als bloße Mittel eingesetzt werden, wenn sie lediglich Material liefern, und als Medien gelten, wenn sich durch sie neue Möglichkeiten eröffnen. Diese Unterscheidung funktioniert allerdings nicht im Sinn eines Entweder-oder: Denn die entsprechenden „Programme und Netzwerke [können] als Werkzeuge beschrieben [werden], die den Komponist*innen möglicherweise Arbeit abnehmen oder, was die interessantere Variante ist, ihnen Material liefern, auf das sie sonst nie gekommen wären" (Grüny 2022, 189; zum Begriff des Materials vgl. 179ff.). Während eine erste Assoziation dahin gehen könnte, den Aspekt des Werkzeugs oder Mittels vorrangig Algorithmen zuzuweisen, unterscheidet Grüny auch hier zwischen den Dimensionen des Mittels und des Mediums in der Weise, dass der algorithmische Prozess „Material für nachfolgende kompositorische Entscheidungen" (Grüny 2022, 186) liefert oder das Stück selbst definiert.

Die dritte Ebene lässt sich mit Feiges These von der „Irreduzibilität des Ästhetischen" umreißen, worunter dieser versteht, dass jeder „neue ästhetisch gelungene Gegenstand" (Feige 2015, 108) das Ästhetische „neu verhandelt" und exemplarisch bestimmt. Damit vertritt Feige einen nicht-reduktionistischen Ansatz, der auf dem Eigenwert des Ästhetischen gegenüber den technisch-elektronisch-digitalen Voraussetzungen beharrt. In diesem Sinn lassen sich die von Grüny angeführten Beispiele interpretieren, in denen Algorithmen in sehr unterschiedlicher Weise von Komponisten (es handelt sich bei den genannten Fällen ausschließlich um Männer) eingesetzt wurden, um, etwas vage ausgedrückt, eigene Formsprachen zu entwickeln. Anders formuliert: Feiges These von der Irreduzibilität des Ästhetischen lässt sich auch in der Weise interpretieren, dass sich Komponist*innen auf musikalische Traditionen berufen und sich im Verhältnis zu diesen bewegen. Es gibt ein musikalisches und ästhetisches Erbe, zu dem sie sich, zumindest im Kontext westlicher E-Musik, verhalten (müssen). Erst aus der Auseinandersetzung mit ihm, sei es in Abgrenzung oder bewusstem Anschluss, entsteht künstlerische Kreativität.

III

Ästhetische Wahrnehmung als eine selbstreflexive Art der Wahrnehmung wird in den zu diskutierenden Beispielen als ein Hören provoziert, das auf sich selbst zurückgeworfen ist. Es geht dabei, wie immer in der Tradition der Klassischen europäischen Musik und im Bereich der Neuen Musik, nicht nur um das Was des Hörens, sondern auch um das Wie. Zugleich verstehe ich diese Beispiele als Befragungen von Normen und Standards des Digitalen mit musikalischen Mitteln, wobei ich den Begriff der Norm im Sinn der anfänglichen Bedeutung verwende, wie sie im griechischen Wort κανών als Maßstab, Regel gegeben ist; ähnlich steht auch das lateinische „norma" für Winkelmaß, Richtschnur und verweist damit auf einen technischen Bedeutungshorizont. Normen in diesem Sinn setzen Standards für bestimmte Abläufe: mit welchen Geräten sie zu bewerkstelligen sind, welcher zeitliche Rahmen dafür vorgesehen ist, wie und wo sie stattzufinden haben. Sie beziehen sich somit auf die Rahmenbedingungen von äußerer und innerer Medialität.

Steven Kazuo Takasugis vierteiliges Werk *Die Klavierübung* (2007–2009)[8] bietet hierfür ein ausgezeichnetes Modell. Seine Befragung des Digitalen setzt bereits auf der physiologischen und hörpsychologischen Ebene an. *Die Klavierübung* basiert, wie alle Werke des Komponisten seit den 2000er Jahren, auf selbst hergestellten Samples, aus denen er sich über viele Jahre ein eigenes Klangarchiv aufbaute und die „durch Hunderte von algorithmischen Programmen organisiert [werden], um einen klaren, trockenen Klang zwischen den Ohren zu platzieren und dabei Faktoren wie Raumklang, Echo, Nachklang und Abklang zu umgehen" (Tsao 2004, 63). Sowohl die Entwicklung dieser Klänge als auch ihre Weiterverarbeitung zu einer Musik, „die aus Schwärmen solcher Einzelklänge besteht" (Mahnkopf 2021, 444), folgt einer vom Komponisten formulierten Ästhetik der Myopie, mit der jeder Eindruck von Räumlichkeit, von Raumklang vermieden werden soll; dementsprechend werden die Klänge mit einer Direktaufstellung der Mikrofone aufgenommen und es wird gefordert, die Musik über Kopfhörer zu hören, um Musik zu einem Ereignis werden zu lassen „that played itself out vividly and as crisply as possible, between the ears, in the cavity of the brain" (Takasugi 2002, 293). Orientiert an Erkenntnissen der Psychoakustik, fordert Takasugi damit ein bewusstes Zu- und Hinhören heraus, verpflichtet auf feinste Nuancen und stellt zugleich die Frage, welche Differenzen vom menschlichen Ohr noch zu vernehmen sind, wie bereits der Titel seines Vortrags *JNH: Just noticeably Human. Lecture on Musical Humanness* (Takasugi 2021) besagt, der einerseits als „gerade noch von Menschen vernehmbar", andererseits im Sinn von

---

8 Als Audio-Datei auf der Homepage des Komponisten zu finden: Takasugi 2007.

„zunehmend menschlich" zu verstehen ist, wobei ein Ergebnis derartiger musikalischer Experimente darin besteht, dass deutliche Unterschiede zwischen geschulten Musiker*innen und Laien festzustellen sind. Eine erste reflexive Dimension ergibt sich auf dieser Ebene bereits in der Konzentration auf mögliche minimale klangliche Differenzen.

Deutlicher wird das reflexive Moment auf der Ebene der Apperzeption: Zum einen versperrt Takasugi durch die starke Bearbeitung der Samples auf der semantischen Ebene die Möglichkeit, bekannte oder vertraute Klangmuster zu identifizieren. Zum anderen fordert er die Frage heraus, welche Klänge von Menschen und welche maschinell erzeugt sind. Dies wird daran deutlich, dass *Die Klavierübung* in zwei Varianten existiert: einmal in Form von vier Audio-Dateien auf der Homepage des Komponisten, dann auch als Videoaufnahme. Es lohnt sich, zuerst die Audio-Dateien anzuhören und erst danach die Aufnahme des ersten Satzes mit dem Pianisten Mark Knoop auf YouTube (Takasugi 2015): Zu Beginn des ersten Satzes ertönen vertraute Klänge, einzelne Töne, auf einem Flügel gespielt, später perlende Läufe, die schnell mit einem menschlichen Spieler assoziiert werden können. Allerdings stellt sich bald die Frage, ob nur ein oder doch zwei Instrumente zu hören sind, von denen eines präpariert wurde. Die Klimax des zweiten Satzes lässt perkussive Momente vernehmen, die durch die Resonanzböden der Instrumente bzw. des Instruments erzeugt wurden – die extrem verdichteten Klänge verweisen auf einen materiellen Körper, dem sie entspringen. Zugleich wird deutlich, dass sie keinem menschlichen Spiel mehr entstammen können, sowohl wegen der Geschwindigkeit, der Klangdichte als auch der zeitgleich zu vernehmenden Tonabstände. Diese Beschreibung, die versucht, eindeutige Zuordnungen vorzunehmen zwischen Klängen, die auf menschliche Tätigkeit zurückgehen, und algorithmisch erzeugten Samples, geht allerdings in die Irre, wie das Musikvideo zeigt: Zwar werden die langsamen Passagen des Anfangs, quasi traditionell, von dem Pianisten Mark Knoop gespielt, die schnellen Passagen entwickeln sich dann aber zu einem wirklichen Konzert zwischen eingespielten und live erzeugten Klängen, zu einem Zusammenspiel oder auch zu einem Wettstreit. Entscheidend ist, dass die Konstellation von Pianist, algorithmisch erzeugten Klängen und Lautsprecher gewissermaßen „moralisch neutral" bleibt, nicht wertend verfährt.[9] Die damit geschaffene

---

9 Stefan Drees hat darauf hingewiesen, dass der Ausgang des Wettkampfs zwischen Pianist*in und digital gesteuertem Klavier in Olga Neuwirths *Kloing!* als ein Scheitern der menschlichen Komponente in dieser Versuchsanordnung aufgefasst werden könnte;

Offenheit erlaubt dem Komponisten, eingefahrene Hörerwartungen infrage zu stellen und dadurch die weiterführende Frage nach dem Verhältnis von Mensch und Technik aufzuwerfen: Welche Klänge ordnen wir menschlichen Akteurinnen zu, welche Maschinen? Auf welcher Grundlage finden derartige Zuordnungen statt? Welches Verständnis von Maschinen investieren wir in sie? Stehen unser Verständnis von Maschinen und jenes von Musikalität notwendigerweise in einem diametralen Gegensatz? Takasugis Fragen zielen auf die Möglichkeit, dass es sich bei dem, was wir unter Mensch und Technik verstehen, nicht um anthropologische Konstanten handelt, sondern dass sich dieses Verhältnis ändern kann, abhängig davon, mit welchem Typus von Maschine wir konfrontiert sind. Insofern ist *Die Klavierübung* als Versuchsanordnung zu verstehen, im Hören immer wieder den Abgleich mit kulturellen Hörerwartungen vorzunehmen und diese zu hinterfragen. Steht dieser Bruch mit musikalischen Konventionen, wie er auch durch das Vermeiden jedes Eindrucks von Räumlichkeit bewirkt wird, fest auf dem Boden der Neuen Musik, so scheint die in *Die Klavierübung* und anderen Werken des Komponisten entwickelte Befragung von Digitalität und ihrer Relevanz für musikalische Erfahrung sowie für unser Verständnis von Musikalität überhaupt eine ganz eigene Perspektive zu entwickeln.

Jennifer Walshes Performance *Ultra-Chunk* kann als Duett zwischen Künstlerin und maschinell produzierten Klängen bezeichnet werden, wobei es sich bei dem maschinellen Part um ein neuronales Netzwerk handelt. Damit kommen zwei charakteristische Merkmale ins Spiel: Anders als bei den von Takasugi algorithmisch festgelegten Klängen entstehen in diesem Fall Lernprozesse, die nicht mehr direkt von den entwickelten Programmen gesteuert werden, sondern sich „quasi autonom" weiter entwickeln, „so dass es [das neuronale Netzwerk, UR] sich in gewisser Weise über seine Geschichte individualisiert, ohne damit automatisch zu einem ‚Subjekt' zu werden." Zugleich werden auf diese Weise Klänge produziert, die sich „diesseits dessen halten können, was wir traditionellerweise als musikalische Formen verstehen würden" (Grüny 2022, 188). *Ultra-Chunk* basiert auf einer KI mit dem Namen „Granma" (Granular Neural Music & Audio), der ironischerweise an das publizistische Zentralorgan der Kommunistischen Partei Kubas erinnert. Die KI wurde von dem visuellen Künstler und Informatiker Memo Atken entwickelt und mit Daten

---

aber auch bei Neuwirth bleibt das Resultat im wertenden Sinn offen: Im Augenblick des menschlichen Scheiterns hat auch das Instrument alle klanglichen Möglichkeiten ausgeschöpft und ist damit an ein Ende gelangt. (Vgl. Drees 2013, 150).

gefüttert, die dadurch entstanden, dass Walshe ein Jahr lang, quasi in einem täglichen Ritual, Soloimprovisationen vor einer Webcam aufführte. Das hierdurch erstellte Video- und Audiomaterial nahm Atken als Grundlage für die Entwicklung neuronaler Netzwerke. Live zu sehen und zu hören ist der improvisatorische Dialog der Künstlerin mit der KI in Form der in schneller Abfolge gespielten Video- und Klangaufnahmen von Walshe, mit ständig veränderter Kleidung und Frisur in wechselnden Räumen, so dass sich, anders als bei nur eingespielten Klängen, ein sehr konkret erscheinendes Gegenüber zeigt. Pošćić und Kreković sprechen deshalb in diesem Zusammenhang von einer Phänomenologie von Künstlicher Intelligenz, von einer KI „which acts as a mimetic partner and absorbs the main characteristics of Walshe's identity, namely her voice and face" (Pošćić und Kreković 2020, 49). Diese Konstellation von körperlich anwesender Künstlerin und den Aufnahmen von ihr auf der Leinwand lässt sich in mindestens zweifacher Weise interpretieren. Grüny verweist auf das aus der Literatur der Romantik stammende Motiv der Doppelgängerin und Walshes Faszination für Aliens, womit ein Moment des Surrealen, Gespenstischen und Bedrohlichen in den Vordergrund rückt, verbunden mit einer Faszination am Neuen (vgl. Grüny 2002, 198). Aus einer anderen Perspektive kann die visuelle Vervielfältigung der Künstlerin als Fortführung früherer Praktiken gesehen werden, in deren Rahmen sie seit *Grùpat* Alter Egos als eigenständige Persönlichkeiten entwickelt und damit, wie die Interpretation von Franziska Kloos nahelegt, die Fluidität und Ambiguität personaler Identität thematisiert (Kloos 2017, 9–13 und 101–108). Gegenüber den Internet-Personae von *The Total Mountain* zeigt *Ultra-Chunk* eine um das Vielfache gesteigerte Pluralisierung, die die Frage nach dem Ort und der Art und Weise individueller Identitäten in Big Data aufkommen lässt. Bereits vor der klanglichen Dimension reflektiert *Ultra-Chunk* somit, ganz im Sinn von Net-Art und Post-Net-Art,[10] sowohl die eingesetzte digitale Technik und ihre Effekte wie auch deren Relevanz in unserem Alltag.

Auf der klanglichen Ebene beginnt der improvisierte Dialog der Künstlerin mit ihrer Doppelgängerin damit, dass diese zunächst auf Impulse von Walshe reagiert; es entwickeln sich dann Duette, in denen sich menschliche und elektronische Stimmen vermischen, gelegentlich übernimmt auch der Avatar die Führung. Während die Stimme des Avatars im Vergleich zu der Live-Stimme

---

10 Vgl. hierzu Voithofer (2020, 7). Net-Art betont die kreativen Möglichkeiten, die das Internet für künstlerische Aktivitäten zu bieten hat; Post-Net-Art untersucht dagegen die sozialen Auswirkungen des Internet mit künstlerischen Mitteln.

von Walshe elektronisch verfremdet klingt, sind beide darin gleich, dass asemantische Klangmuster zu hören sind, die im Fall von Walshe im extremen Fall gelegentlich Assoziationen an Würgegeräusche aufkommen lassen. Der Unterschied zwischen Musikerin und Doppelgängerin wird folglich auf ein Minimum reduziert. Die Ebene der Bilder verstärkt die rhythmische Dimension der Klänge: Sie folgt den klanglichen Tempi und verstärkt in der Schnelligkeit der Abfolge und der Überlagerungen die Intensität des zu Hörenden. Einer der zentralen Aspekte, der sich beim Betrachten der Performance ergibt, ist, dass sich durch die Videoaufnahmen die Betrachterin verleitet sieht, die KI zu personalisieren und in Reaktion darauf sich klar zu machen, dass das zu Sehende nicht mehr als ein Effekt ist, der aus der Arbeitsweise des neuronalen Netzwerks resultiert. In der Verbindung von Klang und Bild und in der Interaktion zwischen Künstlerin und KI verweist Walshes Performance – die sie, wie sie es in ihrem 2016 veröffentlichten Manifest *The New Discipline* (Walshe 2016) formuliert, weiterhin als Musik betrachtet – auf die „augmented realities", in denen wir uns tagtäglich befinden und mit denen wir interagieren, in und mit denen die Unterscheidung zwischen realen und virtuellen Wirklichkeiten unscharf wird.

Ausgangspunkt für die von der österreichischen Komponistin Elisabeth Schimana seit 2011 für wechselnde Besetzungen realisierte und kontinuierlich weiterentwickelte *Virus*-Reihe (Schimana 2011) ist ein von ihr entwickelter Klangkörper, mit dem sie während der Aufführungen in eine Interaktion mit den beteiligten Musiker*innen tritt. Die für alle Versionen geltende Grundanordnung besteht darin, dass Schimana über Lautsprecher den Musiker*innen Klänge zuspielt, die dem Klangideal einer „,different' similarity" (Schimana 2019, 3) zu den Klangeigenschaften der Musikinstrumente folgen. Aufgabe der Instrumentalist*innen ist, diese Klänge nachzuspielen, woraus sich ein Wechsel- und Zusammenspiel im Sinn von autopoietischen Feedback-Loops zwischen den elektronischen und den am Instrument erzeugten Klängen entwickelt. Für die Orchesterfassung von *Virus#3* beschreibt Schimana die Vorgänge in der folgenden Weise:

> Ich generiere die Stimmen live. Jeder sitzt vor einem eigenen Lautsprecher und spielt das nach, was er in diesem Moment hört. Niemand weiß, wann und mit welchen Klängen er oder sie drankommt. Das hat nichts mit Improvisation zu tun, denn es ist eine sehr strenge Aufgabe, aber trotz dieser Strenge gibt es große Freiheiten im Detail.

> Die Aufgabe gestaltet sich folgendermaßen: Jedem Instrument sind fünf Oszillatoren mit je einer Tonhöhe und einem Metrum zugeordnet. Wenn ich nur zwei davon gleichzeitig spiele, beginnt sich das Material durch die Überlagerungen bereits permanent zu verändern. Die Herausforderung ist, gleichzeitig zuzuhören und mitzuspielen, zu hören, zu spielen, zu hören, zu spielen … Voraussetzung ist allerdings, dass alle Profis sind, die ihre Instrumente beherrschen und wissen, was sie tun sollen, um das Gehörte möglichst genau hervorzubringen. (Schimana 2014, 10–11)

Die Komponistin betont, dass es sich nicht um Improvisationen handelt, sondern begreift den elektronischen Klangkörper als Klangpartitur. Damit bricht sie mit der für die europäische Kunstmusik zentralen Funktion der notierten, schriftlichen Partitur. Resultat sind nicht nur spezifische Klangerfahrungen aller Beteiligten, sondern, wie Susanne Kogler hervorhebt, ein neues „Verständnis vom Werk als durch Interpretation konstituierter Sinnzusammenhang", das durch die Hörerfahrung einer „vielschichtigen Lebendigkeit" (Kogler 2022, 114) realisiert wird. Die hochkonzentrierte Aufmerksamkeit, die von den beteiligten Musiker*innen gefordert wird, überträgt sich auf das Publikum und führt zu meditationsähnlichen Einstimmungen aller Anwesenden und Beteiligten. Die durch die Konstellation von Komponistin/Ausübender, Klangkörper und Musiker*innen erzeugte Wirkung betont und verstärkt den grundsätzlichen Charakter von Musik, den Judith Siegmund für musikalische Praxis im Allgemeinen hervorhebt, nämlich dass mit der Dauer einer Aufführung das *„telos* (Musik zu machen) mit dem Vollzug – mit dem (Mit)vollzug im eigenen Leben […] – identisch ist" (Siegmund 2022, 177). Der Gedanke des Mitvollzugs, den sie von Günter Anders übernimmt, betont die aktive Dimension sowohl bei den Ausführenden als auch bei den Zuhörenden, aus der eine Praxis des Hörens hervorgeht, die Intersubjektivität, Gemeinsamkeit stiftet: „Im musikalischen Vollzug beziehen sich Subjekte auf Materialien und Dinge (Instrumente und Partituren, Klangkonserven, bestehende Medien etc.), das heißt auch, dass sich Intersubjektives im gemeinsamen responsiven *Bezug auf Dinge* ereignet" (Siegmund 2022, 180). Diese mit Bezug auf Hannah Arendt getroffene Charakterisierung führt Siegmund im Sinne Arendts weiter fort, wenn sie betont, dass es sich beim „Moment des Vollzugs" um einen „Moment zwischen Menschen" handelt (Siegmund 2022, 181).

Schimanas *Virus*-Reihe kann als exemplarische Konkretisierung dieser Momente aktiven Hörens und Mitvollziehens verstanden werden. Kogler spricht in diesem Zusammenhang von einer „ethischen Qualität der Haltung des Hörens", die in der geforderten Aufmerksamkeit und Offenheit bei allen Beteiligten zu sehen ist, als „vorurteilsfreie[r] Zustand" (Kogler 2022, 116). Damit steht diese Musik in deutlichem Kontrast zu der kontinuierlichen Beschallung, die wir im Alltag erleben und die unwillkürlich ein Weg- oder lediglich Halb-Hinhören auslöst.

Es macht zunächst den Eindruck, als sei digitale Technik im Kontext von Schimanas Werk nicht mehr als ein bloßes Mittel für die Entwicklung einer entsprechenden musikalischen Anordnung, um einen Klangkörper entstehen zu lassen, der, wie Schimana betont, mehr mit oralen, nicht-schriftlichen Praktiken in einem Zusammenhang steht als mit der aktuellen digital geprägten Lebenswirklichkeit. Allerdings steht das konkrete Aufführungserlebnis in einem so direkten Zusammenhang mit den digital erzeugten Klängen, dass es, so meine Auffassung, auf diese zurückweist und damit den Gedanken einer „Humanisierung der Technik" (Kogler 2022, 120) oder einer „Anti-Technik" (Feige 2022, 56) aufwirft[11] und damit die Option anderer Verfahrensweisen, anderer Umgangsweisen aufscheinen lässt als derjenigen, mit denen wir im Alltag konfrontiert und denen wir unterworfen sind.

IV

Einem Vorschlag von Jens Schröter zufolge kann Medienästhetik als ein Unterfangen verstanden werden, die Verschiebungen zu thematisieren, denen klassische Medien im Zuge ihrer Digitalisierung unterliegen, und zu untersuchen, wie Künstler*innen in ihren Arbeiten das digitale Medium selbst reflektieren (Schröter 2013, 92ff.). Der hier vorgelegte medienästhetische Ansatz setzt seine Analysen eine Stufe tiefer an: Es geht nicht um Bilder, wie in den von Schröter herangezogenen Beispielen, oder um Klänge, sondern um die technisch-medialen Voraussetzungen dieser Klänge. Verfolgt wird also eine Perspektive, die sich einer Philosophie der Medialität verpflichtet weiß, die Technik als Medium begreift und sich damit auf die sich eröffnenden, aber auch verschließenden Möglichkeits(spiel)räume konzentriert. In diesem Zusammenhang wird Technik (auch) als ein Medium

---

11 Auch der Titel von Takasugis Vortrag *JNH* (Takasugi 2021) verweist auf diesen Gedanken.

verstanden und Digitalität als ein Basismedium mit Systemcharakter. Vor diesem Hintergrund wurde an drei Beispielen danach gefragt, inwiefern Komponist*innen digitale Technik nicht nur in der Weise einsetzen, dass sich mit ihr neue Klangmöglichkeiten eröffnen, sondern auch in der Weise, dass sie damit zugleich auf Digitalität und die mit ihr eingeführten kulturellen Parameter reflektieren. Es wird dabei deutlich, dass, dem Ansatz von Föllmer vergleichbar, vor allem produktions- und rezeptionsästhetische Aspekte thematisiert werden können, während musikästhetische Fragen im engeren Sinn vernachlässigt werden. Es wäre aber ohne Schwierigkeiten möglich, den Ansatz in der Weise zu erweitern, dass sowohl medien- als auch musikästhetische Kategorien eine stärkere Berücksichtigung finden.

Ich danke Daniel Martin Feige für hilfreiche Kommentare und Anregungen. Mein Dank geht ebenso an die Teilnehmerinnen und Teilnehmer der Arbeitssitzung der Redaktion für weiterführende Hinweise.

Literatur

Barck, Karlheinz et al., Hgs. 1990. *Aisthesis: Wahrnehmung heute oder Perspektiven einer anderen Ästhetik.* Leipzig: Reclam.

Derrida, Jacques. 1974. *Edmund Husserl, l'origine de la géometrie: Traduction et introduction par Jacques Derrida.* Paris: Presses Universitaires de France.

———. 1987. *Husserls Weg in die Geschichte am Leitfaden der Geometrie: Ein Kommentar zur Beilage der ‚Krisis'.* München: Wilhelm Fink.

Drees, Stefan. 2012. „Das computergesteuerte Klavier als Medium zur Analyse kulturgeschichtlicher Kontexte?" *Jahrbuch des Staatlichen Instituts für Musikforschung, Preußischer Kulturbesitz* 2013, 139–55.

Engell, Lorenz und Christiane Voss. 2022. *Die Relevanz der Irrelevanz: Aufsätze zur Medienphilosophie 2010–2021.* Paderborn: Brill Fink.

Feige, Daniel Martin. 2015. *Computerspiele: Eine Ästhetik.* Berlin: Suhrkamp.

———. 2022. „Gegen-Techniken: Vom Ästhetisch-Werden des Technischen". In *Technik-Ästhetik: Zur Theorie techno-ästhetischer Realität,* herausgegeben von Oliver Ruf und Lars C. Grabbe, 41–48. Bielefeld: transcript.

Föllmer, Golo. 2005. *Netzmusik.* Hofheim: Wolke.

———. 2008. „Meshing Sound Arts". In *Sound Studies: Traditionen – Methoden – Desiderate,* herausgegeben von Holger Schulze, 77–88. Bielefeld: transcript.

Grüny, Christian 2022. „Seltsam attraktiv: KI und Musikproduktion". In *Begegnungen mit Künstlicher Intelligenz. Intersubjektivität, Technik, Lebenswelt,* herausgegeben von Martin W. Schnell und Lukas Nehlsen, 174–204. Weilerswist: Velbrück Wissenschaft.

Hansen, Miriam 2004. „Why Media Aesthetics?" *Critical Inquiry* 30, Nr. 2: 391–95.

Hoffmann, Stefan 2002. *Geschichte des Medienbegriffs. Archiv für Begriffsgeschichte,* Sonderheft. Hamburg: Meiner.

Hubig, Christoph. 2002. *Mittel.* Bielefeld: transcript.

———. 2006: *Die Kunst des Möglichen I.* Bielefeld: transcript.

Hullot-Kentor, Robert. 2006. „Einleitung". In *Current of Music: Elements of a Radio Theorie,* Theodor W. Adorno, 7–69, Frankfurt am Main: Suhrkamp.

Kloos, Franziska. 2017. *Jennifer Walshe: Spiel mit Identitäten.* Hofheim: Wolke.

Kogler, Susanne. 2022. „Kreative Haltung und aufführungspraktische Innovation: Zur Funktion des Hörens in der Musik des 21. Jahrhunderts". In *Ästhetik nach Adorno: Positionen der Gegenwartskunst,* herausgegeben von Robin Becker, David Hagen und Livia von Samson, 107–24. Berlin: Verbrecher Verlag.

Levermann, Thomas. 2018. „Wie Algorithmen eine Kultur der Digitalität konstituieren: Über die kulturelle Wirkmacht automatisierter Handlungsanweisungen in der Infosphäre". *Journal für korporative Kommunikation* 2, 31–42.

Mahnkopf, Claus-Steffen. 2021. „Musikalischer Ausdruck heute: *Diary of a Lung* von Steven Kazuo Takasugi". In *Ausdruck in der Musik: Theorien und Formationen,* herausgegeben von Jürgen Stolzenberg, 438–50. München: edition text und kritik.

Mersch, Dieter 2002a. *Was sich zeigt: Materialität, Präsenz, Ereignis*. München: Wilhelm Fink.

———. 2002b. *Ereignis und Aura: Untersuchungen zu einer Ästhetik des Performativen*. Frankfurt am Main: Suhrkamp.

Pošćić, Antonio und Gordan Kreković. 2020. „On the Human Role in Generative Art: A Case Study of AI-Driven Live Coding". *Journal of Science and Technology of the Arts* 12, Nr. 3: 45–62.

Ramming, Ulrike. 2006. *Mit den Worten rechnen: Ansätze zu einem philosophischen Medienbegriff*. Bielefeld: transcript.

———. 2023. „Physiognomie und Sachlichkeit: Materiale Kategorien in Adornos frühen Medienanalysen". In *Adorno und die Medien: Kritik, Relevanz, Ästhetik*, herausgegeben von Judith-Frederike Popp und Lioudmila Voropai, 121–36. Berlin: Kulturverlag Kadmos.

Sanio, Sabine. 2010. „Aspekte einer Theorie der auditiven Kultur: Ästhetische Praxis zwischen Kunst und Wissenschaft". *Kunsttexte.de: E-Journal für Kunst- und Bildgeschichte* 4: 1–12.

Schimana, Elisabeth. 2011. „Virus#1". Letzter Zugriff am 4. Dezember 2023. https://elise.at/projekt/Virus-%25231.

———. 2014: „Ich wollte mich nie auf Feldman und Cage beziehen': ein Interview mit der Komponistin Elisabeth Schimana". *Neue Zeitschrift für Musik* 175, Nr. 4: 8–11.

———. 2019: „Sound as Score: Live Generated Audio Score based on Acoustic Memory". Letzter Zugriff am 3. Dezember 2023. https://www.tenor-conference.org/proceedings/2019/10Schimana.pdf.

Schröter, Jens. 2009. *3D: Zur Geschichte, Theorie und Medienästhetik des technisch-transplanen Bildes*. München: Wilhelm Fink.

———. 2013. „Medienästhetik, Simulation und ‚Neue Medien'". *Zeitschrift für Medienwissenschaft* 8, Nr. 1: 88–100.

Schürmann, Eva. 2013. „Verkörpertes Denken, Medialität des Geistes: Skizze einer darstellungstheoretischen Medienanthropologie". In *Körper des Denkens: Neue Positionen der Medienphilosophie*, herausgegeben von Lorenz Engell, Frank Hartmann und Christiane Voss, 69–82. München: Wilhelm Fink.

———. 2018. *Vorstellen und Darstellen: Szenen einer medienanthropologischen Theorie des Geistes*. Paderborn: Brill Fink.

Siegmund, Judith. 2020. „Affizierende Oberflächen, affektive Benutzung und algorithmische Rationalität". *Internationales Jahrbuch für Medienphilosophie* 6, 195–202.

———. 2022. „Musik als Tätigsein oder: Was bedeutet Verantwortung von Subjekten in musikalischen Beziehungen?" In *Musik und Subjektivität: Beiträge aus Musikwissenschaft, Musikphilosophie und kompositorischer Praxis*, herausgegeben von Daniel Martin Feige und Gesa zur Nieden, 167–86. Bielefeld: transcript.

Staab, Philipp. 2019. *Digitaler Kapitalismus: Markt und Herrschaft in der Ökonomie der Unknappheit*. Berlin: Suhrkamp.

Takasugi, Steven Kazuo. 2002. „Vers une myopie musicale". In *Polyphony & Complexity*, herausgegeben von Claus-Steffen Mahnkopf, Frank Cox und Wolfram Schurig [= New Music and Aesthetics in the 21st Century, Bd. 1], 291–302. Hofheim: Wolke.

———. 2007. „Die Klavierübung". Letzter Zugriff am 1. Dezember 2023. http://www.steventakasugi.com/audio.html.

———. 2015. „Die Klavierübung: Movement I". Letzter Zugriff am 1. Dezember 2023. https://www.youtube.com/watch?v=VG2kke4KBJU.

———. 2021: „JNH. Just noticeably Human: Lecture on Musical Humanness in the Age of Digital Automation". Letzter Zugriff am 1. Dezember 2023. https://www.schloss-wiepersdorf.de/de/audiovisualreader/steven-kazuo-takasugi-jnh-just-noticeably-human.html.

Tsao, Ming. 2004. „Zwischen den Zeilen von Steven Kazuo Takasugis Werk *Jargon of Nothingness*". *Musik & Ästhetik* 8, Nr. 31: 63–83.

Voithofer, Monika. 2020. „,That It's Not Too Late For Us to Have Bodies': Notes on Extended Performance Practices in Contemporary Music". *Musik & Practice* 6: 1–13.

Voss, Christiane. 2022. „Medienphilosophie: Vom Denken in Zwischenräumen". In *Die Relevanz der Irrelevanz: Aufsätze zur Medienphilosophie 2010–2021*, Lorenz Engell und Christiane Voss, 3–24. Paderborn: Brill Fink.

Walshe, Jennifer. 2016: „The New Discipline". Letzter Zugriff am 4. Dezember 2023. http://milker.org/the-new-discipline

Walshe, Jennifer und Memo Akten. 2018. „ULTRACHUNK". Letzter Zugriff am 1. Dezember 2023. https://www.youtube.com/watch?v=74-0Z8ncn24

Wiesing, Lambert. 2005. *Artifizielle Präsenz: Studien zur Philosophie des Bildes*. Frankfurt am Main: Suhrkamp.

Internationales Jahrbuch für Medienphilosophie und Medienästhetik,
Was ist Medienästhetik?, 2024

Beate Ochsner

HÖREN UND NICHT-HÖREN ALS TECHNO-ÄSTHETISCHE PRAXIS

*Hearables, ein Neologismus aus wearable und headphone, haben vielfältige Anwendungsmöglichkeiten, wie z.B. audiobasierte Informationsdienste, Gesundheitsüberwachung, Schutz des Gehörs etc. Die größte Chance aber liegt in der Nutzung der Audiosignalverarbeitung zur Verbesserung des Hörvermögens, was die Grenze zwischen Hörgeräte- und Unterhaltungstechnologie verschiebt. Auf Basis dieser Beobachtung bezeichnet der Begriff Hörgeräte im Folgenden nicht allein medizinische Geräte, sondern eine Vielzahl digitaler Hörtechnologien, durch die, mit denen und – zuletzt – auf die wir hören. Dies erfordert eine wechselseitige Anpassung von Hörer*innen und Geräten, aber auch von klassischen Hörgerätehersteller*innen und der Unterhaltungsindustrie. In dieser Dynamik wird Hören und damit immer auch Nicht-Hören[1] zunehmend digital ermöglicht oder verhindert, reguliert und bewirtschaftet. Die folgenden Überlegungen versuchen, diese Technizität des Nicht/Hörens in ästhetischer Dimension als Prozess akustischen Wahrnehmens und damit als Wahrnehmung derjenigen Prozesse zu beschreiben, die zwischen Nicht/Hörenden, sensorischen Praktiken, kulturellen Techniken, digitalen Hörtechnologien und der jeweiligen Umgebung hervorgebracht werden.*

Keywords
Digitale Hörtechnologien, Hörästhetik, Selbsttechnologie

---

1 Im Folgenden als Nicht/Hören bezeichnet.

In einem ReSound LINX 2 Testimonial beschreibt der schwerhörige Steve DeLuca seine Erfahrungen mit seinem neuen Hörgerät: Während er sich früher darauf konzentrieren musste, was die Menschen um ihn herum sagen, empfindet er Hören nun als eine Art „second nature". Die verbesserte Konnektivität z.B. mit dem Smartphone oder der Apple Watch erleichtere es, Einstellungen auch z.B. während eines Arbeitstreffens zu ändern, ohne dabei abgelenkt zu werden. Am wichtigsten aber sei die Möglichkeit, „Störgeräusche" wie Wind oder Ähnliches ganz auszublenden. DeLuca beendet seine Aussage mit den Worten: „I never realized how much of a hearing loss I had before I put these hearing aids in" (ReSound 2016). Nimmt man dieses Bekenntnis ernst, sind Hörverlust und die Restituierung des Hörens nicht allein medizinische Diagnose und Therapie, sondern stehen vielmehr in direktem Verhältnis zu technischen Geräten und Messungen, zu Situationen, Anordnungen und Praktiken, mit denen und durch die sie hervorgebracht werden (Bussolini 2010, 95). In einem anderen Testimonial zu ReSound-Hörtechnologien erzählt ein passionierter Ruderer, dass er mit der ReSound-App die störenden Windgeräusche auf dem Wasser kontrolliere, und ein leidenschaftlicher Radfahrer stellt seine Hörgeräte nach dem Café-Besuch via App auf seinen individuell programmierten Radfahrer-Modus ein, bevor er, zuhause angekommen, auf den Heim-Modus wechselt. So bestimmen die voreingestellten Präferenzen in Kooperation mit dem Gerät in zunehmend personalisierten Hörsituationen, was, wie und – vor allem – was nicht gehört wird, werden muss oder soll.

Die seit einigen Jahren sowohl im medizinischen wie auch im Unterhaltungsbereich zur Anwendung kommenden digitalen Hörtechnologien verfolgen vielfältige Zwecke: So versprechen digitale Hörgeräte unterschiedlicher Art mehrheitlich, die akustische Wahrnehmungsfähigkeit zu optimieren, Hörreste zu verstärken oder etwaige Hörverluste auszugleichen, dabei zugleich Hörermüdung und Höranstrengungen zu mindern und unter Umständen stressbedingten Tinnitus zu behandeln (Schumacher 2022; siehe auch Fußnote 9). Durch den Signalverarbeitungschip kann unser Nicht/Hören[2] auf viele Arten manipuliert werden; so kann wahlweise Rauschen unterdrückt oder Lärm abgeschirmt, reduziert oder überdeckt, automatisch und geobasiert auf verschiedene Hörprogramme und -situationen

---

2   Im Anschluss an Überlegungen aus den Dis/Ability Studies zielt der Schrägstrich darauf, die Aufmerksamkeit auf das der Konstruktion von Hören, Taubheit oder Schwerhörigkeit zugrundeliegende Wechselverhältnis von Hören und Nicht-Hören (in unterschiedlichen Ausprägungen, willentlich oder unwillentlich) zu lenken (Waldschmidt 2020).

umgeschaltet oder digitales Sound-Streaming aktiviert werden. Auf Basis der mitlaufend gesammelten Daten können nicht nur verschiedene akustische Umgebungen erkannt und – wie auch die Geräteträger*innen – optimal angepasst und personalisiert werden,[3] sondern auch verschiedene Vitalparameter gemessen oder mittels künstlicher Intelligenz auf tiefe neuronale Netzwerke zur Klangverarbeitung zugegriffen werden. Mit Hilfe der begleitenden Smartphone-App können die Hörgeräteakustiker*innen direkt kontaktiert oder selbst Einstellungen vorgenommen werden. Zugleich verfügen die meisten, insbesondere die neueren digitalen Geräte über die Funktion Data Logging, die Daten über die Hörumgebungen, Vorlieben für Programme, Lautstärkepegel und andere Funktionen speichert. In der Regel können Mitarbeiter*innen der Hörgerätefirma, bei internationalen Firmen des jeweiligen Unternehmens des Wohnsitzlandes, die örtlichen Hörgeräteakustiker*innen und, darüber hinaus, Datenverarbeitung und Zuliefererfirmen, Geschäftspartner*innen und Verkäufer*innen (z.B. Dienstleister*Innen, technische Support-, Analysedienstleister*innen, Versorgungsdienste und Finanzinstitute) nach dem Need-to-know-Prinzip auf die Daten zugreifen.[4]

Vor dem Hintergrund dieser im Folgenden noch näher auszuführenden Entwicklung einer zunehmenden Annäherung unterschiedlicher Anwendungsbereiche digitaler Hörtechnologien möchte ich mit dem Begriff der Hörgeräte nun nicht allein medizinische Geräte, sondern eine Vielzahl digitaler Hörtechnologien bezeichnen, *durch die, mit denen* und – zuletzt – *auf die* wir (und dies auch im soziokulturellen oder politischen Sinne) hören.[5] Zu

---

3 So wirbt z.B. eines der großen Hörgeräteunternehmen damit, dass Hörgeräte immer mehr zum „Personal Communication Assistant" werden, was nicht nur die personalisierte Steuerung der Kommunikationsaktivitäten beinhaltet, sondern zugleich die Verschmelzung von assistiver Technologie mit Assistenzsystemen wie dem Google Assistant oder Alexa, Siri u.a. andeutet (vgl. Launer o.D.). Dies ist nicht so überraschend, da – so Nierling et al. – letztlich jede Technologie assistiv ist (2018, 4). Dies ist sicherlich richtig, gleichwohl zeigen sich die ökonomischen, sozialen und kulturellen Konsequenzen der Annäherung zwischen medizinischer und Unterhaltungsindustrie besonders im Bereich der digitalen Hörgerätetechnologie: Durch hybride Lösungen wie frei erwerbbaren Hearables, aber auch durch die Verknüpfung mit einem gewissen Lifestyle, mit Smartphone-Steuerung und Personalisierung können auf der einen Seite Zugangsbarrieren gesenkt werden. Auf der anderen Seite aber ist z.B. mit OTC- (*Over-the-Counter*)-Geräten ein höherer Grad an Selbstdisziplin verbunden.

4 Eine Maßnahme zum Datenschutz ist die Beschränkung des Zugriffs auf personenbezogene Daten auf Personen, die diesen Zugriff zur Wahrnehmung ihrer Aufgaben zwingend benötigen. Diese Vorgehensweise wird auch „Need-to-know-Prinzip" genannt.

5 Im Unterschied dazu geht Papenburg (2012) davon aus, dass „medizinische Hörgeräte den Anspruch erheben, das Hören zu *renaturieren*", d.h. als Orientierungs- und Zielpunkt des Hörens stets das sogenannte „normale Hörvermögen" einsetzen, während Hörgeräte für Rock- und Popmusik dieses *„denaturieren"* (17). Diese Unterscheidung scheint mir allerdings im Angesicht moderner digitaler Hörtechnologien, die auf Optimierung des Hörens, auf neuartige digitale Möglichkeiten des Hin- oder Weghörens

diesem Zweck müssen, sollen oder wollen Hörgeräteträger*innen oder, in der Sprache der Unterhaltungsindustrie, User*innen sich einem technisch mediatisierten Hören anpassen, das auf statistisch gewonnenen Werten zur Ermittlung der Hörschwelle, der Schmerzschwelle sowie der tiefsten und höchsten hörbaren Frequenz und auf Hörwissen basiert, das in der Hard- und Software verbaut ist. Gleichzeitig werden die Hörgeräte gemäß den zu sammelnden und zu verdatenden Hörfähigkeiten, den Bedarfen und Wünschen der Träger*innen kontinuierlich weiterentwickelt, um das Mapping zu optimieren und in regelmäßigen Abständen ein Finetuning in Bezug auf sich verändernde Umstände vorzunehmen. So werden (unser) Hören und (unsere) akustische Wahrnehmung(sfähigkeit) zunehmend digital ermöglicht, ausdifferenziert und personalisiert, zugleich aber auch technologisch bedingt, reguliert und bewirtschaftet. Nun geht es mir im Folgenden nicht darum, zwischen technikeuphorischen oder pessimistischen Ansätzen zu neuen digitalen Hörtechnologien zu entscheiden, vielmehr möchte ich im Sinne der aktuellen Thematik dieses Jahrbuchs versuchen, die Technizität des Nicht/Hörens in ästhetischer Dimension als Prozess akustischen Wahrnehmens und damit als Wahrnehmung derjenigen Prozesse zu beschreiben, die zwischen Nicht/Hörenden, sensorischen Praktiken, kulturellen Techniken, digitalen Hörtechnologien und der jeweiligen Umgebung hervorgebracht werden.

Verstehen wir in Anlehnung an den französischen Technikphilosophen Gilbert Simondon „Technizität" des Hörens nicht im Sinne eines reinen Nützlichkeitsdenkens, sondern vielmehr als Entwicklung oder Werden des technischen Objekts in einem soziotechnischen Zusammenhang (Simondon 2014, 25–129; Heßler 2016), so sind auch Hörgeräte nicht als bloße Werkzeuge oder Verstärker zu betrachten, sondern im Sinne von akustischen Umgebungsmedien, die Nicht/Hörende, Sinnesorgane und Umgebung verschalten und auf diese Weise Effekte auf das gesamte Gefüge akustischen Wahrnehmens, Denkens und Handelns zeitigen. Mit ihnen und durch sie wird ein neuer Raum akustischer Interventionen aufgespannt, der weniger zentral auf audiologische Normalisierung, Verbesserung oder Optimierung zielt als vielmehr „Effekte von der Umgebung her umsetzt" (Sprenger 2019, 13). Dabei ist das Wissen um und über die Umgebung sowie die Herstellung der Relation zwischen Hörenden, Hören und Umgebung in einem biopolitischen Sinne als Regierungs- und damit Regulierungswissen zu verstehen (vgl.

sowie des Nicht-Hörens zielen, kaum noch haltbar (vgl. Asmuth, Bergermann und Ochsner 2016).

Sprenger 2019, 13), das seine regulierende Wirkung durch die Zirkulation oder auch die Unterdrückung akustischer Signale zwischen Umgebendem und Umgebenen ausübt. Öffnungsfiguren, die die Umgebung gegebenenfalls erweitern, wechseln sich mit Schließungsmomenten ab, die eine Abschirmung gegen die Umgebung ermöglichen. Vor diesem Hintergrund ergeben sich folgende, die Überlegungen leitende Fragen:

- Inwieweit verändern sich unsere ästhetische Hörerfahrung und unser Hörwissen, wenn nicht nur unser Hören im Zuge zunehmender Datafizierung automatisch an wechselnde (Hör-)Umgebungen und Situationen adaptiert, sondern die akustischen Umgebungen und Situationen selbst in Bezug auf das jeweilige gewünschte Hören produziert, angepasst, von Träger*innen selbst und Personen mit Datenzugriff (mit-)gestaltet, verwaltet und (letztlich) kontrolliert werden (können)?[6]
- Auf Basis welchen Wissens und welcher Erfahrung entscheidet welche Instanz nicht nur zwischen *noise, white noise* oder Signal bzw. Information, sondern damit auch darüber, was zu hören sein soll und was ausgeschlossen wird? Welche Anpassungsleistungen an die Umgebung(en) sind dabei vom Nicht/Hören und von Nicht/Hörenden zu erbringen bzw. welche Anpassung der Umgebungen an das Nicht/Hören und die Nicht/Hörenden sind möglich oder nötig?
- Welche ökonomischen, sozialen und vor allem biopolitischen Aspekte spielen bei der Verfertigung eines techno-ästhetischen Hörens eine wesentliche Rolle?

Umgebungssinn

Die Frage der Medienästhetik kann heutzutage nicht mehr von digitalen Medientechnologien getrennt werden, was z.B. den grundsätzlich neuen Sinn des Ästhetischen im Kontext veränderter Bedingungen medientechnologischer Subjektivierung angeht (Guattari 2013). Damit wird zugleich ein prekärer medialer Repräsentationalismus verabschiedet und das Augenmerk auf die relationale Verschaltung von Medientechnologien, Umgebung und Subjektivierung gelegt (Hörl und Ochsner 2023). Unter dem Schlagwort der „Kybernetisierung der Ästhetik" wird das Ästhetische z.B. in den Bereich des vorsubjektiven, prärezeptiven

---

6   Vgl. im Zusammenhang von Produktionsästhetik den Beitrag von Judith Siegmund in diesem Band.

oder „maschinischen" Empfindens und Verrechnens verschoben (Hörl und Hansen 2013). Konzepte dieser Art erlangen nicht erst für digitale Vernetzungsmedien Gültigkeit, werden aber in deren komplexen soziotechnischen (An-)Ordnungen und vielfältigen Modi wechselseitiger Abstimmung, Koordination und Kollaboration besonders offensichtlich. Als Bewegung zum Sein befinden sie sich in einem Spannungsverhältnis zu den Prozessen ihrer „Errichtung" (Souriau 2013). Anstelle der Voraussetzung digitaler Medien und medialer Produkte, der Untersuchung narrativer, ästhetischer oder medialer Spezifika oder der Analyse sinnlicher Wahrnehmung wird in diesem Zuge auf Prozesse konkreter und situierter Praktiken umgeschaltet, von Analysen sozialer Netzwerke oder ihrer User*innen auf diejenigen Handlungen, die in ihrer Nutzung ausgebildet und beständig modifiziert werden, von einer häufig medienpessimistischen Kritik an süchtig machenden digitalen Geräten und/oder Programmen auf die Frage nach den vielfältigen Modi wechselseitiger Konstituierung z.B. von Apps und User*innen im Spannungsfeld von Autonomie und (Selbst-)Kontrolle. In dieser Perspektive werden Prozesse ausgelotet, die nur im medienästhetischen Geschehen selbst beobachtbar werden. Für die Forschung bedeutet dies konkret, dass z.B. Transformationen materieller, kognitiver und affektiver Fähigkeiten des Körpers nicht von den technisch-technologischen Innovationen getrennt analysiert werden können und neue, multimodale Beziehungskulturen bzw. Milieus erzeugen (Angerer 2017; Parisi 2009).

Ohne auf Vollständigkeit der zahlreichen und aus unterschiedlichen Fächern und Forschungsgebieten stammenden Theorien, Diskurse und Praktiken des Hörens zu pochen,[7] konzentriere ich mich in Anlehnung an Jens Blauert auf die Frage, womit und wodurch sowie in welchen Situationen und Umgebungen diejenigen „Hörereignisse" (Blauert und Braasch 2008, 87) hervorgebracht werden, die wir als Nicht/Hören bezeichnen.[8] Da

---

7   Neben wissensgeschichtlichen Darstellungen (Morat 2015), philosophischen Debatten
    (Nancy 2020; Mettin 2020), medien-, sozial- und kulturwissenschaftlichen Forschungen
    (Ochsner, Schillmeier und Stock 2022; Tkaczyk, Mills und Hui 2020; Schulz 2017;
    Mauldin 2016; Ochsner 2016; Steiner 2012; Ackermann 2003), physiologischen und
    psychoakustischen Ansätzen (Moser 2018; Fellbaum 2012) steht in der medizinisch-
    audiologischen Forschung und Praxis zumeist Hören als Sprachverstehen (Engler,
    Digeser und Hoppe 2022; Hoppe, Hast und Hocke 2014) im Vordergrund.

8   Der multimodale Begriff des „Hörereignisses" oder des „Hörgegenstandes" bezeichnet
    „Laute" oder „Erlebnistatsachen", d.h. phänomenale Ereignisse, wie sie durch bestimmte
    Schallereignisse hervorgebracht werden (Blauert 2010, 611–12). Die räumliche (Ent-
    fernung, Richtung), zeitliche (Ausdehnung von Hörereignissen) und eigenschaftliche
    Bestimmung (z.B. Farbe, Klangfarbe, Tonhöhe, Lautheit oder Rauigkeit) eines Hörereig-
    nisses sind Hörempfindungen. Nicht allein auf das (Sprach-)Verstehen hin ausgerichtet,
    beschreibt Blauert damit das Produktions- und Wahrnehmungsereignis des Hörens, wie
    es aus einem komplexen Zusammenspiel von bestimmter Situation, spezifischer Umge-
    bung und besonderer Qualität des akustisch Wahrzunehmenden hervorgebracht wird

unsere Ohren durch Schwingungen aus der näheren oder ferneren Umgebung stimuliert werden, liegt ein wesentlicher Aspekt auf Prozessen der Übersetzung von Schall- und Hörereignissen in und durch spezifische Umgebungsmedien. Auf die Relevanz eines sozio-kulturellen und technikhistorischen Dispositivs weist Jonathan Sterne bereits 2003 mit seinem medienwissenschaftlich relevanten Begriff des „audible past" (Sterne 2003) hin, mit dem er das Augenmerk auf die Produktion von Nicht/Hören durch vielfältige Verflechtungen zwischen kulturwissenschaftlicher Forschung und der Geschichte der Kommunikationstechniken im Kontext moderner Soundtechnologien lenkt. Vilém Flusser beschreibt das Nicht/Hören ebenfalls, wobei er primär aus ästhetischer bzw. phänomenologischer Perspektive auf die Bedeutung der Umge-bung und die Relation zum Körper fokussiert. Nicht/Hören wird dabei als Umgebungssinn beschrieben, der dasjenige empfängt, was ihm entgegenkommt. Das in diesem Sinne verkörperte Hören bzw. die „akustische Schwingung" (Flusser 1994, 158) macht gerade keinen durch Technik zu überbrückenden Gegensatz zwischen Sub-jekt und Welt auf, sondern wird – und dies vor allem im Kontext des Musikhörens – als „reines Verhältnis" (Flusser 1994, 158) erlebbar. Die besondere Betonung einer Körperlichkeit des Musikhörens bestätigt Flusser durch die Beschreibung der Geste des Hörens als bestimmte „Körperstellung", die der „Habachtstellung" oder der „Verteidigungsstellung" eines Boxers gleiche. Dabei sei der Musikhörende nicht auf Handlung, sondern von seinem (Stand-) Ort auf „Empfang eingestellt", auf dass die Musik sich verkörpere (Flusser 1994, 154–55). Flusser beschreibt dieses Hören im Kontext der Geste des Musikhörens nicht als semantisches Hören, sondern als körperliches „Horchen" (Flusser 1994, 152), das sich der emp-fangenen Botschaft anpasst, die den Körper in Schwingung ver-setzt und ihm ihre Form aufprägt.

Während in der Philosophie, den Musikwissenschaften oder auch den Künsten eine ähnliche Art ganzheitlichen, atmosphärischen Hörens oder Zuhörens beschrieben wird, das die eigene akustische Umgebung in ihrer Zeitlichkeit und Ereignis-haftigkeit rekursiv in die Wahrnehmung einbezieht (z.B. Schlüter 2023, 314), geht es in der audiologischen und hörakustischen Forschung (z.B. Davidson, Marrone und Souza 2022; Gopinath et al. 2021; Kollmeier und Kiessling 2018) wie auch in den Arbeits- und

(Blauert und Braasch 2008; Blauert 1974). Dazu kommen eine individuelle physiologische Konstellation des*r Hörenden sowie psychologische Faktoren, die aufgrund der medien-wissenschaftlichen Perspektivierung des Beitrags keine weitere Beachtung finden können.

Organisationswissenschaften oder den Workplace Studies (u.a. Bruyninckx 2022; Lenne, Chevret und Marchand 2020) zumeist um die Verhinderung oder Maskierung von Lärm und die Herstellung eines gerichteten Zuhörens bzw. Verstehens von Sprache.[9] Dies erfordert weniger die Fähigkeit eines partizipatorischen (Sich-)Einhörens in eine Umgebung denn diejenige, sich hörend auf eine bestimmte Tonquelle, in diesem Fall das Gesprochene, zu fokussieren und jedwedes Hintergrundgeräusch möglichst auszublenden. Dieses Hören wäre, mit Flusser und konträr zur Geste des Musik- oder atmosphärischen Hörens, auf Handlung, d.h. pragmatisch ausgerichtet.

Diese zuweilen als gegenläufig beschriebenen Prozesse der Konzentration auf das Hören von Sprache und Weghören in Bezug auf Umgebungsgeräusche auf der einen oder des Sich-Einlassens auf die Hörumgebung auf der anderen Seite laufen bei einer großen Anzahl hörender Menschen zumeist unbewusst ab. Sie machen sich nur dann bemerkbar, wenn Umgebungsgeräusche als störend wahrgenommen werden, wenn sie von einer primären Tätigkeit ablenken oder das Hören als stressreich empfunden wird. Neue digitale Technologien sollen hier Abhilfe schaffen, indem sie – und dies gilt gleichermaßen für medizinische wie auch andere Assistenten – den ankommenden Schall möglichst effektiv und zielgerichtet verarbeiten, übersetzen und gegebenenfalls filtern oder unterdrücken. Dies ermöglicht eine immer genauere, möglichst adaptive, personalisierte und – häufig – automatisierte, auf spezifischen Algorithmen basierende Differenzierung zwischen dem, was (möglichst stressfrei) gehört werden soll, und dem, was nicht gehört bzw. unterdrückt werden soll und in der Regel als Lärm bezeichnet wird. Doch wer oder was unterscheidet nach welchen Kriterien zwischen Hören und Nicht-Hören, wer beurteilt die Herstellung, wer erstellt die Bewertung und entscheidet – unter Umständen – auch über die Verhinderung der Relation zwischen Hörenden und ihren Umgebungen und letztlich darüber, was als Lärm betrachtet wird oder nicht?

9   Hier ist allerdings der bereits zitierte Blauert anzuführen, der durchaus eine Art phänomenologischen Ansatzes verfolgt (s. Fußnote 8), sowie z.B. Tschorz, der in seinen Forschungen zum stressfreien Hören ebenfalls phänomenologische sowie psychologische Komponenten einbezieht (Tschorz 2022; Asmuth et al. 2016).

(Laute) Hörumgebungen

Mittlerweile ein Gemeinplatz, beschreibt John Cage die Ubiquität und den Ärger über oder die Faszination von Noise im Kontext von Musik folgendermaßen: „Wherever we are, what we hear is mostly noise. When we ignore it, it disturbs us. When we listen to it, we find it fascinating" (Cage 1961, 3). Für die Kultur- und Filmwissenschaftlerin Marie Thompson ist Lärm weit mehr als dasjenige, was das Ohr als unerwünschten Schall empfängt: „Noise is ubiquitous. It is present in every space, every milieu. It infests every medium, modifies every sound-signal, takes part in every musical event. It is an inescapable, unavoidable, inextinguishable component of material existence" (Thompson 2017, 175). Die unterschiedlichen Erscheinungsformen des Lärms werden durch Affektion im Sinne des Affiziertwerdens durch und Affizierens von Umgebungen verbunden (Thompson 2017, 42–43). Lärm existiere nicht außerhalb von Kultur, so der Musiker und Soziologe Trever Hagen, wo er als Instrument von Macht wie auch Widerstand stets mehr als eine Frage von Lautstärke sei (Hagen 2019). In ihren zahlreichen Forschungsarbeiten zur Sozialität des Musikhörens stellt Tia DeNora die Frage, in und durch welche soziotechnischen Praktiken und basierend auf welchen Infrastrukturen (trotz oder wegen des Lärms) Sinn erzeugt werden kann und in welchen Momenten oder Situationen dies nicht angezeigt scheint (DeNora 2022).

Während – wie die wenigen oben angeführten Beispiele anzeigen – kulturwissenschaftliche Forschungen sich seit einigen Jahren immer wieder mit dem produktiven Potenzial von Lärm beschäftigen, begreift die audiologische oder die hörakustische Forschung – ebenso wie die Hörgeräteindustrie oder die Unterhaltungselektronik – diese Frage im Vergleich dazu eher als technologische Herausforderung, die eine ebenso auf Technologie basierende Antwort verlangt (Turnbull 1991). So soll die oben angesprochene Unterscheidung zwischen Hören und Weghören, zwischen (bedeutungs- oder sinnstiftendem) Nicht-Lärm und Lärm im besten Fall in unterschiedlichen Kontexten und bei verschiedenen Aktivitäten, vor allem aber in lauten Umgebungen funktionieren (Kollmeier 2002). Dabei wird immer häufiger nicht mehr von einzelnen Geräten, sondern von smarten Hörsystemen gesprochen, die jenes Beziehungsgeflecht fokussieren, wie es im Kontext der Entwicklungen im Bereich smarter Hör(geräte)technologien zwischen Hörenden (und Nicht-Hörenden) und ihren lautlichen (Hör-)Umgebungen aufgespannt wird (Bronkhorst 2015).

Im Zentrum des Interesses von Hörgeräteunternehmen, aber auch der Unterhaltungsindustrie stehen häufig die zugunsten von lautsprachlichem Verstehen oder Musikerkennung im Bestfall vorab automatisch herauszufilternden Hintergrund-, Stör- und Nebengeräusche sowie, in einem anderen Fall, auch das Einspielen von weißem Rauschen, d.h. von Geräuschen eines konstanten Leistungsdichtespektrums, das helfen soll, das Tinnitus-Geräusch zu maskieren und auf diese Weise zu eliminieren.[10] Es geht mithin um unterschiedliche Formen von Lärm, die zum einen mit therapeutischem Ziel eingebracht oder aber – passiv wie auch aktiv – reguliert oder gänzlich unterdrückt werden können.

Im Falle von Hintergrundgeräuschen mag der Begriff etwas irritieren, sind es doch letztlich gerade störende, aber nicht im Hintergrund verweilende, sondern erst in jenen zu verdrängende Geräusche. Sie entstehen z.B., wenn Nicht-Sprachsignale mit dem gewünschten Sprachsignal in einer bestimmten Hörumgebung interferieren. Dies ist bereits seit längerem ein Problem der Hörgeräteforschung, das bis heute nicht gänzlich gelöst ist: „Background noise is particularly damaging to speech intelligibility for people with hearing loss. The problem of reducing noise in hearing aids is one of great importance and great difficulty", wie Henry Levitt bereits vor 20 Jahren anmerkt (Levitt 2001, 111). Hintergrundlärm wird in der Regel als „zufälliger" Lärm mit sprachähnlicher Frequenz und/oder Intensität bezeichnet, er kann durch eine weitere, interferierende Stimme oder auch Hall im selben Raum entstehen. Interessanterweise aber tauchen in der Forschung mit Ausnahme der „Cocktail-Party"-Szene selten konkrete reale Umgebungen oder Situationen auf,[11] darüber hinaus wird nach wie vor zumeist unter Laborbedingungen getestet und eingestellt. Während das Gehirn sogenannter „Normalhörender" die Stimme der sprechenden Person identifiziert, weniger relevante Teile des akustischen Signals herausfiltert und Sprache auf diese Weise und ohne wesentliche Anstrengung vom interferierenden Noise

---

10 Während zahlreiche Hörgerätehersteller*innen Rauscher, d.h. Tongeneratoren, die das sogenannte weiße Rauschen erzeugen, in die Geräte einbauen, spricht sich die aktuelle, bis 2026 gültige S3-Leitlinie „Chronischer Tinnitus" (vgl. DGHNO-KHC 2021) aufgrund fehlender Studien und Meta-Analysen gegen eine Empfehlung für die Indikation Tinnitus aus. Allerdings wird eine Wirksamkeit von Noisern für Hörgeräte allgemein bestätigt.

11 Beim Cocktail-Party-Effekt geht es zudem weniger um die Situation als solche, sondern um die Fähigkeit selektiven oder intelligenten Hörens. Interessanterweise haben Google-Forscher vor kurzem einen neuen Ansatz vorgestellt, Sprache eines Sprechenden von anderer Sprache und Hintergrundgeräuschen mittels KI zu isolieren. Hierzu wurde eine „künstliche Cocktailparty" aus vorhandenem Videomaterial zusammengestellt und als Datenmaterial zum Training einer KI auf Basis eines *Convolutional Neural Networks* verwendet. Ziel ist die Verbesserung der Spracherkennung in Videos für Gehörgeschädigte oder die Verbesserung von Videokonferenzen (Ephrat et al. 2018).

separiert, geht eine Hörbehinderung zumeist mit reduziertem spektralem (Frequenz- und Timbreunterscheidung betreffendem), temporalem (auf die Amplituden und Modulationen bezogenem) und spatialem Auflösungsvermögen einher. Dies führt dazu, dass der Lärm in bestimmten Frequenzen (und damit zusammenhängend auch in bestimmten Situationen) Sprache überdeckt, das Sprachverständnis reduziert und das hörende Verstehen mithin deutlich anstrengender macht.

Bei den Berechnungen, was nun gehört soll oder aber nicht gehört werden muss, soll oder darf, orientiert sich die Forschung in der Regel an audiometrischen Standards wie z.B. dem menschlichen Hörfeld, das im unteren Bereich von der Hörschwelle und im oberen Bereich von der akustischen Schmerz- oder Unbehaglichkeitsschwelle begrenzt wird (Hoth und Steffens 2016, 12). Bei Menschen mit Hörbehinderungen wird davon ausgegangen, dass die Hörschwelle höher anzusetzen ist, während die Schmerzgrenze die gleiche bleibt oder niedriger ist. Die auf Grundlage dieses Wissens entwickelten Geräte (und umgekehrt) gemessenen Standardwerte des Hörens (Tkaczyk, Mills und Hui 2020), aber auch des Lärms, von denen im Kontext der Erweiterung technologischer Möglichkeiten ausgegangen wird, werden zwar mit Erkenntnissen aus der Psychoakustik, der Psychophysik, der Psychologie und der Sozialpsychologie abgeglichen, letztlich aber geht es nach wie vor darum, Qualitäten wie Lautstärke oder Timbre zu quantifizieren und physikalische Stimuli mit dem – gerade nicht quantifizierbaren – subjektiven Erleben, der Wahrnehmung und Beurteilung von Nebengeräuschen und dem resultierenden Gefühl von Anstrengung zu korrelieren. Die Ergebnisse der Testungen und Verrechnungen, die freilich selbst auf bestimmten, für diese Zwecke konstruierten Geräten und Medien basieren, bestimmen dann wiederum die Schwellenwerte der zum Einsatz kommenden Lärmfilter und Maskierungsmöglichkeiten wie z.B. die Reduktion von Hintergrundlärm durch Ein- oder Mehrmikrofonsysteme oder binaurale Algorithmen zur Lokalisation und Unterdrückung von Störgeräuschen. So bleibt die Quantifizier- bzw. Messbarkeit der Höranstrengung nach wie vor ein Forschungsdesiderat – allerdings ein problematisches, da es sich vornehmlich um qualitatives und subjektives Empfinden handelt (Tchorz 2022).

Im Angesicht dieser Komplexität wurde lange Zeit (und wird zum Großteil immer noch) aufgrund der Vorrangigkeit des Sprachverstehens und der Komplexität der verschiedenen Faktoren auf klassische Lärmunterdrückung gesetzt, die aber letztlich alles, was gleichmäßig und konstant rauscht, unterdrückt. Das kann freilich dann problematisch werden, wenn die auftretenden und zu eliminierenden Geräusche eigentlich völlig „normal" sind, d.h. zum Alltag dazugehören und darüber hinaus auch wichtige Informationen wie z.B. das Herannahen eines Autos enthalten können, so dass sie unbedingt hörbar bleiben müssen. Dazu kommen – vor allem bei Freizeitaktivitäten – die sehr beliebte Windgeräuschunterdrückung, die Impulsschallminderung (d.h. die Unterdrückung sehr schnell und sehr heftig auftretender Geräusche), Richtmikrofone, die den Schall in Kombination mit der Blickrichtung verstärken, oder automatische Situationserkennung auf Basis einer repräsentativ erarbeiteten Geräuschklassifikation, die nicht mehr nur auf Optimierung der Sprachverständlichkeit abzielt, sondern mittels entsprechender Algorithmen sowie mobiler Geräte eine bestmögliche adaptive Geräuschsteuerung und damit Anpassung an die Umgebung bzw. Anpassung der Geräusche an die Aktivitäten, die Subjekte etc. vermitteln bzw. mit den Subjekten aushandeln soll.

Umgebungsmedien

In seiner *Epistemologie des Umgebens* verweist Florian Sprenger darauf, dass Umgebungs- oder environmentale Medien „im Raum verteilt und nicht mehr als isolierte Einzelgeräte, sondern in ihrer Vernetzung und Distribution zu verstehen" (2019, 19) sind. Für seine Untersuchung autonomer Fahrzeuge betont er, dass die von ihm analysierte Relation Organismus/*environment* durch vorgängige Regulierungsprinzipien bestimmt werde. Dieses Verhältnis unterscheidet er von der von Gilbert Simondon geprägten Relation Individuum/*milieu* und dem Prozess der Individuation, den er als Geschehen oder Ereignis zwischen den Relata beschreibt (Simondon 2007).[12] Während Sprenger im Wesentlichen über autonomes Fahren arbeitet, scheint mir eine solche Trennung im Falle des Nicht/Hörens kaum haltbar: So ist die Praxis des Hörens zum einen als zeitabhängiges Geschehen und ko-konstitutive Verfertigung – Individuation – zwischen Individuum und *milieu* zu verstehen, eine Art atmosphärisch-pathisches (oder passives), unter Umständen unbeabsichtigtes, partizipatorisches (Sich) Einhören in etwas, das sich gibt: „[I]m Augenblick des Hörens

---

12 Simondon definiert Individuation wie folgt: „Individuation must then be considered as a partial and relative resolution that manifests in a system which contains potentials and includes a certain incompatibility with respect to itself, an incompatibility that consists of forces of tension and the impossibility of an interaction between the extreme terms of the dimensions" (Simondon 2020, 3–4).

gehören wir in seine Umgebung, gehen in ihr auf, sind Teil ihrer Ereignung, ihrer Erfahrung, sodass ‚etwas hören‘ stets über das Hören von etwas Bestimmtem hinausweist" (Mersch 2018, 2). Zum anderen aber erlaubt die Relation Organismus/*environment* eine mit entsprechenden Techniken erzeugte klangliche Befreiung von der Umgebung wie auch eine Besetzung und Inanspruchnahme des Ohrs. Im Kontext techno-ästhetischer Hörpraktiken entsteht mithin eine Art Anhänglichkeit und zugleich Abhängigkeit („attachement", vgl. Hennion 2004), die sich in vielfältigen Möglichkeiten, wie z.B. Vernetzung der (medizinischen oder „reinen" Unterhaltungszwecken dienenden) Hörgeräte mit peripheren Netzwerkgeräten, zunehmender Personalisierung des Hörens und des Klangs und Selbstermächtigungsgesten (eigenen Einstellungen und eigener Programmierung) äußert, zugleich aber Bedingungen wie eine beständige Kontrolle des Ladestandes auferlegt und die Befürchtung nährt, womöglich nur noch das hören zu können, was vorprogrammiert ist.

Aufgrund der rekursiven Verbindungen zur Technologie wird, kann und muss sich ein Hören, das auf (mehr oder weniger) freiwillig gesammelten Daten, Erfahrungen und Gebrauchsweisen der Hörgeräteträger:innen beruht, stets verändern („verbessern") und bleibt damit im wirtschaftlichen Sinne produktiv. Die versprochene Diversifikation von Hörerlebnissen erweist sich allerdings als Set kommerzialisierbarer technologischer Einstellungen, das die Hörer:innen dazu herausfordert, sich in ein spezifisches Verhältnis zum Klanggeschehen zu setzen (vgl. Papenburg 2012) und sich dessen möglicher Sedimentierung in den Einstellungen zu unterwerfen (Ochsner 2018). Dem in Aussicht gestellten Autonomiegewinn – freie Einstellungswahl, volle Konnektivität, Personalisierung etc. – entspricht somit eine zunehmende Selbstdisziplinierung, die dadurch entsteht, dass die Träger:innen ihr neues „Hören" selbst kontrollieren und verantworten müssen. Dies bezieht sich dann auch auf ein mögliches Scheitern, das im schlimmsten Fall als Versagen bzw. (eigenes) Verschulden gewertet werden kann (Ochsner 2018a; Mol 2002).

Diese Überlegungen machen die biopolitische Zurichtung und Regulierung des Hörens sichtbar, wie sie sich z.B. als Anspruch auf stetige Leistungssteigerung (z.B. am Arbeitsplatz), als freiwillige (Selbst)Unterwerfung unter die Anforderungen der Hörtechnologie, als Eigenverantwortlichkeit, ein immer besseres Hören zu erreichen, manifestiert (vgl. Ochsner 2020). In dieser Hinsicht muss die Relevanz historischer Diskurse über Hörgeräte und vorgängiger soziotechnischer Bestimmungen z.B.

des audiometrischen Nullpunkts, der sogenannten Hörschwelle und des Tages-Lärmexpositionspegels sowie bestimmter Vorein-stellungen in Bezug auf Aktivitäten oder auch die Anpassung an (historisch, sozial, kulturell, ökonomisch etc.) bestimmte Life-styles als kontrollierbares Zusammenspiel von Hörtechnologien, Hörenden und Umgebung genauer beleuchtet werden (Ochsner, Schillmeier und Stock 2022; Tkaczyk, Mills und Hui 2020; Mills 2012). Im Kontext smarten Hörens geraten dabei zunehmend sozio-technische Arrangements in den Blick, die menschliche und nicht-menschliche Akteur*innen in spezifischen Situationen in Beziehung setzen und füreinander disponibel machen (Hörl und Ochsner 2023; Lipp 2017; Simondon 2012). Die stets zu aktualisierenden Technologien ermöglichen ein – was auch immer das heißen mag! – immer besseres Nicht/Hören, verlangen aber zugleich entsprechendes Engagement und lassen Nicht/Hören zu einer persönlichen Aufgabe werden, die auf vielfältigen, im besten Fall unsichtbar funktionierenden Infrastrukturen aufsitzt und in zahlreichen medialen Interfacingprozessen hergestellt wird. Dabei werden Nicht/Hörende über sprachliche und andere akustische sowie – z.B. durch die Begleit-Apps auf dem Smart-phone – über visuelle Mittel adressier-, mess- und auf Basis der gesammelten Daten gegebenenfalls vorhersagbar (Ochsner 2020; Fuchs 2015). Ein grundlegendes Verständnis der „affordances" oder des Aufforderungscharakters (Plazak und Kersten-Oertel 2018; Gibson 1979) ist erforderlich, um auf die „Dinge zu hören" (Miller 2008, 6), in denen und durch die wir hören (und sprechen), und die wechselseitigen Verfertigungsprozesse zwischen mensch-lichen und nicht-menschlichen Akteur*innen im Dispositiv des Hörens entsprechend auszuloten.

Gleich ob assistive Technologien oder digitale Alltags-assistenten, Hörgeräte dieser Art fungieren weder als restaurative Prothesen noch als reine Verstärker oder Geräuschunterdrücker. Vielmehr sind sie als Mittler in Operationsketten zu begreifen (Thielmann und Schüttpelz 2013), in denen es nicht (mehr) allein um technologische Reproduktion eines sogenannten „natürlichen" Hörens geht: Vielmehr sind die Prozesse smarten Hörens und Nicht/Hörende*r selbst als performative Produktionstech-niken neuer Formen des Hörens zu betrachten (Thielmann et al. 2011; Hennion und Latour 2003). In Anlehnung an Ian Hacking bezeichnen wir diese Entwicklung als „making up" (Hacking 2006) *hearing* und damit als Entstehung oder Differenzierung eines bestimmten Hörens und spezifisch(er) hörender Menschen und deren gesellschaftlicher und technologischer Etablierung auf

Basis von Messungen, Metriken und Klassifikationssystemen (vgl. Hirschauer 2017; Beer 2013). Nicht/Hören wird auf dieser Basis nicht nur neu vermessen, sondern letztlich „erfunden", wobei die gesammelten Daten dasjenige definieren „what is deemed to be of value" (Beer 2015, 8).

Die hier beschriebene Technifizierung des Hörens kann – wie eingangs thematisiert – nicht von ihren medialen Dispositiven, von digitalen Devices oder Software gelöst werden. In engem Zusammenspiel wird vielmehr das Potenzial erzeugt, Verbindungen einzugehen und auf diese Weise neue (potenzielle) Hörpraktiken und damit auch neues Wissen über Nicht/Hören zu generieren, die beide, d.h. die Praktiken wie auch das Wissen, rekursiv die Hörsysteme prägen (Schröter und Vollmar 2013; Papenburg 2012). Damit die Verschaltungen funktionieren, d.h. damit gehört werden kann, was gehört werden, und nicht gehört werden muss, was nicht gehört werden soll, müssen Hörtechnologien, Hörgeräteträger*innen, spezifische Hörumgebungen und praktiken mit- und füreinander disponibel gemacht werden – und dies gleichermaßen in medientechnischem wie auch soziokulturellem Sinn. Dies hat dann freilich – je nach Hörsystem, dem man seinen Sinn (seine Sinne) anvertraut – ein spezifisches, in gewisser Weise ein „Markenhören" zur Folge, da jede Hörplattform die Schallwellen unterschiedlich prozessiert. Dies aber kann an dieser Stelle nicht ausgeführt werden.

Anstelle einer Conclusio

Heute Morgen habe ich mich an meinen Schreibtisch gesetzt und gehört. Langsam stellten sich unterschiedliche Regengeräusche an, die Holzbalken der Decke knarrten und die Heizung ließ neben einem konstanten Brummen hie und da ein Zischen vernehmen. Lärm oder Nebengeräusche, die ich mit Hilfe geeigneter Hörtechnologie hätte vermeiden können, um mich auf meine Arbeit zu konzentrieren. Ansatzpunkt ist dabei primär der Zeitraum zwischen Schall-, Hör- und Verstehensereignissen. Die vorausgehenden bzw. in digitalen Umgebungen auch begleitenden Datensammlungen, ihre Quantifizierung und Standardisierung differenziert diesen Zeitraum in vielfältige Übersetzungen aus, die Nicht/Hören in unterschiedlicher Art und Weise und mit spezifischer Bewertung hervorbringen. Da die Hörgeräteindustrie sich lange Zeit vorrangig mit dem (zu diskutierenden) Ziel der Wiederherstellung eines (nahezu) „normalen" Sprach- und das heißt Lautsprachverständnis beschäftigte, das im Rahmen der Verstärkung der Sprachsignale die Bearbeitung bzw. Entfernung von Nicht-Sprachsignalen in Form von – häufig menschengemachten – Neben- oder Hintergrundgeräuschen erforderte, wurden andere Workarounds wie z.B. die Möglichkeiten, nicht nur auf Sprachsignale, sondern auch auf andere Geräusche zu hören oder „anders" zu hören (z.B. in Form von affektivem, von Vibrations- oder Körperhören) in den Hintergrund gedrängt. Forschungen im Bereich des Cochlea-Implantats aber zeigen, dass Lautsprache für postlingual ertaubte Menschen zwar einen wesentlichen Faktor darstellt, die Beschreibungen ihrer positiven Erfahrungen mit dem Gerät jedoch häufig auf andere, zu Nebengeräuschen degradierten akustischen Phänomenen wie Blätterrauschen, Wasserplätschern, Wind etc. verweisen.

Mit ihrem Versprechen, personalisiertes und automatisiertes situationsadäquates Hören zu ermöglichen, fokussieren digitale Hörtechnologien nicht mehr vorrangig auf sogenanntes „normales" Hören, d.h. Spracherkennen. Digitales Hören wird vielmehr auf verschiedene Zwecke ausgerichtet und entsprechend eingestellt. Dabei geht es paradoxerweise vermehrt darum, automatisch (z.B. per Geotagging-App oder durch spezifische Algorithmen) die für bestimmte Situationen oder akustische Szenarien wie „Im Restaurant", „Beim Sport im Freien", „Im Verkehr" etc. als typisch markierten Störgeräusche wie Stimmengewirr, Wind-, Straßen- oder Fahrzeuggeräusche zu unterdrücken, die genau diese Situationen doch erst zu solchen machen. Damit die schnellen manuellen Wechsel der Programme für die Träger*innen nicht allzu anstrengend werden, wird die Entscheidung für die Auswahl der auf Basis von großen Datenmengen errechneten „Szenarien" verteilt und – verantwortungsvoll – an die Automatik bzw. das Gerät delegiert und damit letztlich geblackboxed. Auf diese Weise, d.h. im Rahmen einer Art akustischer Produktgestaltung und zunehmender Plattformisierung werden immer mehr Störgeräusche ausgeschlossen, um ein individuelles und das heißt in diesem Sinne produkttypisches Klangbild und damit auch ein markenspezifisches Hören zu gestalten. Die Kontrolle der Nicht/ Hörenden über die eigene auditorische Umgebung wird dabei zum einen verstärkt, zugleich jedoch durch die verteilte Handlungsmacht problematisch, im Zuge derer die Nicht/Hörenden relativ zu einer bestimmten Anzahl „erfolgreicher" – d.h. weitestgehend von sogenannten Störungen befreiter – Hörereignisse eingestellt werden. So wird das Augenmerk auch darauf gelenkt, dass mediale Teilhabe nicht allein von menschlichen, intentional handelnden Subjekten, Kollektiven oder Institutionen abhängig ist, sondern durch je spezifische mediale Konstellationen, Umgebungen und Handlungszusammenhänge erst hervorgebracht und operationalisiert wird (Ochsner 2024; Hörl 2018).

Wenn Vilém Flusser vor einiger Zeit noch vom kritischen Potenzial der Hörapparate sprach, so scheint dies in den multiplen Verschaltungen zwischen Körper und Sinnen mit den Nahkörpertechnologien Hörgerät und/oder Smartphone neu überdacht werden zu müssen: Digitale Hörtechnologien (und damit digitales Nicht/Hören) sind ohne die sie relational mitverfertigenden Umgebungen nicht zu beschreiben; zugleich hängt die Analyse der Hörumgebungen von dem, was sie umgeben, und damit auch von der Art des Hörens ab. Smartness im Hinblick auf Unterdrückung und Filterung von Noise ist dabei ein biopolitischer Effekt spezifischer Arrangements, die exemplarische (laute) Hörszenarien mitverfertigen, um den Lärm (mitverantwortlich) zu regulieren. Wer dann nicht hört oder eben doch hört, ist selbst schuld.

Literatur

Ackermann, Max. 2003. *Die Kultur des Hörens: Wahrnehmung und Fiktion. Texte vom Beginn des 20. Jahrhunderts.* Nürnberg: Hans Falkenberg Verlag/Institut für Alltagskultur.

Angerer, Marie-Luise. 2017. *Affektökologie: Intensive Milieus und zufällige Begegnungen.* Lüneburg: meson press.

Asmuth, Christoph, Ulrike Bergermann, Beate Ochsner und Jürgen Tschorz. 2016. „Geräte zum Hören: Ko-Evolution, Teilhabe, Zumutung. Ein Gespräch". In *Parahuman: Neue Perspektiven auf das Leben mit Technik,* herausgegeben von Karin Harrasser und Susanne Rößiger, 105–18. Schriften des Deutschen Hygiene-Museums Dresden. Köln: Böhlau. DOI: 10.7788/9783412507039-009.

Beer, David. 2013. *Metric Power.* New York: Macmillan.

———. 2015. „Productive Measures: Culture and Measurement in the Context of Everyday Neoliberalism". *Big Data & Society* 2 (1). DOI: 10.1177/2053951715578951.

Blauert, Jens. 1974. Räumliches Hören. Stuttgart: S. Hirzel Verlag.

———. 2010. „Zur Terminologie der Hörakustik im Lichte der neuen DIN 1320". In *Fortschritte der Akustik. Jahrestagung für Akustik,* herausgegeben von M. Möser, 611–612. Berlin: DEGA.

Blauert, Jens und Jonas Braasch. 2008. „Räumliches Hören". In *Handbuch der Audiotechnik,* herausgegeben von Stefan Weinzierl, 87–121. Berlin, Heidelberg: Springer. DOI: 10.1007/978-3-540-34301-1_3.

Bronkhorst, Adelbert W. 2015. „The Cocktailparty Problem Revisited: Early Processing and Selection of Multi-talker Speech". *Attention, Perception, & Psychophysics* 77, Nr. 5: 1465–87. DOI: 10.3758/s13414-015-0882-9.

Bruyninckx, Joeri. 2022. „An Unquiet Quiet: The History and ‚Smart' Politics of Sound Masking in the Office". In *Techniques of Hearing,* herausgegeben von Michael Schillmeier, Robert Stock und Beate Ochsner. London: Routledge. DOI: 10.4324/9781003150763-2.

Bussolini, Jeffrey. 2010. „What Is a Dispositive?" *Foucault Studies,* Nr. 10: 85–107. DOI: 10.22439/fs.v0i10.3120.

Cage, John. 1961. *Silence: Lectures and Writings by John Cage.* Hanover: Wesleyan University Press.

Davidson, Alyssa, Nicole Marrone und Pamela Souza. 2022. „Hearing Aid Technology Settings and Speech-in-Noise Difficulties". *American Journal of Audiology* 31, Nr. 1: 21–31. DOI: 10.1044/2021_AJA-21-00176.

DeNora, Tia. 2022. „Afterword". In *Techniques of Hearing,* herausgegeben von Michael Schillmeier, Robert Stock und Beate Ochsner. London: Routledge.

DGHNO-KHC. 2021. „S3-Leitlinie Chronischer Tinnitus". Letzter Zugriff am 27. November 2024. https://register.awmf.org/assets/guidelines/017-064l_S3_Chronischer_Tinnitus_2021-09_1.pdf

Engler, Max, Frank Digeser und Ulrich Hoppe. 2022. „Wirksamkeit der Hörgeräteversorgung bei hochgradigem

Hörverlust". *HNO*, Januar, 1–13. DOI: 10.1007/s00106-021-01139-5.

Ephrat, Ariel, Inbar Mosseri, Oran Lang, Tali Dekel et al. 2018. „Looking to Listen at the Cocktail Party: A Speaker-Independent Audio-Visual Model for Speech Separation". *ACM Transactions on Graphics* 37, Nr. 4: 1–11. DOI: 10.1145/3197517.3201357.

FDA. 2023. „OTC Hearing Aids: What You Should Know". Letzter Zugriff am 28. November 2024. https://www.fda.gov/medical-devices/hearing-aids/otc-hearing-aids-what-you-should-know.

Fellbaum, Klaus. 2012. „Hörphysiologie und Psychoakustik". In *Sprachverarbeitung und Sprachübertragung*, herausgegeben von Klaus Fellbaum, 2. Aufl., 99–126. Berlin: Springer Vieweg. DOI: 10.1007/978-3-642-31503-9_4.

Flusser, Vilém. 1994. „Die Geste des Musikhörens". In *Gesten. Versuch einer Phänomenologie*, Vilém Flusser, 151–59. Frankfurt am Main: Fischer Verlag.

Fuchs, Peter. 2015. „Adressabilität als Grundbegriff der soziologischen Systemtheorie". In *Konturen der Modernität: Systemtheoretische Essays II*, Peter Fuchs, 37–62. Bielefeld: transcript. DOI: 10.1515/9783839403358 003.

Gibson, James. 1979. „The Theory of Affordances". In *The Ecological Approach to Visual Perception*, James Gibson, 127–37. Boston: Houghton Mifflin.

Gopinath, Bamini, Catherine McMahon, Diana Tang, George Burlutsky et al. 2021. „Workplace Noise Exposure and the Prevalence and 10-year Incidence of Age-related Hearing Loss". *PloS one* 16, Nr. 7. DOI: 10.1371/journal.pone.0255356.

Guattari, Félix. 2013. „Towards a Post-Media Era". In *Provocative Alloys: A Post-Media Anthology*, herausgegeben von Clemens Apprich, Josephine Berry Slater, Anthony Iles und Oliver Lerone Schulz, 26–27. London: Mute.

Hacking, Ian. 2006. „Making Up People". *London Review of Books*, 17. August, 23–26.

Hagen, Trever. 2019. *Living in the Merry Ghetto*. New York: Oxford University Press.

Hennion, Antoine. 2004. „Une sociologie des attachements". *Sociétés* 85, Nr. 3: 9–24.

Hennion, Antoine, und Bruno Latour. 2003. „Objekte zu Liebhabern machen: Über die Soziologie der Vermittlung". *Jahrbuch für Soziologie und Geschichte der Technik* 4: 64–87.

Heßler, Martina. 2016. „Gilbert Simondon und die Existenzweise technischer Objekte: eine technikhistorische Lesart". *TG Technikgeschichte* 83, Nr. 1: 3–33. DOI: 10.5771/0040-117X-2016-1.

Hirschauer, Stefan. 2017. *Un/doing Differences: Praktiken der Humandifferenzierung*. Velbrück: Velbrück Wissenschaft.

Hoppe, U., A. Hast und T. Hocke. 2014. „Sprachverstehen mit Hörgeräten in Abhängigkeit vom Tongehör". *HNO* 62, Nr. 6: 443–48. DOI: 10.1007/s00106-013-2813-1.

Hörl, Erich. 2018. „The Environmentalitarian Situation: Reflections on the Becoming-Environmental of Thinking, Power, and Capital". *Cultural Politics* 14, Nr. 2: 153–73. DOI: 10.1215/17432197-6609046.

Hörl, Erich und Mark Hansen, Hgs. 2013. *Zeitschrift für Medienwissenschaft* 8, Nr. 1: *Medienästhetik*, 10–126.

Hörl, Erich, und Beate Ochsner. 2023. „Mediale Teilhabe in Technologien der Verschaltung". In *Mediale Teilhabe: Partizipation zwischen Anspruch und Inanspruchnahme*, herausgegeben von Beate Ochsner, 21–44. Lüneburg: meson press.

Hoth, Sebastian, und Thomas Steffens. 2016. „Audiometrie: Die Untersuchung des Gehörs und seine technische Versorgung". In *Medizintechnik: Verfahren – Systeme – Informationsverarbeitung*, herausgegeben von Rüdiger Kramme, 1–61. Berlin: Springer. DOI: 10.1007/978-3-662-45538-8_15-1.

Kollmeier, Birger. 2002. „Cocktail-Partys und Hörgeräte: Biophysik des Gehörs. Physikalisch inspirierte Hörmodelle weisen den Weg zu intelligenten Hörgeräten." *Physik Journal* 1, Nr. 4: 39–45.

Kollmeier, Birger und Jürgen Kiessling. 2018. „Functionality of Hearing Aids: State-of-the-art and Future Model-based Solutions". *International Journal of Audiology* 57, Nr. sup3: 3–28. DOI: 10.1080/14992027.2016.1256504.

Launer, Stefan. o.D. „Hörgeräte – die letzte Meile ans Ohr?" Phonak Audiologie Blog. Letzter Zugriff am 28. November 2024. https://audiologyblog.phonakpro.com/de/hoergeraete-die-letzte-meile-ans-ohr/.

Lenne, Lucas, Patrick Chevret und Julien Marchand. 2020. „Long-term Effects of the Use of a Sound Masking System in Open-plan Offices: A Field Study". *Applied Acoustics* 158 (Januar). DOI: 10.1016/j.apacoust.2019.107049.

Levitt, H. 2001. „Noise Reduction in Hearing Aids: a Review". *Journal of Rehabilitation Research and Development* 38, Nr. 1: 111–21.

Lipp, Benjamin. 2017. „Analytik des Interfacing: Zur Materialität technologischer Verschaltung in prototypischen Milieus robotisierter Pflege". *Behemoth. A Journal on Civilisation* 10, Nr. 1: 107–29. DOI: 10.6094/behemoth.2017.10.1.948.

Mauldin, Laura. 2016. *Made to Hear: Cochlear Implants and Raising Deaf Children*. Minneapolis: University of Minnesota Press.

Mersch, Dieter. 2018. *Von der Arbeit des Hörens*. Mainz: Schott Campus.

Mettin, Martin. 2020. *Kritische Theorie des Hörens: Untersuchungen zur Philosophie Ulrich Sonnemanns*. Stuttgart: Metzler.

Miller, Daniel. 2008. *The Comfort of Things*. Cambridge: Polity Press.

Mills, Mara. 2012. „Do Signals Have Politics? Inscribing Abilities in Cochlear Implants". In *The Oxford Handbook of Sound Studies*. Oxford: Oxford University Press. DOI: 10.1093/oxfordhb/9780195388947.013.0077.

Mol, Annemarie. 2002. *The Body Multiple: Ontology in Medical Practice*. Durham: Duke University Press.

Morat, Daniel, Hg. 2015. *Wissensgeschichte des Hörens in der Moderne*. Berlin: De Gruyter.

Moser, Tobias. 2018. „Molekulares Verstehen des Hörens: Was ändert sich für den Patienten?" *Laryngo-Rhino-Otologie* 97 (S 01): 214–30. DOI: 10.1055/s-0043-121595.

Nancy, Jean-Luc. 2020. *Zum Gehör*. Berlin: Diaphanes.

Nierling, L., M.J.F. Maia, L. Hennen, G. Wolbring et al. 2018. *Assistive Technologies for People with Disabilities*. Part III: *Perspectives on Assistive Technologies*. Straßburg: European Parliament. DOI: 10.2861/11162.

Ochsner, Beate. 2016. „Das Cochlea-Implantat: Versprechen und Zumutungen sozialer Teilhabe". In *Parahuman: Neue Perspektiven auf das Leben mit Technik*, herausgegeben von Karin Harrasser und Susanne Rößiger, 78–91. Wien: Böhlau.

——. 2018. „Oikos und Oikonomia oder: Selbstsorge- Apps als Technologien der Haushaltung". *Internationales Jahrbuch für Medienphilosophie* 4, Nr. 1: 123–46. DOI: 10.1515/jbmp-2018-0008.

——. 2020. „Die Zukunft smarten Hörens hat begonnen' (ReSound): Anmerkungen zu einer technosensorischen Regierungspraktik". In *Physiognomien des Lebens*, herausgegeben von Vittoria Borsò, Sieglinde Borvitz und Luca Viglialoro, 161–82. Berlin: De Gruyter. DOI: 10.1515/9783110665055-010.

——. 2024. „Zum Konzept medialer Teilhabe". In *Handbuch Medientheorien im 21. Jahrhundert*, herausgegeben von Christoph Ernst, Katerina Krtilova, Jens Schröter und Andreas Sudmann, 1–17. Wiesbaden: Springer Fachmedien. DOI: 10.1007/978-3-658-38128-8_30-1.

Ochsner, Beate, Michael Schillmeier und Robert Stock, Hgs. 2022. *Techniques of Hearing: History, Theory and Practices*. London: Routlegde.

Papenburg, Jens Gerrit. 2012. „Hörgeräte: Technisierung der Wahrnehmung durch Rock- und Popmusik". Dissertation. Berlin: Humboldt-Universität zu Berlin, Philosophische Fakultät III. DOI: 10.18452/16485.

Parisi, Luciana. 2009. „Technologies of Sensations". In *Deleuze/Guattari Ecologies*, herausgegeben von Bernd Herzogenrath, 182–99. London: Palgrave-Macmillan.

Plazak, Joseph und Marta Kersten-Oertel. 2018. „A Survey on the Affordances of ‚Hearables'". *Inventions* 3, Nr. 3: 48. DOI: 10.3390/inventions3030048.

ReSound, Reg. 2016. „ReSound LiNX2 review: learn how the LiNX2 opened up a whole new world for Steve DeLuca". Gepostet xxx von 25. Juli 2016 durch @ByReSound. YouTube, 00:03:19. https://www.youtube.com/watch?v=ahwS_xWGG98.

Schlüter, Fritz. 2023. „Listening". DFG-Graduiertenkolleg Das Wissen der Künste. Letzter Zugriff am 14.11.2024. https://wissenderkuenste.de/texte/10-2/listening-zuhoeren-2/.

Schröter, Jens und Axel Vollmar, Hgs. 2013. *Auditive Medienkulturen: Techniken des Hörens und Praktiken der Klanggestaltung*. Bielefeld: transcript.

Schulz, Miklas. 2017. *Hören als Praxis*. Wiesbaden: Springer VS.

Schumacher, Beate. 2022. „Hörgerät hilft auch gegen Tinnitus". *MMW – Fortschritte der Medizin* 164, Nr. 15: 21. DOI: 10.1007/s15006-022-1864-1.

Simondon, Gilbert. 2007. „Das Individuum und seine Genese". In *Struktur, Figur, Kontur: Abstraktion in Kunst und Lebenswissenschaften*, herausgegeben von Claudia Blümle und Armin Schäfer, 29–47. Berlin: Diaphanes.

——. 2012. *Die Existenzweise technischer Objekte*. Berlin: Diaphanes.

——. 2014. „Psychosociologie de la technicité (1960-1961)". In *Sur la technique*, Gilbert Simondon, 25–129. Paris: Presses Universitaires de France.

——. 2020. *Individuation in Light of Notions of Form and Information*. Minneapolis, London: University of Minnesota Press.

Souriau, Étienne. 2013. *Die verschiedenen Modi der Existenz*. Lüneburg: meson press.

Sprenger, Florian. 2019. *Epistemologien des Umgebens: Zur Geschichte, Ökologie und Biopolitik künstlicher environments*. Bielefeld: transcript.

Steiner, Uwe C. 2012. *Ohrenrausch und Götterstimmen: Eine Kulturgeschichte des Tinnitus*. München: Fink.

Sterne, Jonathan. 2003. *The Audible Past*. Durham: Duke University Press.

Tchorz, Jürgen. 2022. „Measuring Listening Effort: An Attempt to Quantify Mental Exertion". In *Techniques of Hearing*, herausgegeben von Michael Schillmeier, Beate Ochsner und Robert Stock, 47-54. London: Routledge.

Thielmann, Tristan, Ronald Maier, Werner W. Putz und Markus G. Spitzer. 2011. „Multimodale Medientechnologien: Hörtechnologien und ihre Resonanzen". *Zeitschrift für Medienwissenschaft* 3, Nr. 1: 18–38.

Thielmann, Tristan und Erhard Schüttpelz. 2013. *Akteur-Medien-Theorie*. Bielefeld: transcript.

Thompson, Marie. 2017. *Beyond Unwanted Sound: Noise, Affect and Aesthetic Moralism*. New York: Bloomsbury Publishing.

Tkaczyk, Viktoria, Mara Mills und Alexandra Hui, Hgs. 2020. *Testing Hearing: The Making of Modern Aurality*. Oxford: Oxford University Press.

Turnbull, David. 1991. *Technoscience: World*. Geelong: Deakin University Press.

Waldschmidt, Anne. 2020. *Disability Studies zur Einführung*. Hamburg: Junius Verlag.

Internationales Jahrbuch für Medienphilosophie und Medienästhetik,
Was ist Medienästhetik?, 2024

Natascha Adamowsky

PLAYGROUNDS AND THE GROUNDS OF PLAY

ÜBERLEGUNGEN ZUM VERHÄLTNIS VON MEDIALITÄT, AISTHESIS UND ÄSTHETIK

Der folgende Beitrag behandelt einen bislang wenig beachteten Forschungsgegenstand im Bereich einer Ästhetik und Mediengeschichte des Spiels, nämlich Spielplätze im Allgemeinen und Abenteuerspielplätze im Besonderen. Ausgangspunkt ist die Annahme eines wechselseitigen Verhältnisses von Medialität, Ästhetik und Phänomenen des Ludischen. Spielplätze sind historisch spezifische Architekturen und verkörpern institutionalisierte Ideologien und Machtverhältnisse. Ihre Kulturgeschichte ist geprägt von pädagogischen, staatlichen, sozialreformerischen und künstlerischen Bewegungen, die um das Verhältnis von Freiheit, Kreativität und Kontrolle, Kindheit, öffentlichem Raum, Partizipation und Nachbarschaft ringen. Spielplätze sind inszenierte Räume, die zum Spielen einladen, und die Analyse ihrer Materialität und ästhetischen Anmutungen zielt darauf ab, Spiel in seiner Umweltlichkeit zu verstehen. Die Frage lautet also nicht nur: Was sind Spielplätze bzw. playgrounds? sondern auch: Was sind die Grundlagen, aus denen heraus sich spielerisches Geschehen entfaltet, oder anders gefragt: What are the grounds of play?

KEYWORDS

Spielplätze, Ästhetik und Aisthesis des Spiels, Medialität
und Materialität

Ein Aufsatz über Spielplätze ist vielleicht nicht das erste Sujet, das man im Kopf hat, wenn man einen Beitrag zur aktuellen Diskussion über die Spezifik medienästhetischer Denkstile und Arbeitsweisen aufschlägt. Andererseits teilen Spiel und Medialität so viele Gemeinsamkeiten, dass diese Wahl auch selbsterklärend scheinen könnte. Sowohl Spielmittel[1] als auch Medialität werden beschrieben als Ermöglichungsformen gesteigerter Erfahrung; zu ihren Kernelementen zählt das Intermediäre, das Dazwischen, das Vermittelnde; und sie teilen das erkenntnistheoretische Problem, wenn auch in unterschiedlicher Ausprägung, dem außenstehenden Beobachter nur in begrenztem Umfang zugänglich zu sein – Medien entziehen sich in gelingender Performanz der Beobachtung, und das Verständnis ludischer Situationen erfordert die Teilhabe (Adamowsky 2005, 11–30). Letzteres schließlich, das auf die Suchbewegung einer Epistemologie der Partizipation (Adamowsky 2008, 30–64) hinausläuft, teilt das Spiel mit dem Ästhetischen.

Der vorliegende Versuch, Elemente einer Kultur- und Mediengeschichte des Spielplatzes zu skizzieren, versteht sich als Beitrag, Medienästhetik in Perspektiven einer kulturwissenschaftlichen Ästhetik zu denken. Motiviert ist dieses Vorgehen durch den Umstand, dass das Verhältnis von Medialität und Aisthesis ebenso im Zentrum kulturwissenschaftlichen Mediendenkens steht wie eine Aufmerksamkeit für die technisch-materialen Bedingungen, die eine Kultur der Wahrnehmung mit einer Kultur der Medien verbinden, und die Anerkenntnis, dass diese Verbindungen selbstredend immer historisch kontingent und spezifisch sind.

Vor diesem Hintergrund erscheint die Wahl für das Sujet des Spielplatzes aufmerksamkeitsökonomisch vielleicht riskant. Nichts scheint im gegenwärtigen urbanen Alltag unattraktiver als Spielplätze; Erwachsene erleben sie als Schauplätze mieser Ästhetik und gähnender Langeweile, die nur mit Mobiltelefon und viel Latte Macchiato halbwegs bewältigt werden kann. Warum also Spielplätze? Auf diese Frage gibt es mehrere Antworten. Zunächst einmal sind und waren Spielplätze immer wieder Gegenstand progressiver Reformprojekte sowie Motiv und Objekt künstlerischer Avantgarden und aktivistischer Kollektive. Zweitens gehören Spielplätze als Teil der Reformparkbewegung zur Allmende, den *Commons* (Warpole 2000, 135–37), und haben damit ihren Ursprung im Gemeindeland. Sie sind somit Aushandlungsorte einer

147

---

1 Mit Spielmitteln sind u.a. Spielmaterialien, Spielzeuge, Spielobjekte, Spielräume, Spielskulpturen, Games, Playscapes u.v.m. gemeint.

1

Kinderspielplatz im Belle Isle Park, Detroit um 1900
(Quelle: Library of Congress, Prints and Photographs Division)

politischen Ästhetik jenseits der Antinomie von *öffentlich* und *privat,* welche moderne Wirtschafts- und Planungspolitik beherrscht. Aus dieser Tradition heraus sind Spielplätze ein signifikantes Anschauungsfeld dafür, wie es eine Gesellschaft mit der Allmende hält, welche nicht auf Eigentum, sondern auf Rechten bzw. einer eigenen Tradition des Eigentums und der Zugangsrechte basiert. Spielplätze sind drittens, anders als Spielzeuge, nicht Teil der modernen Konsumkultur, sondern gehören zu den letzten Enklaven in der modernen Geografie kollektiver Versorgung und Fürsorge. Und viertens und letztens sind Spielplätze prädestinierte Schauplätze für eine Reihe spielontologischer Fragen, die ihr Gravitationsfeld im Kreuzungspunkt von Aisthesis und Ästhetik haben: Was tun Menschen, wenn sie Spiele, Spielräume, Spielzeuge entwerfen? Was macht jene Ausstrahlung aus, die an Spielräumen und Spieldingen so anziehend ist und in der Lage, ein Spielgeschehen auszulösen? Und noch einmal anders gesagt: Was macht aus einem Ding ein Spielding, und welchen Eigenschaften oder Anmutungen ist es zuzuschreiben, dass wir dieses oder jenes als einen Raum, ein Mittel, eine Anordnung zum Spielen erkennen?

Die folgenden Ausführungen verhandeln das Thema *playgrounds* / Spielplätze im Sinne eines Werkstattberichts. Das Gegenstandsfeld ist wesentlich umfangreicher, als es zunächst den Anschein haben mag, und die englische Bezeichnung *playground* ist ganz bewusst gewählt. Denn während sich das deutsche Wort *Spielplatz* sehr eindeutig auf einen städtischen Bewegungsparcour für Kinder unter 14 Jahren bezieht,[2] verweist das englische *playground* auf ein wesentlich ausdifferenzierteres Diskursfeld. Die großen amerikanischen Nationalparks beispielsweise verstehen sich als „Playgrounds of the Nation" (Fox 1927), diverse Vergnügungsorte werben für sich als playgrounds für den Urlaub vom Alltag. Es gibt temporäre Spielzonen auf Straßenfesten, Festivals und Volksfesten, es gibt *Urban Games* und die Parcour-Bewegung, und es gibt künstlerische *Playground*-Projekte wie beispielsweise von Niki de Saint Phalle, Jean Tinguely, Bernhard Luginbühl, Carsten Höller, Olafur Eliasson, Charlemagne Palestine u.v.m. Unter einem dergestalt konturierten Blick erweisen sich Spielplätze schon nach kurzer Recherche sowohl historisch als auch ästhetisch als interessante räumliche Arrangements.

Man hat es mit historisch spezifischen Architekturen zu tun, die institutionalisierte Ideologien und Machtverhältnisse

---

2 Nähere Bestimmungen für die gesetzeskonforme Aufstellung, Pflege und Nutzung von Spielplätzen finden sich in den Spielplatzverordnungen der Kommunen. Die Sanktionen bei Verstößen sind im Bußgeldkatalog des Bundes geregelt.

2

Spielplatzobjekte der Gruppe „Sandfloh" (Quelle: Bauen und Wohnen 13/1959)

verkörpern. Ihre Kulturgeschichte ist von pädagogischen, gouvernementalen, sozialreformerischen wie künstlerischen Bewegungen bestimmt, die um das Verhältnis zwischen Freiheit und Kontrolle ringen. Divergierende Vorstellungen von Erziehung und Reformdenken, Stadtplanung und Gesellschaft, Kunst und Kindheit, Individuum und Disziplinarmacht haben hier in einem Ensemble von Bewegungen, Begegnungen und Beziehungen von und zu Dingen und Menschen im Verlauf der letzten 150 Jahre ihren Ausdruck gefunden.

Kindheit und Moderne

Kinderspielplätze sind eine „Erfindung" der Moderne. Sie sind Aushandlungsorte für die Bedeutung von Kindheit und die Frage, welches Gewicht dem öffentlichen wie offenen Raum zukommt. Wie Marta Gutman und Ning de Coninck-Smith gezeigt haben, sind eigens für Kinder geschaffene Spielumgebungen, in denen sich das Idealbild einer guten Kindheit vollzieht, für die Konstruktion einer globalisierten Moderne bzw. für die Antworten auf ihre Herausforderungen von zentraler Bedeutung gewesen (Gutman und Coninck-Smith 2008, 2–5). In noch nie dagewesener Weise erlangten die emotionalen und körperlichen Bedürfnisse von Kindern Aufmerksamkeit, die in der Entwicklung einer reichhaltigen spezialisierten materiellen Kultur ihren Ausdruck fand. Ein breiter Konsens formierte sich, dass Kinder nur unter Aufsicht und in eigens für sie entworfener Umgebung lernen und spielen sollten. Straßen, Gassen, Gehwege und Höfe galten fortan als unpassend, gefährlich oder verderblich. Ein komplexes Netzwerk der Einhegung, Lenkung und Beaufsichtigung formierte sich, in dem Personen aus verschiedensten Bereichen der Politik, Medizin, Architektur, Pädagogik, Garten- und Landschaftsplanung, aus sozialen, philanthropischen Verbänden sowie aus der Elternschaft an der Verwirklichung eines bestimmten Ideals vom glücklichen Kindsein zusammenwirkten (Gutman und Coninck-Smith 2008, 3). Das Ergebnis war eine behördlich gestaltete und verwaltete, stark regulierte öffentliche Landschaft für Stadtkinder, die meist auf insulare Konzepte und eine klare räumliche Separierung setzte. Vor allem Spielplätze waren und sind Austragungsorte und Ausdruck dieser vielfältigen Bemühungen.

Die weiteren Ausführungen bieten ausgewählte Einblicke in ein laufendes Forschungsprojekt zur Ästhetik und Kulturgeschichte des Spielplatzes in seinem erweiterten Bedeutungshorizont von

3
„A sprawling metal structure with 20-foot drops, Hiawatha Playground in Seattle", 1912
(Quelle: Library of Congress, Prints and Photographs Division)

playground. Sie sind chronologisch sortiert und folgen zunächst der historischen Genese des Spielplatzes im Allgemeinen, um sich dann einem konkreten Beispiel zuzuwenden: dem Abenteuerspielplatz, welcher insbesondere für die Spielplatzreformbewegung nach dem Zweiten Weltkrieg maßgeblich war.

Stationen einer Kulturgeschichte des Spielplatzes

Die ersten Kinderspielplätze – im Sinne einer urbanen Architektur für Kinder; das Wort *Spielplatz* lässt sich bis ins 14. Jahrhundert zurückverfolgen – entstanden Ende des 19. Jahrhunderts als Reaktion auf die veränderten Lebensbedingungen im Zuge der Industrialisierung und der stark anwachsenden Großstädte (Burkhalter 2018; Frost 2009). Vor allem in Deutschland, England und den USA standen sie im Dienst der Volksgesundheit, sollten die Kinder vor den Gefahren des Großstadtlebens schützen und Kriminalität verhindern. Auf einem Berliner Schulkongress 1890 mahnte Kaiser Wilhelm II: „Wir müssen eine kräftige Generation haben!" (zitiert nach Dragehjelm 1909, 85), woraufhin vermehrt Freilufteinrichtungen zur Förderung von Spielen und körperlichen Übungen eingerichtet wurden (Wassong 2007).

Die Konzepte und Gestaltungsvorstellungen von Spielplätzen lassen sich grob in drei Phasen gliedern, die hier sehr zugespitzt und verkürzt skizziert werden: eine Gründungsperiode, die sich bis in die 1940er Jahre zog und ihre Vorstellungen von einer körperlichen und geistigen Gesundheit des Kindes in den Mittelpunkt stellte; eine Nachkriegsepoche, die von vielfältigen Aufbruchstimmungen getragen bis in die späten 1970er Jahre reichte und Spielplätze vor allem als Vermittlungsorte für gesellschaftspolitische Einstellungen und kreative Kompetenzen verstand; und schließlich die große Zeit des „Niedergangs" der Bedeutung öffentlicher Spielplätze, die zwar immer wieder von Ausnahmen durchsetzt war, sich aber gleichwohl bis in die Gegenwart zieht.

Ertüchtigung der Jugend und kindliche Gestaltungslust

In der Anfangszeit, Ende des 19. Jahrhunderts, glichen öffentliche Spielplätze oft betreuten Freiluftturnhallen, auf denen vor allem Spiel- und Sportgeräte zur körperlichen Ertüchtigung die Szenerie beherrschten.

4

„Rings and Poles, Bronx Park" ca. 1900
(Quelle: Library of Congress, Prints and Photographs Division)

5

Children at play in Washington Park, ca. 1920
(Quelle: Library of Congress, Prints and Photographs Division)

Sie waren das Ergebnis sozialreformerischer Bemühungen, Projekte philanthropischer Gruppen, die positive Impulse für die Erziehung und Sozialisierung von Kindern und Jugendlichen setzen wollten. Für diese Anfangsphase trifft zweifellos der Befund der Schweizer Spielplatzforscherin Gabriele Burkhalter zu, dass der Spielplatz ein Nebenprodukt der industrialisierten Großstädte des 19. und frühen 20. Jahrhunderts ist (Burkhalter 2009, 13).[3] Parallel dazu gewann jedoch auch die Reformpädagogik mit ihrer Idee des kreativen Spiels im Zentrum einer kindgerechten Erziehung immer mehr an Einfluss (Keim und Schwerdt 2013). Als eine der wichtigsten Erfindungen in diesem Zusammenhang kann die Einführung des Sandkastens gelten (Adamowsky im Erscheinen). Das amorphe Medium des Sandes scheint in besonderer Weise dem damaligen Wunsch nach „naturverbundenen" Entfaltungsmöglichkeiten der kindlichen Phantasie entsprochen zu haben. Zwar haben Menschen vermutlich immer schon mit oder im Sand gespielt, doch erst im frühen 19. Jahrhundert wurde das Sandspiel von Pädagogen wie Jean Paul und Friedrich Fröbel als Gegenstand der Pädagogik entdeckt (Wiggin und Smith 1807, 87f.; Paul 1807, 87f.).

Es sind im Wesentlichen diese beiden Modelle, Kletterparcour und kreativ-bildnerisches Gestalten im Sandkasten, welche die erste Zeit der Spielplatzgeschichte dominiert zu haben scheinen. Einschlägige Innovationen wurden erst in der Nachkriegszeit einer breiteren Öffentlichkeit bekannt, beispielsweise die eben erwähnten *Junk Playgrounds*, später auch Abenteuerspielplätze genannt.

Aufbruch: Politisierung und Ästhetisierung kindlicher Spielräume

Auch die Entwicklung der Spielplatzästhetik der Nachkriegszeit folgte im Wesentlichen zwei ästhetisch entgegengesetzten Richtungen: Entweder setzte man auf avantgardistische Abstraktion in Gestalt künstlerisch avancierter *Playscapes* und Spielskulpturen, oder man orientierte sich an nostalgisch-romantischen Vorstellungen von unverstellter Naturerfahrung und einem gesunden wie ehrlichen Leben auf dem Lande. Ein Beispiel für Ersteres waren die künstlerischen Interventionen, die 1949 in Gestalt

---

3   Im Zusammenhang mit der Entwicklung des Spielplatzes vgl. Handbuch der Reformpädagogik in Deutschland (1890–1933).

6

Tufsen von Egon Møller-Nielsens (Quelle: Photographie von Sune Sundahl, 2. Mai 1949)

der abstrakten Spielskulptur *Tufsen* des schwedisch-dänischen Künstlers Egon Møller-Nielsen zunächst in den Stockholmer Volkspark und von dort aus in die internationale Spielplatzlandschaft einzogen (Ogata 2004, 129–56; Drucker 2019; Barnboken 1019). Es handelte sich um eine Mischung aus geheimnisvoller Rutsche und Kletterberg, welche die kindliche Phantasie und Neugier wecken sollte.

Møller-Nielsens Verbindung von abstrakter Kunst und Spiel im öffentlichen Raum wurde weithin als Ausdruck eines anti-elitären Kunstverständnisses rezipiert und löste ab den 1950er Jahren einen Boom in der Entwicklung neuer Spielskulpturen aus. Zum einen zog das Thema Spielplatz in die Kunstszene ein, zum anderen wurden Spielplatzplastiken zu einem Katalogobjekt für die öffentliche Hand. Städtische Ämter betrachteten es schon bald als einen Beleg ihrer Fortschrittlichkeit, für die Bestückung ihrer Freizeitanlagen abstrakte Spielskulpturen zu ordern.

In den 1960er Jahren erreichten die politischen Ideen von Selbstverwaltung und der Do-it-yourself-Bewegung auch die Spielplätze. Sie sorgten dafür, dass Spielplätze noch stärker als bisher in den Fokus einer politischen Öffentlichkeit gerieten. Herrschende Konventionen wurden radikal infrage gestellt und sollten autonomen und antiautoritären Strukturen weichen. Es entstanden Kinderläden, vom Staat unabhängige Spielangebote, Bürger- und Elterninitiativen, die gegen die vielfach desolate Spielplatzsituation protestierten und kurzerhand eigene neue Spielumgebungen organisierten. Auch Abenteuerspielplätze erhielten neuen Aufwind und progressivere Formate; im Rückblick lassen sich diese allerdings auch als politisch alternativ überzeugte Formatierungs- bzw. Einhegungsbestrebungen lesen. Aus dem Abenteuer wurde ein eingehegtes, formatiertes Abenteuer. Städtische Spielräume, gleich welcher Art, wurden nun vor allem als Gemeinschafts-aufgabe verstanden und unter die Trias Kind – Umwelt – Lern-umgebung gestellt (vgl. hierzu und zum Folgenden Burkhalter 2009, 25–30).[4] In dieser Phase waren Spielplätze wichtiges Sujet intensiver Auseinandersetzungen in Kunst, Architektur und Design, Pädagogik, Stadtplanung und Politik, in Protestbewegungen und neuen Formen bürgerlichen Engagements.

4 Siehe auch die Projekt-Dokumentation zu einzelnen Künstlern unter www. architekturfuerkinder.ch.

McDonaldisierung, Risikoangst und der Rückzug ins Private

Die kreative Aufbruchstimmung endete in den 1980er Jahren mit der sogenannten „Krise der Spielplatzgestaltung" (Burkhalter 2009, 13). Ein zentraler Grund dafür war (und ist bis heute) die Entwicklung einer „municipal risk culture" (Walsh 2006, 137) und einer damit einhergehenden Verschärfung von Sicherheitsnormen und Haftungsansprüchen. 1976 wurden sicherheitstechnische Anforderungen an Spielplatzgeräte und böden in Deutschland als DIN 7926 eingeführt und 1998 als DIN EN 1176 und 1177 zur Euronorm aktualisiert.[5] 1981 publizierte die *U.S. Consumer Product Safety Commission* die erste Ausgabe der *Guidelines for Playground Safety*, die zum Maßstab für Gartenbauämter und Spielgerätehersteller weltweit geworden ist (Burkhalter 2009, 30; Moore 2006, 86–103).[6] Renommierte Künstler, Künstlerkollektive und Initiativen zogen sich immer mehr zurück, zum einen weil das Risiko von Haftungsklagen bei Unfällen zu hoch wurde, zum anderen weil die Sicherheitsnormen innovativem Spieldesign zunehmend entgegenstanden (Dattner 1969).

Die letzten 40 Jahre Spielplatzdesign sind vor allem von Normierungsbemühungen, Sicherheitsbedürfnissen und einem Rückzug ins Private geprägt. Zum einen entspricht dies einem allgemeinen politischen Trend zur Ausweitung von Sicherheitsbestimmungen für Konsum- und Verbrauchsgüter, zum anderen drückt sich hier eine Erwartungshaltung von Eltern und Betreuungspersonen aus, die die Sicherheit ihrer Kinder in einer gefährdungsfreien Spielumgebung gewährleistet wissen wollen. Als Fundament einer freiheitlich-demokratischen Gesellschaft hat sich die Idee von Kindheit zu einem privaten Wettbewerbsprojekt von Eltern gewandelt, die den Anspruch verinnerlicht haben, in erster Linie für ihre eigenen Kinder zu sorgen. Was übrig bleibt, hat die Kunsthistorikerin Susan Solomon als „McDonald's Model" beschrieben: „plastic climbing structures with attached slides similar to those made popular by fast-food chains, who created standardized playground structures for their PlayPlaces" (Salomon 2005, 29). Zwar ist die Idee des Abenteuerspielplatzes nach wie vor an einigen ausgewiesenen Orten wie London (Norman 2005) oder

---

5   Aktuell: DIN EN 1176 – Normenreihe zur Wartung und Prüfung von Spielgeräten am Spielplatz.
6   Siehe auch The United States Consumer Product Safety Commission: Public Playground Safety Handbook.

New York präsent (Gleeson 2006)[7] und es gibt auch wieder einige Künstler und Architekten, die den Spielplatz als Möglichkeitsraum begreifen; aber ein übergreifendes Bestreben, im Modell des Spielplatzes neue Formen urbaner Kollektivität, Freiheit und Geselligkeit zu entwickeln, ist nicht in Sicht.

Die Freiheit, die richtigen Spiele zu spielen: Widersprüche im modernen Spieldiskurs

Wie diese kurze Geschichte des Spielplatzes zeigt, sind die Ansprüche an seine ästhetische Gestaltung und mediale Vermittlungsleistung von einem Widerspruch geprägt. Einerseits wird in der Moderne Spiel mehrheitlich als spontaner, vergnüglicher und freiheitlicher Impuls konzeptualisiert; es soll dem spielenden Subjekt das Erlebnis von Freiheit und Autonomie bescheren. Andererseits sind moderne Gesellschaften von dem Drang geprägt, Spiel allgemein und insbesondere das Spiel von Kindern und Jugendlichen zu rationalisieren und nach Maßgabe sozialer, pädagogischer und politischer Vorgaben zu modellieren. Diese Doppelbewegung westlicher Kulturen hin zu einer Idealisierung des Spiels als Pfad oder Hort von Freiheit, Selbstentfaltung und Glück einerseits und dessen vermeintlich notwendiger Disziplinierung, Regulierung und Instrumentalisierung andererseits mit der Absicht, unerwünschte Spielformen einzuhegen und konkrete Spieltätigkeit anzuleiten, lässt sich mannigfaltig nachvollziehen (Sutton-Smith und Kelly-Byrne 1984, 305–20; Adamowsky 2019; Feige, Ostritsch und Rautzenberg 2018, 27–42): an Spielphilosophien und theorien, an der Geschichte der Pädagogik und Erziehungswissenschaften, der Institutionengeschichte (Kindergarten, Hort, Schule, Sportverein), den Stadt- und Bauverordnungen für Parks, Spiel- und Sportanlagen, anhand gesetzlicher Spielverbote oder auch einer umfangreichen Ratgeberliteratur, die das geeignete Spielzeug zur rechten Zeit für das richtige Kind empfiehlt. Es ist ein Widerspruch, der sich auf allen Ebenen und auch mit den besten Absichten findet, etwa in der UN-Resolution zur Erklärung der Rechte des Kindes vom 20. November 1959: „Das Kind hat volle Gelegenheit zu Spiel und Erholung, die den gleichen Zielen wie die Erziehung dienen sollen; die Gesellschaft und die öffentlichen Stellen bemühen sich, die Durchsetzung dieses Rechts zu fördern." Klarer lässt sich das Paradoxon des modernen Spieldiskurses kaum

Natascha Adamowsky

---

7 Siehe auch Projekt *The Yard*.

auf den Punkt bringen: Moderne Gesellschaften verpflichten sich, Kinder mit Mitteln zum Spielen auszustatten, aber das Was, Wo und Wie des Spiels ist nicht „Sache" des Kindes, sondern folgt einem übergeordneten, wissenschaftlich fundierten Erziehungskonzept. Insbesondere in den ersten drei Jahrzehnten der Nachkriegszeit hat dieser Widerspruch zahlreiche Künstlerinnen, Pädagogen, Aktivistinnen und engagierte Bürger angeregt, nach alternativen Formen zu suchen und andere Wege – emanzipatorisch, anti-autoritär, partizipatorisch – zu beschreiten. Eine dieser Entwicklungen nahm von den Abenteuerspielplätzen ihren Ausgang, deren Wurzeln interessanterweise in die 1930er Jahre zurückreichen.

Carl Theodor Sørenson und der „Skrammellegeplads" in Dänemark

In der ersten Jahrhunderthälfte hatte sich in Dänemark die Überzeugung etabliert, dass das Spiel der Kinder „natürlich" sein und in einer naturnahen Umgebung stattfinden müsse (vgl. hierzu und zum Folgenden Coninck-Smith 1999). Spielplätze sollten dementsprechend ein Stück Natur in das Leben der Stadtkinder bringen, und um diese Verbindung von sozialem Engagement, „guter Kindheit" und „richtigem" Spiel bestmöglich umzusetzen, bevorzugte man eine nostalgische Vision vom einfachen und ehrlichen Landleben.

Auch der Landschaftsarchitekt Carl Theodor Sørenson teilte die Idee, im Motiv der ländlichen Idylle eine Verbindung von innerer und äußerer Natur ins städtische Leben integrieren zu können. Seine Vorstellung vom Naturerlebnis in der Stadt sah u.a. einen mindestens 50 Kubikmeter großen Sandkasten vor, der den Strand evozieren sollte, ein riesiges Planschbecken für das Meer sowie eine durchgehende, von Büschen und verschlungenen Wegen umgebene Rasenfläche, die die Anmutung von Wiesen, offenen Feldern und stillen Waldlichtungen repräsentieren sollte. Weil Sørenson keine klassischen Spielobjekte einplanen wollte, kam er auf die Idee, den Kindern Werkzeuge und verschiedenste Baumaterialien anzubieten, woraus sich das Konzept eines Trödel- oder Abenteuerspielplatzes entwickelte. Das atmosphärische Angebot bestand also einerseits aus einer Umweltlichkeit, erfahrbar als „Durchzug der natürlichen Medien" (Böhme 1995, 15) Erde, Wasser und Luft, andererseits aus den raumgreifenden Ding-Ekstasen von Abfall und technisch-künstlerischen Werkzeugen. Damit sind gleich mehrere grundlegende medienästhetische Fragen adressiert, beispielsweise: Welcher Art müssen Atmosphären sein, dass Weggeworfenes nicht in seiner Nutzlosigkeit, sondern potenziellen Gestaltbarkeit wahrgenommen wird? Und: Was an dieser Szenerie inspiriert einen Wechsel von ontologischen Was-Fragen – ein kaputter Schuh, ein löchriger Topf, eine verfluste Decke – hin zu partizipatorischen Wie-Fragen im Sinne einer praxeologischen, aisthetischen Erkenntnis?

Sørenson schrieb erstmals über seine Idee in dem für die europäische Landschaftsplanung überaus einflussreichen Buch *Parkpolitik* von 1931 und verwendete den Begriff *Skrammellegeplads*, Gerümpel- oder Schrottspielplatz (Sørensen und Thomassen 1931). In dem oben erwähnten Artikel formulierte er dann sein Konzept erstmals aus:

> Finally we should probably at some point experiment with what one could call a junk playground. [...] There could be branches and waste from tree polling and bushes, old cardboard boxes, planks and boards, „dead" cars, old tyres and lots of other things. Of course it would look terrible, and of course some kind of order would have to be maintained; but I believe that things would not need to go radically wrong with that sort of situation. (Sørensen und Thomassen 1935, 61)

Erstmals taucht hier das Element des *junks* im Rahmen einer Ästhetik von Spielräumen auf. Mit ihm werden neue Akzente gesetzt – Offenheit, Unbestimmtheit von Objekten und Materialien, kindliche Autonomie in deren Wahrnehmung und Verwendung –, die der Idee des Spielplatzes völlig neue Denkrichtungen eröffneten. Zwar blieb die Öffentlichkeit lange skeptisch, so dass es über zehn Jahre dauern sollte, bis der erste Skrammellegeplads 1943 in Emdrup bei Kopenhagen eingeweiht werden konnte, doch der Erfolg stellte sich unmittelbar ein (Coninck-Smith 1999, 14).

Sørensens Gerümpelspielplatz wurde ein riesiger Erfolg und innerhalb weniger Jahre weit über die Grenzen Dänemarks hinaus berühmt. Das Konzept wurde als wegweisend wahrgenommen und löste vielerorten Nachahmung und Neuinterpretationen aus. Gemeinsam war allen Variationen die Ablehnung vorgefertigter Spielgeräte, denn Inhalte und Bedeutungen sollten allein aus dem Handeln der Kinder entstehen: aus der Freude am Experimentieren und Herstellen, dem Wunsch, eigene Welten und Geschichten zu entwerfen, aus der Lust am Abreißen und Zerstören.

In historischen Rückblick überraschen die Diskrepanzen zwischen Anspruch und Umsetzung. Wie etwa konnte in der

7

Der Skrammellegeplads in Emdrup bei Kopenhagen (Quelle: Fotograf Lennart af Pettersen; Stadtmuseum Stockholm)

damaligen Wahrnehmung ein Arrangement von Gerümpel, Sandkästen, eingehegten Wasser- und Grünflächen als „authentische Naturerfahrung" durchgehen? Sørensen wollte, dass Kinder Natur erleben, gleichzeitig aber sollten sie auch vor Regen, Wind und Sturm geschützt werden. Kinder sollten durchs Unterholz streifen und auf Bäume klettern, allerdings nur, wenn Letztere kletterbaumsicher und die Büsche ausgelichtet waren. Diese Ambivalenz setzt sich fort im Aufeinandertreffen gegensätzlicher Materialarten wie Naturstoffe und Zivilisationsmüll, mit denen die Motive des Findens und Entdeckens in die Spiellandschaft einziehen. Nicht, dass die Verwendung von Gefundenem oder Ausrangiertem eine dänische Weltpremiere gewesen wäre, aber Sørensens spezifische Verbindung von Naturidyll einerseits und anti-ästhetisch erscheinenden Elementen des Weggeworfenen und Nutzlosen andererseits, von Bewegungsparcour und dem Gestaltungsangebot, vieles zu werden, wurde als radikal neu und innovativ beschrieben.

Der Abenteuerspielplatz / The Junk Playground

Im August 1946 besuchte die englische Landschaftsarchitektin und Kinderrechtsaktivistin Lady Allen of Hurtwood das dänische Experiment in Emdrup. Nach ihren eigenen Worten sei sie sofort „completely swept away" gewesen (Allen und Nicholson 1975, 205), was noch im gleichen Jahr zur Veröffentlichung eines großen Artikels in der *Picture Post* führte: „Why Not Use Our Bomb Sites Like This?" (Hurtwood 1946, 26–27).

Der reich bebilderte Aufsatz begeisterte die englische Öffentlichkeit. Das dänische Spielplatzmodell schien in idealer Art und Weise geeignet, um den Wiederaufbau nach dem Krieg und die Regeneration der englischen Gesellschaft voranzutreiben. Gleichzeitig wurde die *Junk*-Ästhetik äußerst kontrovers aufgenommen: Wer in zerbombten Städten lebte, konnte in Schutt und Abfall keine innovativen Materialien erkennen (Kozlovsky 2008, 174). Erst nachdem Lady Allen den Namen der neuen Spielplatzart in „Abenteuerspielplatz" geändert hatte, gelang es, für das Ethos dieses neuen Sozialisierungsprojektes breite Unterstützung zu wecken. Binnen kürzester Zeit wurde das Spiel der Kinder mit dem Schutt auf bombardierten Kriegsbrachen ein wichtiges Thema für Konferenzen, Zeitungsartikel und Ausschüsse (Kozlovsky 2008, 176–78).

Lady Allen adressierte den Abenteuerspielplatz als „revolutionäres" Projekt. Sie beschrieb ihn als Lösung für die durch

8

Lollard Adventure Playground London, späte 1950er Jahre
(Quelle: www.ragpickinghistory.co.uk/post/adventure-playgrounds)

Krieg und Zerstörung geprägten *Kinder der Nation*, die bedauerlicherweise auf der Straße herumlungerten und zu kriminellen Aktivitäten neigten. Vor dem Hintergrund der allgemeinen Diskussion über die Art des Wiederaufbaus englischer Städte nach dem Krieg nahm sich Allens Vorschlag, Kriegsbrachen temporär und äußerst kostensparend in Spielplätze zu verwandeln,[8] zunächst eher pragmatisch-fürsorglich aus. Ihr emanzipatorisch-fortschrittliches Anliegen jedoch war, den schrittweisen Wiederaufbau unter Beteiligung der Bevölkerung zu planen. So sollten Abenteuerspielplätze beispielsweise aus lokalen Elterninitiativen entstehen und von den Kindern selbst mit Hilfe von Nachbarn und Freiwilligenorganisationen gebaut werden. Allen sorgte dafür, dass die Spielplätze als eigenständige Vereine geführt wurden, in deren Komitees Anwohnerinnen, Pädagoginnen, Sozialarbeiter, Kommunalpolitiker und in einigen Fällen auch Geistliche vertreten waren (Hurtwood 1986).

Auf diese Weise avancierten Abenteuerspielplätze im England der Nachkriegszeit zum Spielplatz der Zukunft.[9] Befürworter stilisierten sie zu theatralen Inszenierungen eines kathartischen Dramas, welches die Gesellschaft als ganze von den zerstörerischen Erfahrungen des Krieges heilen und Kinder und Jugendliche in friedliebende Bürger verwandeln sollte. Das Angebot war in der Tat ein radikaler Neuanfang, sowohl auf konzeptueller Ebene – Verantwortung, Risiko, Selbstbestimmung –, als auch in Hinblick auf die Materialien: Schutt, Kaputtes, Abfall, scharfe, spitze Gegenstände, Werkzeuge, Feuer … Das Vertrauen in die kindliche Kraft ging allerdings nicht so weit, dass man den *postwar builders* zutraute, ihr regeneratives, demokratieförderndes, verantwortungsstiftendes Treiben komplett selbständig zu regeln. Abenteuerspielplätze waren und sind auf die Anwesenheit eines Spielleiters angewiesen, der die Verwendung von Werkzeugen und Materialien verwaltete, Sicherheit gewährleistete und das Verhalten der Kinder lenkte (vgl. Chilton 2018, 157–78). Während also das Programm des Abenteuerspielplatzes darauf zielte, die spielerische Eigeninitiative der Kinder zu unterstützen und das kindliche Spiel „aus seinem Inneren heraus" wachsen zu lassen, sah die praktische Umsetzung eine ständige Beobachtung und professionelle Anleitung vor. Vor diesem Hintergrund behaupteten Kritiker des Konzepts, keine radikalen Unterschiede zu herkömmlichen Spielplätzen erkennen

---

8 Die meisten Abenteuerspielplätze waren temporär; im Zuge des Wiederaufbaus wurden viele Grundstücke sukzessive den Eigentümern zurückgegeben.
9 Einen Einblick in die Aufbruchstimmung der Nachkriegszeit am Beispiel Englands gibt der Dokumentarfilm *Come out to Play Reel 2* von British Pathé.

zu können. Erstens, so das Gegenargument, erfüllten Abenteuer- wie normale Spielplätze die gleiche Funktion, nämlich soziale Kontrolle und räumliche Separierung. Zweitens gehe es mitnichten um eine Befreiung des kindlichen Spiels von sozialpolitisch-pädagogischer Instrumentalisierung, sondern, ganz im Gegenteil, um eine Intensivierung der Effektivität dieser Politik (vgl. zu dieser Kontroverse Kozlovsky 2009, 195–217). Spiel, so das Gegenargument, prominent vorgetragen beispielsweise von David Cohen, solle gefördert werden, weil es Spaß mache, und nicht, weil es eine Anleitung zu Autonomie und Freiheit sei (Cohen 1987, 32f.).

Letzterem kann man zustimmen oder auch nicht. Zentral für das hier verhandelte Erkenntnisinteresse ist, dass die Argumente für wie auch gegen Abenteuerspielplätze weniger von konkreter Anschauung getragen als vielmehr gesellschaftspolitisch munitioniert waren. Anstelle einer analytischen Betrachtung konkreter Spielsituationen trifft man auf eine Diskurspolitik des Spiels, die dieses entweder als soziale Kontrolle versteht oder zum Medium der Befreiung stilisiert. Die sich im Abenteuerspielplatz manifestierenden Machtmodelle könnten so etwa eine Gesellschaft der Disziplinierung von Subjekten, die zuvor frei waren, spiegeln oder aber auch einer Politik der Selbstoptimierung entsprechen, in deren Verlauf die Mitglieder den Zwang, frei zu sein, verinnerlicht hätten.

Eine solche machtpolitische Lesart von Spielplätzen im Allgemeinen und dem Abenteuerspielplatz im Besonderen bleibt blind für deren ästhetische Spezifik. Zudem wäre zu ergänzen, dass sich die Herrschaft des Autos über den Straßenverkehr, die Erklärung von Höfen und Parks zu Ruhezonen, von Wiesen zu Liegeflächen und Grünstreifen zu Hundeauslaufgebieten wahrscheinlich tiefer in die allgemeine kindliche Weltwahrnehmung eingeprägt haben dürften als ambitionierte, betreuungsintensive und daher vergleichsweise seltene Abenteuerspielplätze. Auch ist grundsätzlich daran zu erinnern, dass sich eine Verbindung von konkreter Spielplatzgestaltung und kindlicher Persönlichkeitsentwicklung bislang nicht hat nachweisen lassen und vermutlich auch nicht nachweisbar ist. Was, wo, wie und womit Kinder spielen, ist selbstredend bedeutsam, aber die Idee einer kausalen Verbindung von Spielobjekt und erwünschtem Verhalten ist eine westliche Invention, die im 17. Jahrhundert ihren Ausgang genommen hat (Sutton-Smith 1986, 125).[10]

10 „What is more obvious is that, since the appearance of toys in the seventeenth century, we have steadily and progressively developed a belief that there is a connection between toys and achievement."

Drittens haben Spielplätze natürlich eine entscheidende Rolle bei der Separierung von kindlicher und Erwachsenenwelt gespielt und mit strengen räumlich-materialen Vorgaben einstmals autonome Kinderspielkulturen, insbesondere im Bereich der Straßenspiele, zurückgedrängt. Dennoch spielen Kinder auf Spielplätzen und jenseits davon, seit gut 150 Jahren, egal wie langweilig oder gouvernemental die Spielplatzkritik das Angebot auch finden mag. Und immer entwickeln sie dabei eigene Muster, Räume, Stile und Geschichten (Opie 1993). Deshalb sollte man viertens und jenseits berechtigter Einwände festhalten können, dass die Einladung, Kinder mit Müll und Schutt, vorgefundenen Gegenständen und ungeformten Materialien im Kontext einer Ästhetik der Freiheit und Selbstermächtigung spielen zu lassen, zumindest bemerkenswert ist. Vor allem, wenn man berücksichtigt, dass viele europäische Abenteuerspielplätze zunächst auf zerbombtem Gelände gegründet und teilweise mit Kriegsschutt ausgestattet wurden, und dies, obwohl doch gerade Kindheit und Spiel nach den gängigen Idealen frei von Gewalt, Gefahr, Krieg und Zerstörung sein sollten, kommt man nicht umhin, hier die Entwicklung einer neuen politischen Ästhetik im öffentlichen Raum zur Kenntnis zu nehmen.

Ästhetische Annäherungen: Vorüberlegungen und Perspektiven

Abenteuerspielplätze sind, wie alle Spielplätze, inszenierte Räume, die zum Spielen einladen. Bemerkenswert ist, dass ihnen trotz großer Unterschiede im Erscheinungsbild eine unmittelbare Erkennbarkeit als ludische Umgebungen eigen ist, die nicht im Vorhandensein eines Geräteparcours aufgeht. Um ihrer spezifischen Ästhetik näherzukommen, werden sie deshalb zunächst als räumliche Anordnungen aus Materialien und Dingen, Anordnungen und Formen verstanden, die zur Teilhabe „aufrufen". Wie eine erste Sichtung von photographischen und filmischen Materialien nahelegt,[11] handelt es sich vor allem um ein Zusammentreffen aisthetischer Qualitäten und affektiver Energien, die eine Umweltlichkeit von gesteigerter Intensität erzeugen und zu Erkundung und Begegnung einladen. Ihre

---

11 National Playing Fields Association, o.D. (*Adventure Playgrounds*); *Come out to Play reel 2 (1950–1959)* ab Minute 4; *London: First permanent Adventure Playground opened – Interviews with warden and children (1965); Seven Up! excerpt – London Adventure Playground, 1964; London Play archives – This Is Our Playground (circa late 1960); Adventure Playgrounds, Bristol, 1974.*

9

*Der schwedische Minister Olof Palme mit seinen Söhnen bei einem Besuch von The
Model. A Model for a Qualitative Society (1968) von Palle Nielsen
(im Katalog S. 95, s. Quelle zu Abb. 12)*

besonderen Wahrnehmungs- und Bewegungsangebote befördern die Bereitschaft, eine Bewegung ins Uneindeutige und Ungedeckte zu wagen. Letzteres könnte ein Grund dafür sein, dass die Ästhetiken von Abenteuerspielplätzen, oder Anleihen an sie, in aktionistisch-utopischen Kunstprojekten eine wiederkehrende Rolle spielen.

Betrachtet man die spezifische dinglich-materiale Konstellation eines Spielplatzes im Allgemeinen und des Abenteuerspielplatzes im Besonderen, könnte sich die Vermutung einstellen, Theorien der Relationalität und des Entanglements, beispielsweise aus dem Feld des *New Materialism* oder der *Feminist Science Studies*, würden sich als erhellend erweisen. Zweifellos lässt sich ein Spielplatz problemlos als ein mit Dingen gefüllter Raum beschreiben, die eine Wirkung oder Macht haben. In diesem Sinne könnte man Spielplätze mit Karen Barad als einen verschränkten Zustand von Agenturen (Springgay 2016, 63)[12] betrachten, oder, wie Sarah Ahmed, als ein relationales Feld, in dem Objekte nicht auf sich selbst reduzierbar sind, sondern durch die Körper, die ihre Zeit dort verbringen, konstituiert und umformuliert werden.[13] Man könnte sie als eine Ansammlung von Bewegungen und Begegnungen von Präsenzen betrachten, die materiell, dunstig und gefühlsmäßig sein können (Knight 2016, 18f.), als Ansammlungen von Orten und Ereignissen, bei denen Objekte und Bewegungen eine affektive Kraft haben, oder einfach als öffentliche Strukturen, die das Verhalten der Menschenmenge auf bestimmte Weise manipulieren und ordnen.

Fraglich ist jedoch, inwiefern diese Ansätze geeignet sind, das konkrete Gegenstandsfeld des Spielplatzes, seine Kulturgeschichte, seine spezifische Medialität und Ästhetik zu erhellen. Denn wenn die ganze Welt als ein einziges Entanglement von Dingen und Menschen verstanden wird, ist die Beschreibung eines spielerischen Modus als *entangled* oder *relational* nicht hinreichend. Zweifellos sind Spielplätze, ja letztlich alle Spielformen, Modelle, um Menschen und Dinge zusammenzubringen, doch wenn dies in aktuellen Konzeptualisierungen als ein Grundzug von Kultur erscheint, ist zwar einmal mehr der kulturkonstitutive Status des Spiels belegt, nicht aber seine kulturhistorische Spezifik und ontologische Eigenart.

---

12 Springgay bezieht sich auf Karen Barad, „Posthumanist Performativity: Toward an Understanding of how Matter Comes to Matter".
13 Eine solche Lesart von Ahmeds Aufsatz „Orientations matter" vertritt Robert J. Helfenbein (2010).

10

Riccardo Dalisi, Workshops für neapolitanische Kinder, frühe 1970er Jahre
(Quelle: //www.riccardodalisi.it/en/)

Adamowsky, Natascha. 2005. *Die Vernunft ist mir noch nicht begegnet: Zum konstitutiven Verhältnis von Spiel und Erkenntnis*. Bielefeld: transcript.

——. 2008. „Eine Natur unbegrenzter Geschmeidigkeit: Medientheoretische Überlegungen zum Zusammenhang von Aisthesis, Performativität und Ereignishaftigkeit am Beispiel des Anormalen." In: *Was ist ein Medium?*, herausgegeben von Stefan Münker und Alexander Roesler, 30–64. Frankfurt am Main: Suhrkamp.

——. 2018. „Spiel/en". In *Philosophie des Computerspiels: Ästhetik – Theorie – Praxis*, herausgegeben von Daniel M. Feige, Sebastian Ostritsch und Markus Rautzenberg, 27–42. Stuttgart: Metzler.

——. Im Erscheinen. „Produktive Unbestimmtheit: Playgrounds and Sandboxes als aisthetische Ermöglichungsformen; ein Werkstattbericht" In *Spiegelkabinett. Reflexionen der Designforschung* 1, Pforzheim: Online-Publikation.

Adventure Playgrounds, Bristol, 1974. Letzter Zugriff am 22. August 2024. www.youtube.com/watch?v=lI3oQjZHgbk.

Allen, Marjory [Baroness Allen of Hurtwood]. 1946. „Why Not Use Our Bomb Sites Like This?" *Picture Post*, 17. November 1946.

——. 1986. *Planning for Play*. London: Thames & Hudson Ltd.

—— und Mary Nicholson. 1975. *Memoirs of an Uneducated Lady: Lady Allen of Hurtwood*, London: Thames & Hudson Ltd.

„Architektur für Kinder". Letzter Zugriff am 3. März 2023. www.architekturfuerkinder.ch

Böhme, Gernot. 1995. *Atmosphäre: Essays zur neuen Ästhetik*. Frankfurt am Main: Suhrkamp.

Burkhalter, Gabriele. 2018. *The Playground Project*. Zürich: JRP Ringier.

„Bußgeldkatalog des Bundes". Letzter Zugriff am 2. März 2023. https://www.bussgeldkatalog.org/oeffentliche-spielplaetze/#bkat.

Chilton, Tony. 2018. *Adventure Playgrounds: A Brief History, Aspects of Playwork*. Play and Culture Studies, No. 14. Lanham: Hamilton Books.

Cohen, David. 1987. *The Development of Play*. London, New York: Routledge.

Come out to Play reel 2 (1950–1959). Letzter Zugriff am 22. August 2024. www.britishpathe.com/asset/75273/.

Coninck-Smith, Ning de. 1999. „Natural Play in Natural Surroundings: Urban Childhood and Playground Planning in Denmark, c. 1930-1950". Working Paper 6, Department of Contemporary Cultural Studies, The University of Southern Denmark, Odense.

Dattner, Richard. 1969. *Design for Play*. New York: Van Nostrand Reinhold Company.

„DIN EN 1176: Normenreihe zur Wartung und Prüfung von Spielgeräten am Spielplatz".
Letzter Zugriff am 6. März 2023. https://www.forum-verlag.com/blog-ov/din-en-1176.

Dragehjelm, Hans. 1909. *Das Spielen der Kinder im Sande.: Praktische Ratschläge und Winke zur Förderung des Sandspielens für Haus, Schule, Spielplatz und Behörde, zusammengestellt auf Grundlage amtlicher und anderer Berichte aus den verschiedenen Ländern*. Kopenhagen: Verlag von Tilge's Buchhandlung.

Drucker, Elina. 2019. „Play Sculptures and Picturebooks: Utopian Visions of Modern Existence". *Barnboken: Tidskrift för barnlitteraturforskning/Journal of Children's Literature Research* 42, S. 1–22. DOI: 10.14811/clr.v42i0.433.

Feige, Daniel M., Sebastian Ostritsch und Markus Rautzenberg, Hgs. 2018. *Philosophie des Computerspiels: Ästhetik – Theorie – Praxis*. Stuttgart: Metzler.

Fox, Florence C. 1927. *Playgrounds of the Nation: A Series of Projects on Outdoor Recreation and the Conservation of Forest Live Developed Through a Study of State Parks and Forests*. Washington: Bureau of Education Bulletin, No. 20.

Frost, Joe L.. 2009. *A History of Children's Play and Play Environments: Towards a Contemporary Child-Saving Movement*. New York: Taylor & Francis Ltd.

Gleeson, Brendan und Sipe, Neil Hgs. 2012. *Creating Child Friendly Cities, Part 2: Reinstating Kids in the City*, London: Routledge.

Gutman, Marta und Ning de Coninck-Smith, Hgs. 2008. *Designing Modern Childhoods: History, Space, and the Material Culture of Children*. New Brunswick, New Jersey and London: Rutgers University Press.

Helfenbein, Robert J. 2010. „Preface". In *Paedagogical Matters, New Materialisms and Curriculum Studies*, herausgegeben von Nathan Snaza, 234-257. New York u.a.: Peter Lang Verlag.

Keim, Wolfgang und Ulrich Schwerdt, Hgs. 2013. *Handbuch der Reformpädagogik in Deutschland (1890–1933)*. Teil 1: *Gesellschaftliche Kontexte, Leitideen und Diskurse*. Frankfurt am Main u.a.: Peter Lang Verlag.

Knight, Linda. 2016. „Playgrounds as Sites of Radical Encounters", in *Paedagogical Matters, New Materialisms and Curriculum Studies*, herausgegeben von Nathan Snaza, 13–28. New York u.a.: Peter Lang Verlag.

Kozlovsky, Roy. 2008. „Adventure Playgrounds and Postwar Reconstruction". In *Designing Modern Childhoods*, herausgegeben von Marta Gutman und Ning de Conninck-Smith, 171 –90. New Brunswick u.a.: Rutgers University Press.

——. 2009. „Intimate Space and Postwar Subjectivity". In *Intimate Metropolis. Urban Subjetcs in the Modern City*, herausgegeben von Vittoria Di Palma, Diana Periton und Marina Lathouri, 195–217. London, New York: Taylor & Francis Ltd.

*London: First Permanent Adventure Playground
Opened: Interviews with Warden and Children
(1965)*. Letzter Zugriff am 22. August 2024.
www.britishpathe.com/asset/139986/.

*London Play archives: This Is Our Playground
(circa late 1960)*. Letzter Zugriff am
22. August 2024. www.youtube.com/
watch?v=9-fhzPS8teo.

Moore, Robin. 2006. „Playgrounds: A 150-
Year Model". In *Safe and Healthy School
Environments*, herausgegeben von Howard
Frumkin und Robert Geller, 86–103. New
York: Oxford University Press.

National Playing Fields Association, o.D.
Adventure Playground, Letzter Zugriff
am 22. August 2024. www.youtube.com/
watch?v=Uwj1wh5k5PY.

Norman, Nils. 2005. „The Homerton Playscape
Multiple Struggle Niche". Letzter Zugriff am
3. März 2023. http://www.cityprojects.org/.

Ogata, Amy F. 2004. „Creative Playthings:
Educational Toys and Postwar American
Culture". *Winterthur Portfolio* 39, Nr. 2/3:
129–56.

Opie, Iona. 1993. *The People in the Playground*.
Oxford: Oxford University Press.

Paul, Jean. 1807. *Levana oder Erziehungslehre*.
Braunschweig: Vieweg.

Salomon, Susan. 2005. *American Playgrounds:
Revitalizing Community Space*. Lebanon,
New Hampshire: University Press of New
England.

*Seven Up! excerpt – London Adventure
Playground, 1964*. Letzter Zugriff am
22. August 2024. www.youtube.com/
watch?v=BeWpnkTKLp4

Sørensen, Carl Theodor und Ole Thomassen. 1931. *Parkpolitik: Sogn Og Kabstad*.
Kopenhagen: Christian Ejlers.

Sørensen, Carl Theodor und Ole Thomassen.
1999. „Etagehusets Have". In: *Arkitektens
Manedshaefte*, 1935.

Springgay, Stephanie. 2016. „Mediating with
Bees: Weather Bodies and a Pedagogy of
Movement", In *Pedagogical Matters: New
Materialisms and Curriculum Studies*, heraus-
gegeben von Nathan Snaza, 59–73. New York
u.a.: Peter Lang Verlag.

Sutton-Smith, Brian und Diana Kelly-Byrne.
1984. „The Idealization of Play". In *Play in
Animals and Humans*, herausgegeben von
Peter K. Smith, 305–20. Oxford: Blackwell
Publishers.

The United States Consumer Product Safety
Commission. 2010. „Public Playground
Safety Handbook". Letzter Zugriff am
6. März 2023. www.cpsc.gov und https://
playgroundsafety.org/safetm-resources/
guidelines-standards-and-best-practices.

Walsh, Prue. 2006. „Creating Child Friendly
Spaces". In *Creating Child Friendly Cities:
Reinstating Kids in the City*, herausgegeben
von Brendan Gleeson und Neil Sipe, 136–50.
London: Taylor & Francis Ltd.

Wassong, Stephan. 2007. *Playgrounds und Spiel-
plätze: Die Spielbewegung in den USA und in
Deutschland 1870–1930*. Aachen: Meyer &
Meyer Verlag.

Wiggin, Kate Douglas und Nora Archibald
Smith. 1900. *The Republic of Childhood II:
Froebel's Occupations*. Cambridge: The River-
side Press.

Worpole, Ken. 2000. *Here Comes the Sun:
Architecture and Public Scape in Twentieth-
Century European Culture*. London: Reaktion
Books.

„The Yard". Letzter Zugriff am 2. März 2023.
www.play-ground.nyc.

Internationales Jahrbuch für Medienphilosophie und Medienästhetik,
Was ist Medienästhetik?, 2024

Bettina Papenburg

POSTDIGITALE WELTRAUMÄSTHETIK

Jene Bildwelten, die am Computer hergestellt werden, eröffnen einen besonderen medienreflexiven Zugang zum Verständnis von Wahrnehmungsmodalitäten und Erkenntnispraktiken. Während computergenerierte Bilder im Film der Medienästhetik vor rund zehn bis fünfzehn Jahren als Ausgangspunkt dienten, um das Verhältnis zwischen den „alten" und den „neuen" Medien näher zu bestimmen, wurde die Frage nach der Modulation der Wahrnehmung durch diese Bilder lediglich angeschnitten, aber nicht weiter ausgearbeitet. Etwa im gleichen Zeitraum formierte sich eine interdisziplinäre Diskussion um die Allgegenwart der elektronischen Datenverarbeitung, die sowohl in der Technologiebranche als auch in der philosophischen Reflexion künstlerischer Praktiken mit Rekurs auf den Begriff des Postdigitalen geführt wird. Bezugnehmend auf diese beiden Theorielinien beabsichtigt der vorliegende Beitrag, der gegenwärtigen medienästhetischen Forschung durch eine Schärfung des Konzepts einer postdigitalen Ästhetik Rechnung zu tragen. Der Beitrag zielt darauf ab, das Konzept des Postdigitalen aisthetisch zu wenden. Dazu schließt er an Reflexionen zum Konzept des Postdigitalen an, wie sie in Überlegungen zur Rezeption von Medienkunst angestellt wurden. Zur Erläuterung werden Fallbeispiele aus dem Gebiet der Weltraumforschung und ihrer Popularisierung im filmischen Medium herangezogen.

KEYWORDS
postdigital, Aisthesis, Datenbilder, Computergrafik, Immersion

Gegenwärtige Inszenierungen des Weltraums im populärwissenschaftlichen Dokumentarfilm gewinnen ihren ästhetischen Reiz vor allem aus digitalen Bewegtbildern, die sich über Datensätze auf kosmische Phänomene indexikalisch zurückbeziehen. Die Datensätze ergeben sich aus teleskopisch erhobenen Messdaten, die in vielfachen Transformationsschritten in sichtbare Bilder umgewandelt werden, die ihrerseits mit kommerziellen Techniken aus der Unterhaltungsindustrie zu Bewegtbildsequenzen weiterverarbeitet werden. Dabei beziehen sich die Bildgestaltung gegenwärtiger Weltraumfilme wie auch die Kameraeinstellungen und virtuellen Kamerabewegungen immer wieder auf Vorbilder aus dem Science-Fiction-Genre zurück, mit dem Ergebnis, das Unbekannte nicht nur sichtbar, sondern als immersives Erlebnis multimodal erfahrbar zu machen und über die gesamtleibliche Erfahrung einen Zugang zu komplexen kosmischen Phänomenen zu eröffnen.

Der Beitrag verortet sich an der Schnittstelle zwischen Wissenschaftsforschung, Filmwissenschaft und Medienästhetik. Eine erste Definition des Begriffs Medienästhetik soll von den Wortursprüngen abgeleitet werden: Das lateinische Wort *medium* bedeutet Mitte, Mittler; das griechische Wort *aisthesis* bezeichnet die Wahrnehmung, sinnliche Anschauung und sinnliche Erkenntnis. Zielsetzung der Medienästhetik wäre es demnach, eine Reflexion über die technisch-medialen Bedingungen von Wahrnehmungsweisen als Erkenntnispraktiken einzuleiten. In anderen Worten würde die Aufgabe der Medienästhetik darin bestehen, zu erforschen, wie medientechnische Umwelten Wahrnehmungsakte rahmen, um einen Erkenntnisgewinn zu ermöglichen, und auf diesem Wege das Thema zu erörtern, wie Medientechniken die menschliche Sinneswahrnehmung grundlegend umgestalten.

Damit ist die übergreifende Frage angesprochen, wie sich die Medienästhetik zu den angrenzenden Gebieten der Medientechnik und der Medienepistemologie verhält. Um dieses Verhältnis näher zu bestimmen, soll im Folgenden zunächst ein aisthetischer Zugang zur Medienästhetik konturiert, die Diskursgeschichte des Postdigitalen[1] in knapper Form dargelegt und sodann das Konzept der

1 Parallel zur Diskussion um das Postdigitale entspann sich auch ein Diskurs um das Virtuelle und die Virtualität. Zwei Zugänge zum Virtuellen und zur Virtualität, die in eine ähnliche Richtung wie die hier vorgeschlagenen Überlegungen zum Postdigitalen gehen, haben etwa Philip Rosen und Medienwissenschaftler*innen aus dem Bochumer Umfeld entwickelt. Rosen (2001, 336) hebt in seiner kritischen Reflexion der Logik der ,digitalen Utopie' die Virtualität als einen technischen Modus hervor, der verspricht, das Begehren nach Interaktivität zu realisieren. Anders als in diesem Verständnis von Virtualität zielt der Begriff des Postdigitalen, wie er hier konturiert wird, darauf ab, die Diskussion auf Wahrnehmungsmodalitäten auszurichten, die sich zwar psychophysisch

postdigitalen Ästhetik hergeleitet werden. Mithilfe von Methoden aus den Science and Technology Studies soll in einem folgenden Schritt aufgezeigt werden, wie teleskopisch erhobene Messdaten in digitale Bilder umgewandelt werden und wie diese Bilder, die mit den bildgebenden Verfahren der Astrophysik hergestellt werden, für die populäre Rezeption im Planetarium oder IMAX-Kino mit verschiedenen weiteren computergestützten Methoden wie Compositing und 3D-Animation weiterverarbeitet werden. Sodann soll bezugnehmend auf einen Videovortrag einer Computergrafikerin dargestellt werden, wie Fachleute beabsichtigen, einem breiten Publikum mittels astrophysikalischer Bilder, die mit Techniken aus der Unterhaltungsindustrie weiterverarbeitet werden, Einsichten in kosmische Phänomene zu vermitteln. Um das Konzept des Post-digitalen schärfer zu konturieren, soll ein prädigitales mit einem postdigitalen Filmbeispiel im Hinblick auf die jeweiligen Wechsel-wirkungen zwischen Herstellungsweisen, Erscheinungsformen und Wahrnehmungsmodalitäten jener Bilder verglichen werden, die kosmische Phänomene in den menschlichen Wahrnehmungs-bereich übertragen, und herausgearbeitet werden, welche Zugangsweisen zu diesen Phänomenen die filmische Inszenierung des Flugs durch ein Schwarzes Loch im Film *2001 – A Space Odyssey* (USA/UK 1968, Regie: Stanley Kubrick) und durch den Orionnebel im Film *Hubble 3D* (USA 2010, Regie: Toni Myers) eröffnet. Für die gegenwärtige Diskussion zur Medienästhetik ergibt sich hieraus eine Stärkung jener Forschungsrichtung, die die menschliche Sinneswahrnehmung heraushebt und ihre Erkenntnispotenziale reflektiert.[2]

Bettina Papenburg

vollziehen, nicht aber notwendigerweise auf motorische Interaktion mit den medien-technologischen Umwelten, in denen sie sich entfalten, angewiesen sind. Der Bochumer Diskurs entwickelt den Virtualitätsbegriff über die „medientechnologische[] Implementierung" und die „Errichtung von artifiziellen Umwelten" (Rieger, Schäfer und Tuschling 2021, 3) hinaus und argumentiert, das Virtuelle sei in der Jetztzeit in unserer Lebenswelt angekommen (Kasprowicz und Rieger 2020, 2). Das Augenmerk der Forschung müsse dabei auch auf dem „Subjekt des Wahrnehmens und Erlebens" liegen, „das zwischen virtuellen Eigenschaften und denjenigen, die durch die Gegenbegriffe bezeichnet werden sollen, unterscheidet" (Rieger, Schäfer und Tuschling 2021, 3). Der Fokus auf das Subjekt und die Wahrnehmung leitet auch die hier entfalteten Über-legungen. Ich danke Natascha Adamowsky für den Hinweis auf die Bezüge zwischen dem Postdigitalen und dem Virtuellen.

2   Michel Foucault (2012, 24) bezeichnet die *episteme* als die kulturellen Möglichkeits-bedingungen von Erkenntnis, das heißt „die Konfigurationen [...], die den ver-schiedenen Formen der empirischen Erkenntnis Raum gegeben haben". An anderer Stelle schreibt Foucault: „Die fundamentalen Codes einer Kultur, die ihre Sprache, ihre Wahrnehmungsschemata, ihren Austausch, ihre Techniken, ihre Werte, die Hie-rarchie ihrer Praktiken beherrschen, fixieren gleich zu Anfang für jeden Menschen die empirischen Ordnungen, mit denen er zu tun haben und in denen er sich wiederfinden wird" (Foucault 2012, 22). Von besonderem Interesse für den vorliegenden Beitrag sind die Wahrnehmungsschemata und die Techniken sowie die sich wandelnde Beziehung zwischen beiden als Rahmen, in dem Erkenntnisse gewonnen werden.

Medienästhetik als Aisthetik

Medienästhetik wird im vorliegenden Beitrag nicht auf das Schöne, die Kunsterfahrung oder die Medienanalyse reduziert, sondern vielmehr als aisthetischer Ansatz konzipiert, der sich auf die Erforschung des Verhältnisses zwischen Medientechnik, Sinneswahrnehmung und Erkenntnis richtet. Diesen wahrnehmungszentrierten Ansatz hat die medien-, film- und bildwissenschaftliche Forschung zur Synästhesie und zur Inter- und Multimodalität der Wahrnehmung vor fünfzehn bis zwanzig Jahren aufgegriffen (etwa Hansen 2006; Curtis, Glöde und Koch 2010), kontinuierlich weiterverfolgt (etwa Sachs-Hombach et al. 2018) und zuletzt auch mit Methoden der Digital Humanities substantiiert und objektiviert (etwa Kappelhoff und Bakels 2011; Bakels et al. 2020). Diese Forschungsrichtung bezieht ihre Inspiration maßgeblich aus der Filmphänomenologie (Sobchack 1992, 2004a, 2004b; Shaviro 1993; für eine Weiterführung siehe Curtis 2006; Morsch 2011; Ferencz-Flatz und Hanich 2016). Mit Rückbezug auf diesen Ansatz wird hier ein anderer Weg eingeschlagen als etwa jener, den das Auftaktinterview (Parisi und Hörl 2013) des Themenhefts zur Medienästhetik der *Zeitschrift für Medienwissenschaft* vorschlägt. Die dort vorgestellten Überlegungen schließen an die Kybernetik an, verabschieden sich vom menschlichen Subjekt und verkürzen die Ästhetik auf Algorithmen. Wenngleich im Folgenden auch Spielarten der apparativen Wahrnehmung berücksichtigt werden, bleibt doch das Subjekt als wahrnehmende*r Akteur*in für die hier angestellten Überlegungen zentral.

Der vorliegende Beitrag perspektiviert Ästhetik vorrangig als Aisthesis, das heißt als sinnliche Erkenntnis. Medienästhetik, wie sie hier verstanden wird, fokussiert auf die Wahrnehmung, den Affekt und die emotionale Bewegung, die medientechnische Umwelten initiieren. Medienästhetik bezieht auch die Medienanalyse ein, das heißt die Form und Gestaltung von Bildern und medialen Umwelten und ihre Wirkung auf die Rezipierenden, erweist sich aber als nicht darauf reduzierbar. Die digitale Ästhetik – das heißt die Gesamtheit der am Computer erzeugten Bildwelten – gehört zum Gegenstandsbereich der Medienästhetik, aber nur insofern, als sie der Medienästhetik aufgibt, die Wirkungs- und Rezeptionsweisen dieser Bildwelten zu erforschen.

Postdigital wird die Medienästhetik, wenn sie die *Wahrnehmung* digitaler Bilder in den analytischen Fokus rückt und die rekursiven Verflechtungen der menschlichen Bildwahrnehmung mit der digitalen Bildproduktion adressiert. Eine ältere Spur, der sie hierbei folgen sollte, findet sich etwa in den Überlegungen, die Stuart Hall zur Kodierung und Dekodierung von Fernsehnachrichten angestellt hat. Hall schreibt: „Zirkulation und Rezeption [sind] ‚Momente‘ des Produktionsprozesses im Fernsehen und werden mittels einer Vielzahl verzerrter und strukturierter ‚Feedbacks‘ in den Produktionsprozess selbst eingebaut" (Hall 1999, 95). Hall zufolge wird die Rezeption von den Produzierenden bereits mitbedacht und reflexiv in die Konzeption und Gestaltung von Medienerzeugnissen einbezogen. Anders als informationstheoretische Zugänge (wie bei Max Bense 1960, 1965; siehe auch Greenfield 2005), die auf Mathematik, Computertechnik und Produktionsästhetik fokussieren, konzipiert Hall Produktion und Rezeption als miteinander verbundene Dimensionen eines zirkulären Prozesses.

Im oben genannten Themenheft der *ZfM* nimmt die Diskussion zur Medienästhetik Bezug auf den philosophischen Ästhetikdiskurs, wie er zu Beginn der 1990er Jahre im deutschsprachigen Raum geführt wurde. Dieser Diskurs forcierte die Engführung des Begriffs Medienästhetik auf Computerkunst und Computersimulation (zum Beispiel Rötzer 1991; Welsch 1993) und auf den Begriff des Scheins, eine Fokussierung, die dann zum Begriff des Erscheinens (bei Seel 2003, 2007) weitergeführt wurde. In seiner kritischen Stellungnahme zu diesem Diskurs setzt sich Jens Schröter vor allem mit den Positionen von Wolfgang Welsch und Martin Seel auseinander und schlägt im Unterschied dazu „eine Medienästhetik mittleren Typs" vor. Diese bestimmt er als „eine Ästhetik, ja Aisthetik der vor-digitalen Medien [...], die durch ihre verschobene digitale Wiederholung neu sichtbar (und hörbar) werden" (Schröter 2013, 91). Als Beispiel nennt Schröter den computergrafischen Fotorealismus, wie er etwa in den Filmen *Terminator 2: Judgment Day* (USA 1991, Regie: James Cameron) oder *Jurassic Park* (USA 1993, Regie: Steven Spielberg) umgesetzt wird. Schröter fokussiert besonders auf die virtuelle Kamera und die analoge Störung. In seinen Überlegungen zur Medienästhetik geht es ihm dabei weniger um eine erneute Zentralstellung der Wahrnehmung selbst, sondern vielmehr um Remediationseffekte. Jay David Bolter und Richard Grusin (2000) definieren Remediation als einen Prozess, der die medialen Eigenschaften eines Mediums hervorhebt. Dabei erwiesen sich das Streben nach Realismus und das Zurschaustellen des Medialen als zwei miteinander verbundene Strategien. Schröters Ausführungen zielen, anders als Bolters und Grusins, weniger darauf, die rückbezüglichen Effekte von digitalen

Medien auf prädigitale Medien aufzuweisen, sondern vielmehr darauf, zu zeigen, wie prädigitale Medien in digitalen Medien aufscheinen. Wenngleich Schröter, darin Bolter und Grusin ähnlich, vornehmlich auf produktionsästhetische Phänomene fokussiert, so berücksichtigt er doch auch deren wirkungsästhetische Effekte. Damit erweisen sich seine Überlegungen als anschlussfähig für die hier entwickelten Überlegungen zum Wechselverhältnis von Medientechnik und Medienästhetik.

Damit ist auch nochmals angedeutet, dass Medienästhetik nicht auf digitale Ästhetik, sprich, auf Computerkunst (wie etwa bei Rötzer 1991; Rottmann 2005, 2023; Warnke 2014) oder durch auf mehreren Ebenen operierende („convolutional") Neuronale Netzwerke generierte Kunst (beispielsweise Steyerl 2018; Zylinska 2020) reduziert werden sollte. Genauso wenig sollte die Medienästhetik die Wahrnehmung in den Bereich des ‚maschinellen Denkens‘ (etwa Parisi und Portanova 2011) oder „maschinellen Sehens" (etwa MacKenzie und Munster 2019) verschieben, wie es im Anschluss an einen prozessphilosophischen Zugang zur Ästhetik unternommen wurde. Die Medienästhetik sollte vielmehr in historisch und kulturell präzise situierten Einzelfallstudien aufweisen, wie apparative Gefüge und technische Infrastrukturen die Wahrnehmung maßgebend ausrichten und grundlegend verändern (siehe hierzu beispielgebend Vogl 2001).

Hierfür bietet eine Linie der philosophischen Diskussion Anschlussmöglichkeiten, die auf die Wahrnehmung von Umwelten und Umgebungen fokussierte und den Begriff der Atmosphäre erneut einführte, auffächerte und für die Analyse ästhetischer Phänomene anschlussfähig machte. Gernot Böhme (1995) zielte darauf ab, den Atmosphärenbegriff erneut zu bestimmen, einen Begriff, mittels dessen er die Forschung zur Stimmung und zum Affekt perspektivierte. Diese Überlegungen werden gegenwärtig in der film- und medienwissenschaftlichen Forschung weitergeführt (etwa bei Hven 2022–2026). Seinen Zugang zur Ästhetik entwickelte Böhme über die Neue Phänomenologie von Hermann Schmitz, die auch in der jüngeren und gegenwärtigen medienästhetischen Diskussion rezipiert wird. Christiane Heibach (2012) etwa greift Böhmes Hinweis auf Hermann Schmitz auf und konturiert Parallelen und Differenzen zwischen der phänomenologischen Wahrnehmungsforschung, wie Schmitz sie betrieb, und der kybernetischen Forschung in den 1960er Jahren (Heibach 2020). Während es Ziel der Neuen Phänomenologie war, „umfassendere Theorien des ganzheitlich verfassten Spürens" (Heibach 2020, 2) zu formulieren, zielte die

Kybernetik darauf ab, „Systeme künstlicher Intelligenz nach dem Muster des menschlichen Gehirns zu modellieren" und brachte auf diese Weise „die Problematik sinnlicher Wahrnehmungsmodalitäten" (Heibach 2020, 2) auf. Der Phänomenologe Schmitz prägte den Begriff des gesamtleiblichen Empfindens, einer ganzheitlichen Wahrnehmungsmodalität, die der sensorischen Differenzierung, wie sie etwa von der Physiologie vorgenommen wird, vorgängig ist und diese komplementiert. Die Kybernetik zielte hingegen auf technische Lösungen ab, das heißt den Bau relativ simpler Sensor-Aktor-Systeme, die erhellen sollten, wie die menschliche Wahrnehmung funktioniert. Dabei verdeutlichen die Beispiele, die Heibach anführt, – wie etwa Grey Walters Roboter-Schildkröten oder Gordon Pasks künstliches Ohr – durch ihre Reduktion der Sinneswahrnehmung auf wenige Aspekte einmal mehr, wie außerordentlich komplex die multimodale und selbstbewusste menschliche Wahrnehmung im Unterschied zu den Formen ihres technischen Nachbaus ist.

Die bis hierher skizzierten Überlegungen zur Medienästhetik sollen in einem folgenden Schritt mit dem Begriff des Postdigitalen zusammengeführt werden. Dabei soll das Postdigitale als eine rezeptionsästhetische Kategorie zugespitzt werden.

Analog / digital / postdigital

Die Kybernetiker John von Neumann, Norbert Wiener und Alan Turing assoziierten in den 1940er Jahren das Analoge mit einer „zugrundeliegenden Realität" der Natur. Demgegenüber galt das Digitale als „Fiktion" oder „Artefakt", wenngleich als höchst nützliches und effektives Artefakt, wie N. Katherine Hayles (1999, 24) hervorhebt. Seit dem Beginn der 2000er Jahre stellt nicht nur die Alltagssprache das Analoge dem Digitalen als Pendant gegenüber. Auch der medienwissenschaftliche Diskurs dieser Zeit nahm eine binäre Unterscheidung vor, die das Digitale als das Diskrete definierte und es dem Analogen als dem Kontinuierlichen gegenüberstellte (siehe maßgebend Kittler 2002; Hagen 2002; Ernst 2004). Geht man zurück zum Wortursprung, eröffnet sich allerdings eine andere Perspektive. Der Begriff „digital" leitet sich her vom lateinischen Wort *digitalis*, das von *digitus*, Finger oder Zeh, kommt (Peters 2016, 93). Als erster „digit" kann der Zeigefinger, der „index finger", gelten. Damit sind die Fragen nach der Referenz – der Zeigefinger verweist auf etwas – und der Manipulation angesprochen. Der Begriff „Manipulation" bezieht sich ebenfalls auf das Haptische; er geht auf die lateinischen Begriffe *manus,* Hand, und *plere,* füllen, zurück. Sybille Krämer hat das Digitale als eine „Kulturtechnik der Verflachung" (2016, 15) beschrieben, die einen Erkenntnismodus ermöglicht, der sich aus dem „Minimalismus formal-operativer Aisthesis" (2022, 138) diagrammatischer Darstellungsformen ergibt. Auf diesen Gedanken werde ich noch zurückkommen.

Für die im Folgenden entwickelten Überlegungen mögen die jüngsten Einsichten des US-amerikanischen Medien- und Kulturwissenschaftlers Alexander Galloway (2022) zu analogen und digitalen Denkstilen als richtungsweisend gelten. Dabei rechnet Galloway etwa die Phänomenologie mit ihrem Fokus auf Leiblichkeit und Sinneswahrnehmung dem Analogen zu und ordnet den Strukturalismus und die Semiotik, die auf einer binären Logik gründen, als digitale Denkstile ein. Die Pointe von Galloways Argumentation besteht darin, aufzuweisen, dass wir gegenwärtig in einem „Goldenen Zeitalter des Analogen" lebten. Er schreibt: „[A]t a moment of ubiquitous computing, the world is imbued with a series of analog cultural techniques, from assemblages and topologies to affects and sensations to contingency and heterogeneity to that most analog of analog conditions, *the real*" (Galloway 2022, 215).

Damit weist Galloway auf zwei Tatbestände hin, die für eine Auswahl medientechnischer und medienästhetischer Schlüsselbegriffe als richtungsweisend gelten können. Zum Ersten lenkt er mit den Begriffen der Assemblage und der Topologie das Augenmerk gleichermaßen auf apparative Anordnungen und technische Dispositive wie auch auf mediale Ökologien und das Zusammenwirken von menschlichen und nicht-menschlichen Aktanten. Zum Zweiten hebt er die entscheidende medienästhetische Einsicht hervor, dass Affekten und Empfindungen unter gegenwärtigen digitalen Medienbedingungen eine Schlüsselrolle in der Theoriebildung zukommt. Damit gibt Galloway einen wichtigen Hinweis für die Bestimmung einer postdigitalen Ästhetik.

Das Verständnis des Postdigitalen, das ich hier vorschlagen möchte, erweist sich als anschlussfähig an das Konzept des Nichtberechenbaren, „the uncomputable", wie Galloway (2021) es andernorts entwickelt. Galloway argumentiert, dass die Fokussierung auf die Geschichte des Digitalen und des Computers Kategorien wie den Affekt und die ästhetische Erfahrung als ihr Anderes konsequent ausschloss und weiterhin ausschließt. Er schreibt:

> [W]hile computers have colonized the globe in recent
> years, they also excel at various practices of exclusion. The
> excluded term might be „intuition," or it might be „aes-
> thetic experience." It might be the „flesh" or „affect." The
> excluded term might evoke a certain poetry, mysticism,
> or romanticism. Or it might simply be life, mundane and
> unexceptional. „Uncomputable" means all of these things,
> and more. (Galloway 2021, 19)

Wenn hier von postdigitaler Ästhetik die Rede ist, so bedeutet dies nicht eine Re-Analogisierung der ästhetischen Erfahrung, die diese aus dem „digitalen Raum", dessen Existenz die irreführende Metapher des „Cyberspace" glauben machen will, herauslöst und in den geteilten sozialen Raum wie etwa das Museum oder das Theater zurückführt. Das Konzept des Postdigitalen, das hier entwickelt wird, entkoppelt sich ebenfalls von der Logik einer zeitlichen Abfolge, die medienhistorische Entwicklungen durch Zäsuren wie diejenige zwischen Analog und Digital und zwischen Digital und Postdigital perspektivieren möchte und dabei die Unterhaltungselektronik zum empirischen Fokus nimmt und den Sprung ins Postdigitale am ubiquitären Gebrauch stationärer und mobiler Computer festmacht (für eine Reflexion eines derartigen Verständnisses siehe Cramer 2014). Das Konzept einer postdigitalen Ästhetik unterstreicht vielmehr die Notwendigkeit, zu untersuchen, wie Medientechniken des Digitalen, etwa Mess- und Sensortechniken und digitale Bildverarbeitung, aber auch Programmiersprachen und Maschinelles Lernen, und die Artefakte, die mittels dieser Techniken produziert werden, das menschliche Sensorium ausweiten, akzentuieren und effektiv umgestalten.

Damit spitzt sich die Frage nach der Koevolution von Mensch und Technik als Herausforderung für die Medienästhetik dahingehend zu, dass ihr Ziel darin bestehen muss, Leiblichkeit, Wahrnehmung, Erfahrung, Empfindung und Affekt zum Kern der Reflexion des anhaltenden gegenwärtigen medienkulturellen Transformationsprozesses zu machen. Die Medienästhetik muss folglich jene Dimensionen zentral stellen, die ein informationstheoretisches Ästhetikverständnis dezidiert ausgeklammert hatte. Letztgenanntes findet sich etwa bei Max Bense und auch in späteren computerwissenschaftlichen Zugängen zur Ästhetik, wie etwa auf der First Eurographics Conference on Computational Aesthetics und auch bei Frieder Nake und bei denjenigen, die seine Arbeit affirmativ rezipieren, wie etwa Martin Warnke (2014). In diese Richtung geht auch eine technizistische Medientheorie deutscher Prägung, beispielsweise Florian Rötzer.

Das Konzept des Postdigitalen kommt erstmals in einem Aufsatz des US-amerikanischen Musikwissenschaftlers Kim Cascone aus dem Jahr 2000 vor. Cascone griff dort ein Zitat von Nicholas Negroponte auf, dem Mitbegründer des Media Lab am Massachusetts Institute of Technology. 1998 diagnostizierte Negroponte in seiner Kolumne in der Zeitschrift *Wired*: „The digital revolution is over." Damit bezog er sich auf den im Jahr 1998 ubiquitären Gebrauch von Computern in Arbeits- und Alltagswelt. In anderen Worten, das Digitale sei am Ende des Milleniums avanciert zu „the new normal".

Seither ist ein bislang noch überschaubares Textkorpus zum Begriff des Postdigitalen und zur postdigitalen Ästhetik erschienen. Die womöglich schärfste Kritik am Postdigitalen formuliert die feministische Medienwissenschaft. In ihrem Abgesang auf die Zukunft des Digitalen, der sich ganz besonders gegen eine objektorientierte Medientheorie und ihre Arbeits-, Sprach-, Körper- und Subjektvergessenheit wie auch gegen die alternativlos daherkommenden Zukunftsutopien, die die Technologiebranche entwirft, richtet, identifizieren Caroline Bassett, Sarah Kember und Kate O'Riordan (2020, 14) das Postdigitale als einer unkritischen Fortschrittslogik zugehörig. Das Konzept tradiere ein warenförmiges Zeitverständnis (Bassett, Kember und O'Riordan 2020, 12) und werde als Attribut des Posthumanen zu einem Symptom der Angst (Bassett, Kember und O'Riordan 2020, 19). Bemerkenswert an den Überlegungen zum Postdigitalen erscheint dabei weniger die zeitdiagnostische Periodisierung, die dort vorgeschlagen wird. Positionen der medienwissenschaftlichen Bildungsforschung etwa (beispielsweise Fawns, Aitken und Jones 2021; Macgilchrist 2021) datieren das Postdigitale auf die Zeit nach der Covid-19-Pandemie, das heißt auf eine Zeit, in der das Alltagsleben und die universitäre Forschung und Lehre von einem digitalen Modus, das heißt von der Kommunikation per Videokonferenz, auf computergestützten Lehr- und Lernplattformen sowie auf Blogs und Vlogs, zu einem analogen Modus, das heißt zu Formaten der leiblich ko-präsenten Lehrveranstaltung in Hörsaal, Seminarraum und Labor zurückkehrten. Eine derartige Periodisierung, die das Postdigitale als das dem Digitalen Nachfolgende begreift, erinnert auf frappierende Weise an den für die Medienwissenschaft im deutschsprachigen Raum formativen Diskurs zur Leitdifferenz analog/digital, wie er zu Beginn der 2000er Jahre geführt wurde. Dieser an und für sich anregende Diskurs erweist sich an den Punkten als problematisch, an denen er sich auf die binäre Unterscheidung in analog, sprich kontinuierlich, und digital, sprich diskret, richtet und die binäre Logik des Digitalen betont. Als zielführender für medienästhetische Überlegungen erweist sich jener Diskursstrang zum Postdigitalen, der Retrotrends etwa in der Netzkunst (Cramer 2014) oder im Computerspiel (Thibault 2016) reflektiert. Und Positionen, die die wechselseitige Bezogenheit von analogem Raum und digitalen Technologien fokussieren (Taffel 2016 für die Stadtplanung; Kölmel und Ströbele 2023 für die Skulptur), erweisen sich als anregender als Ansätze, die die Ununterscheidbarkeit des Analogen und des Digitalen in „post-digitalen Objekten" wie etwa der digitalen Hand-schrift aufzeigen (etwa Wickberg 2020).

Diese Ansätze konzentrieren sich allerdings zumeist auf die Produktionsästhetik. Einige Positionen im Diskurs zum Post-digitalen heben innerhalb des Ästhetikdiskurses die Rezeptions-ästhetik gegenüber der Produktionsästhetik hervor und lenken den Fokus explizit auf das Affektiv-Materielle (etwa Philipsen 2014) und auf das anschauliche Denken (etwa Boesma 2014). An diese Positionen schließt der hier entwickelte Ansatz an. Die nachfolgenden Beispielanalysen zielen darauf ab, die Diskussion um die digitalen Medien durch eine dezidiert medienästhetische Fokussierung auf die Sinneswahrnehmung neu zu justieren. Damit bietet sich das Konzept des Postdigitalen in besonderer Weise dafür an, die Auseinandersetzung mit digitalen Medien aisthetisch auszurichten.

Vereinfacht gesagt: Der Leib und seine Empfindungsfähigkeit sind ja mit dem Ubiquitärwerden digitaler Medientechnologien nicht verschwunden. Medienwissenschaftler*innen wie Wolfgang Ernst, Barbara Flückiger und Jens Schröter haben in ihren Kom-mentaren zur Analog-digital-Unterscheidung darauf hingewiesen, dass das menschliche Wahrnehmungssystem im analogen Modus operiert. Bei Wolfgang Ernst etwa heißt es: „Erst in aisthetischer Form, also phänomenologisch wird die Operation des Computers für menschliche Sinne fassbar" (Ernst 2004, 62). Barbara Flückiger unterstreicht diesen Gedanken, wenn sie in ihren Ausführungen zu digitalen Spezialeffekten beobachtet, dass das digitale Bild sich sowohl über seine Speichermedien als auch über „die Materialität seiner Oberfläche, auf der es [...] in einer für den Rezipienten wahrnehmbaren Dimension erscheint" (Flückiger 2008, 42), mit der physikalischen Welt verbindet. Und drittens manifestiert sich „das Analoge" auf der Ebene der Rezeption, da „digitale Medien", wie Schröter mit Recht feststellt, „auf ihren Oberflächen *ais-thetisch* analog bleiben". Der Grund dafür ist allerdings nicht, dass

„menschliche Sinne nur kontinuierliche Schwingungen verarbeiten können" (Schröter 2004, 25), wie er argumentiert. Wie Flückiger mit Bezug auf die Filmwahrnehmung und die Bildwahrnehmung am Computerbildschirm zutreffend bemerkt, ist es vielmehr „eine genuine Eigenschaft des menschlichen Wahrnehmungssystems, insbesondere des visuellen Systems, dass es diskontinuierliche Erscheinungen zu einem Ganzen verschmilzt, wenn die zeitlichen oder räumlichen Einheiten klein genug sind" (Flückiger 2008, 40). Auch wenn „die binär kodierten Informationen wieder in physikalische Dimensionen übersetzt werden müssen, die für das menschliche Wahrnehmungssystem zugänglich sind", so ist es – sagt Flückiger – doch keinesfalls „so, dass diese Daten kontinuierlich aufbereitet werden müssen", da die Übersetzung „in elektromagnetische Strahlung im sichtbaren Bereich zwischen circa 400 und 700 nm" (Flückiger 2008, 40) vom Grafikprogramm geleistet wird. Und auch Ernst erkennt an, dass beispielsweise bei der Digitalisierung von Audiosignalen, ähnlich wie im Fall von Bewegtbildern im Film und im Fall der Grauwert-Skalen in der digitalen Bilderzeugung, oberhalb bestimmter Schwellenwerte eine Unterscheidung zwischen den zusammengefügten diskreten Einheiten, die der menschlichen Wahrnehmung als eine kontinuierliche Form dargeboten werden, nicht mehr möglich ist. Schröter, Flückiger und Ernst weisen alle drei darauf hin, dass digitale Daten und analoge Signale in bestimmten Bereichen für die menschliche Wahrnehmung nicht unterscheidbar sind. Damit sprechen sie eine Aufgabe der Medienästhetik an, und zwar einen Beitrag in Form einer aisthetischen Neuausrichtung des medienwissenschaftlichen Theoriediskurses zu leisten.

Forschungsbeispiele

Im Folgenden möchte ich anhand der Kontrastierung zweier Forschungsbeispiele zeigen, was eine derartige Neuausrichtung zu leisten vermag. Beim ersten Beispiel handelt es sich um den Spielfilm *2001 – A Space Odyssey* von Stanley Kubrick. Der Film wurde im Jahr 1968 im Auftrag von MGM gedreht. Die Ästhetik des dritten und letzten Teils, auf die ich das Augenmerk lenken werde, lebt von visuellen Spezialeffekten, die überwiegend mit fotografisch-analogen und chemisch-analogen Methoden erzeugt wurden. Als zweites Beispiel soll der Dokumentarfilm *Hubble 3D* diskutiert werden, der im Jahr 2010 im Auftrag der NASA produziert wurde. Die an einem virtuellen Set hergestellten Bewegtbildsequenzen, die den analytischen Fokus bilden, verarbeiten Datensätze, die das Hubble-Weltraumteleskop erhoben hat. Während das erste Filmbeispiel, vereinfacht gesagt, vorwiegend mittels prädigitaler Techniken hergestellt wurde, durchdringen im zweiten Filmbeispiel computergestützte Methoden der Datenerhebung sowie der Bildverarbeitung und Bildbearbeitung den gesamten Herstellungsprozess. Über den Vergleich soll gezeigt werden, dass die beiden Filme, obwohl sie unterschiedlichen Genres angehören und mit ganz verschiedenen Techniken produziert wurden, eine ästhetische Verwandtschaft aufweisen. Zudem soll thematisiert werden, wie technische und ästhetische Fragestellungen einander beeinflussen und durchdringen.

Prädigitale Weltraumästhetik in 2001 – A Space Odyssey

Der Film *2001 – A Space Odyssey* gilt als Meilenstein des Science-Fiction-Genres. Seine stilbildende Ästhetik inspiriert Filme des Genres bis in die heutige Zeit. Dies belegen nicht zuletzt Filme aus den vergangenen Jahren wie etwa *Gravity* (USA/UK 2013, Regie: Alfonso Cuarón), *Interstellar* (USA/UK 2014, Regie: Christopher Nolan) und *High Life* (F/D/UK/PL 2018, Regie: Claire Denis). Medientechnisch gilt *2001* wegen seiner visuellen Spezialeffekte als höchst innovativ.

2001 thematisiert das Unendliche und das Unvorstellbare. Der Film adressiert die Frage, wie die Menschheit durch den Gebrauch von Technologie erstrebt, sich die Weiten des Weltraums zu erschließen. Die berühmte Stargate-Sequenz zu Beginn des letzten Teilabschnitts zeigt den Flug durchs Sternentor zum Jupiter. Die Bilder schuf der US-amerikanische Künstler Douglas Trumbull. Musikalisch unterlegte Kubrick die Bilder mit dem „Requiem" des ungarischen Komponisten György Ligeti. Die ästhetische Funktion der Orchestermusik besteht darin, auf unheimliche Weise Maschinenklänge zu imitieren und damit das zentrale Thema des Films, die Technologie, hervorzuheben.

Bei den visuellen Spezialeffekten handelt es sich überwiegend um sichtbare analoge Spezialeffekte (zur in der Filmindustrie gängigen Unterscheidung in unsichtbare und sichtbare Spezialeffekte siehe Buckland 1999, 184). Die Stargate-Sequenz verbirgt die Spezialeffekte nicht, sondern stellt sie zur Schau. Für die Sequenz experimentierten Trumbull und sein Team mit Farbpartikeln, die sie in Öl auflösten, um amorphe Formen zu erzeugen, die die

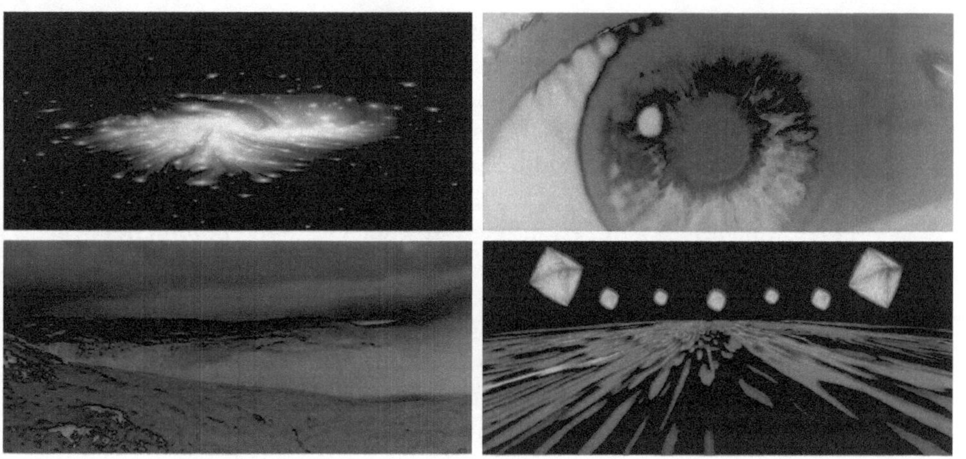

1a–d
Screenshots aus der Stargate-Sequenz.
Quelle: 2001 – A Space Odyssey (USA/UK 1968, Regie: Stanley Kubrick).

Vorstellung der Geburt neuer Galaxien ins Bild setzen (→ Abb. 1a).
Sie entwickelten die Animationstechnik der Slit-Scan-Fotografie
weiter (Agel 1970, 147–155). Mittels dieser Technik schufen sie den
schier endlos anmutenden Tunnelflug durch den Weltraum. Sie
verwendeten das damals neue Verfahren der Farbsolarisation, um
die Großaufnahmen des menschlichen Auges (→ Abb. 1b) und die
Panoramaaufnahmen zerklüfteter, aus der Luft aufgenommener
Landschaften (→ Abb. 1c) einzufärben. Auf diese Weise erzielten
sie einen psychedelischen Effekt. Einige wenige Spezialeffekte
erzeugten sie am Computer. Die animierten Computergrafiken, die
rotierende geometrische Figuren in leuchtenden Farben zeigen (→
Abb. 1d), stellen *computer generated images* (CGIs) aus, deren Herstellung im Jahr 1968 noch der naturwissenschaftlich-technischen
Forschung und der Unterhaltungsindustrie vorbehalten war.

Aus dem Zusammenwirken der Spezialeffekte ergibt sich,
wie der US-amerikanische Medienwissenschaftler Scott Bukatman
zutreffend bemerkt, ein „environment" (Bukatman 2003, 95,
97), eine Umwelt. Bukatman hat das Konzept des Erhabenen als
begriffliche Perspektive eingesetzt, um die Wirkung der visuellen
Spezialeffekte in *2001* zu benennen. Das Erhabene bezeichnet ein
wirkungsästhetisches Konzept, das in der Frühaufklärung Kon-
junktur hatte. Es wird mit der Unendlichkeit und der Irrationalität
in Verbindung gebracht und umgreift Empfindungen wie Schrecken, Überwältigung und Ehrfurcht, die angesichts des Unfass-
baren und Unergründlichen erlebt werden. Bukatman zufolge
weckt die Technologie in der Stargate-Sequenz ein Gefühl der
Ehrfurcht. Die visuellen Spezialeffekte ermöglichten eine kon-
templative Erfahrung. Sie böten, so Bukatman, eine Bühne für die
Grenzerfahrung in der technologisch geprägten Kultur der späten
1960er Jahre, einer Zeit, die, wie er betont, die Entwicklung einer
Haltung gegenüber neuen Technologien dezidiert herausforderte.
Die Spezialeffekte wirkten dabei Psychotechniken vergleichbar.
Sie erweiterten das Bewusstsein, sandten die Zuschauenden auf
einen Trip durch den Weltraum und komplementierten so die
drogeninduzierten Erfahrungen der Hippiekultur in den späten
1960er Jahren.

Postdigitale Weltraumästhetik in Hubble 3D

Wie beziehen sich gegenwärtige Inszenierungen des Weltraums im populärwissenschaftlichen Dokumentarfilm auf *2001* als stilprägendes ästhetisches Vorbild zurück? Wie schreiben sich die Medientechniken der Astrophysik in die spezifische Ästhetik der Bewegtbilder des Weltraums ein? Und wie bestimmen die Produzent*innen die ästhetische Erfahrung, die diese Filme zu ermöglichen beabsichtigen? Der Film *Hubble 3D* nimmt Bilder zum Ausgangspunkt, die mit astrophysikalischen Mess- und Bildgebungsverfahren hergestellt werden und verarbeitet diese mit Verfahren aus der Unterhaltungsindustrie wie Compositing und digitaler 3D-Animation weiter. Der Film, der bis heute weltweit in IMAX-Kinos und Wissenschaftsmuseen gezeigt wird, erzählt die Reise eines US-amerikanischen Astronaut*innenteams zum Hubble-Weltraumteleskop. Dokumentarische Aufnahmen verbindet er mit längeren Sequenzen, die Zuschauenden vor Augen führen, welche Bilder, so will die Inszenierung glauben machen, das Teleskop eingefangen hat.

Teleskopisches Sehen wird als eine Enthüllung des Verborgenen und Geheimnisvollen inszeniert. Der Eindruck entsteht aus dem Zusammenspiel von Bildgestaltung, Kamerabewegung, extradiegetischer Musik und Voiceover-Kommentar. In der immerwährenden kosmischen Nacht nimmt das Hubble-Teleskop die Zuschauenden mit auf einen Gleitflug durch das Weltall. Der Text und die Bilder suggerieren, das Teleskop würde unser Sonnensystem verlassen, an verschiedenen Galaxien vorbeifliegen (→ Abb. 2a), um den Orionnebel zu erreichen (→ Abb. 2b), in den Nebel einzutauchen (→ Abb. 2c), den riesigen Krater im Inneren des Nebels durchqueren und dort einen Farbfilm aufnehmen, der die Entstehung neuer Galaxien zeigt (→ Abb. 2d). Dabei entsteht der Eindruck, wir schauten durch ein fliegendes Fernrohr, das den Blick freigibt auf Phänomene, die sich in weit entfernten Gegenden des Weltalls vor unseren Augen entfalten.

Auffällig sind zum einen die Rückbezüge auf Inszenierungsstrategien, die das fiktionale Genre etabliert hat. So repliziert der Flug durch das Weltall hin zum Orionnebel und über den Nebel hinweg in verblüffender Weise die Kamerabewegungen, die Bildkomposition und Bildgestaltung der Stargate-Sequenz. Zunächst fliegt die Kamera an einzelnen leuchtenden Objekten vorbei, um sodann über einer Landschaft zu schweben. Beachtlich ist weiterhin die Verkettung verschiedener Darstellungsformen, von

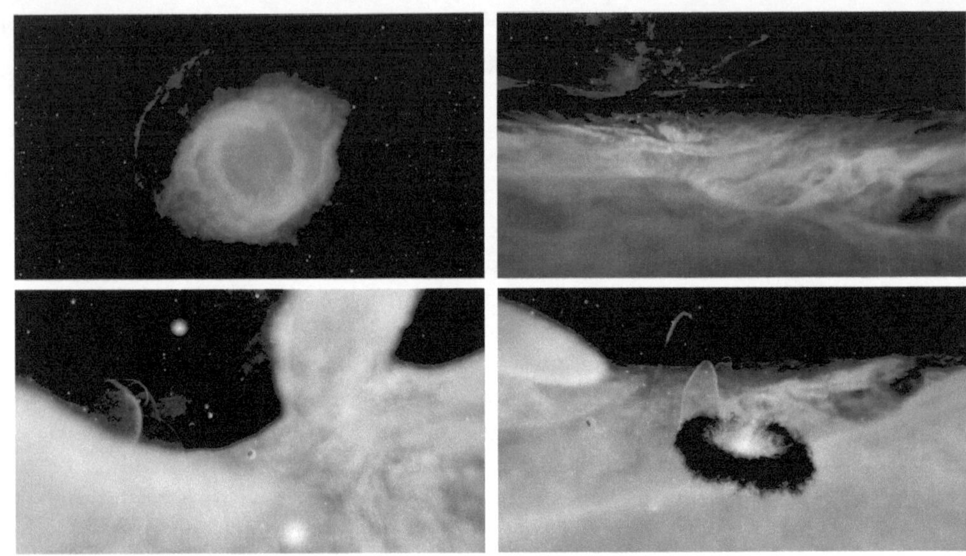

2a–d
Screenshots aus Hubble 3D.
Quelle: Hubble 3D (USA 2010, Regie: Toni Myers).

denen die Bildbearbeitung ausgeht. Dazu sei im Folgenden ein kurzer Einblick in die Bildproduktion in der Astrophysik gegeben, der sich an den folgenden Leitfragen aufspannt: In welcher Weise nutzt das Hubble-Weltraumteleskop astrophysikalische Instrumente, um Daten über Phänomene zu erheben, die zu weit entfernt von der Erde existieren, als dass das menschliche Auge sie unvermittelt erfassen könnte? Wie und mit welchem Ziel werden teleskopisch erhobene Messdaten computergrafisch für die filmische Inszenierung weiterverarbeitet?

Das Hubble umrundet die Erde seit dem Jahr 1990 in einer Höhe von 545 Kilometern. Es fliegt auf einer Umlaufbahn außerhalb der Erdatmosphäre mit einer Geschwindigkeit von 28.000 Stundenkilometern. Die Erdumlaufzeit beträgt 95 Minuten. An Bord des Hubble befinden sich gegenwärtig sechs Untersuchungsinstrumente. Neben zwei Kameras und mehreren Führungssensoren, die die Position der anderen Instrumente ausrichten und die exakte Position einzelner Sterne bestimmen, führt das Teleskop zwei Spektrometer und einen Spektrografen mit (Space Telescope Science Institute 2023). Alle Instrumente wandeln analoge Informationen in digitale Daten um. Der Spektrograf erfasst Temperatur, chemische Zusammensetzung, Dichte und Bewegung der untersuchten Himmelskörper. Die Bilder erzeugen die beiden mitgeführten Kameras. Die Advanced Camera for Surveys, eine hochsensible Weitwinkel-Kamera, nimmt außerordentlich scharfe Bilder im Bereich des sichtbaren Lichts auf. Eine weitere Weitwinkelkamera, die Wide Field Camera 3, fängt neben Licht des sichtbaren Spektrums auch Photonen im Infrarot- und Ultraviolettbereich ein.

Die erhobenen Daten werden in vielen Bearbeitungsschritten von künstlichen neuronalen Netzwerken am Goddard Space Flight Center der NASA, der Basisstation in Greenbelt, Maryland in Schwarz-Weiß-Bilder umgewandelt. Algorithmen berechnen nachträglich die Farbigkeit der einzelnen Bildschichten und setzen Kompositbilder zusammen, die aus einer Vielzahl von Bildkacheln und mehreren miteinander verbundenen Bildschichten bestehen (→ Abb. 3a und 3b).[3] Die Bilder fungieren als Beweismittel und Argumentationsfigur in astrophysikalischen Fachartikeln. Sie können mit Recht als Datenbilder bezeichnet werden, da sie auf einen zugrundeliegenden Datensatz verweisen und sich somit indexikalisch auf die Wirklichkeit zurückbeziehen. Philip Rosen

---

3   Eine ähnliche Technik wird übrigens seit einigen Jahren auch in Smartphones verbaut (Taffel 2020). Ich danke Dominik Schrey für den Hinweis.

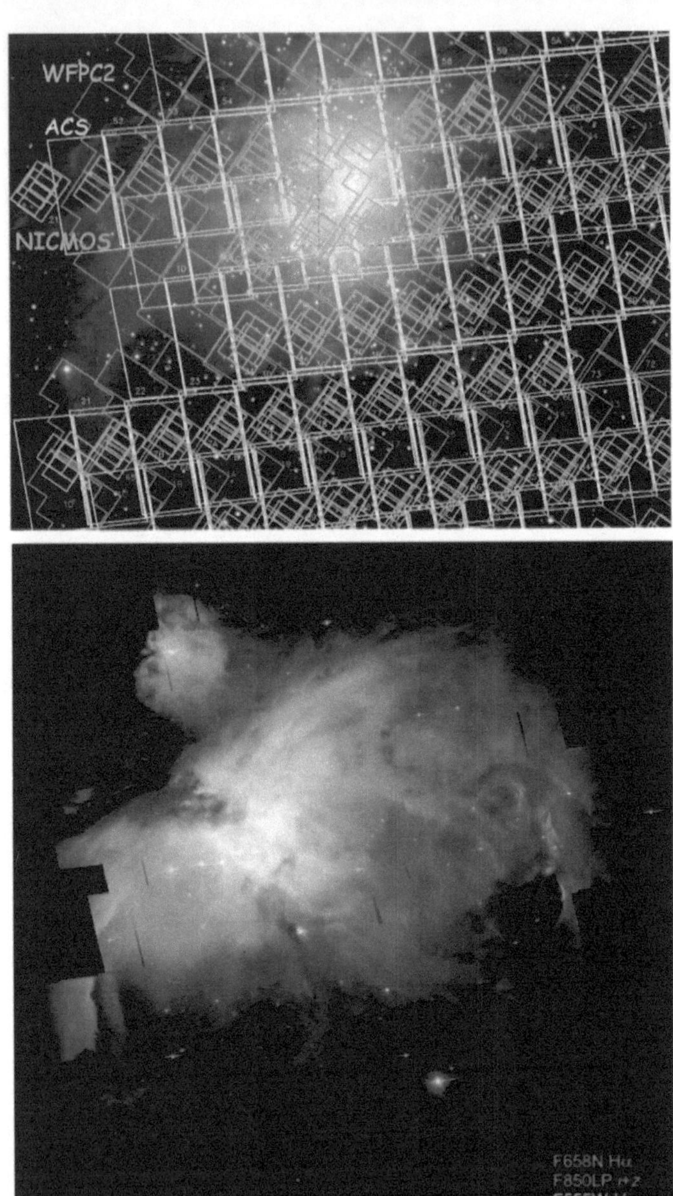

3a–b
Aus den Daten, die das Hubble-Teleskop erhebt, generierte Bildkacheln,
die eine Ansicht des Orionnebels zeigen.
Quelle: Robberto et al. 2013, 8 und 29.

hat diese Form der Referenz als „digital indexicality" (Rosen 2001, 307) bezeichnet. Als ästhetische Oberflächenerscheinung bieten sich die Bilder der menschlichen Wahrnehmung dar. Doch erst die hinter dem Bild verborgenen Messdaten stellen den Bezug zum realweltlichen Gegenstand her.

Datenbilder werden für die öffentlichkeitswirksame Präsentation nach ästhetischen Maßgaben aufbereitet, die sich am Bekannten orientieren, und zwar vornehmlich an irdischen Landschaften wie etwa Tafelbergen, Basaltsäulen und Felswänden, und diese Motive mit Darstellungsformen kombinieren, die den Eindruck des Ungreifbaren erwecken, der etwa von Formationen wie Wolken ausgeht (Kessler 2012, 37). Weiterhin lehnen sich die Kompositbilder von Sternennebeln, die für ein breites Publikum gestaltet werden, an realistische, das heißt hier alltägliche Sehgewohnheiten an: Die Hintergrundebene des Kompositbildes bilden Darstellungen von hellstrahlenden Sternen vor einem dunklen Nachthimmel. Davor werden weitere Bildschichten arrangiert, die Datenbilder aus den verschiedenen Frequenzspektren des Lichts – infrarot, ultraviolett und sichtbar –, deren Messdaten von mehreren stationären und orbitalen Teleskopen erhoben wurden, zusammenfügen (Space Telescope Science Institute 2013). Ein Computergrafikteam am Advanced Visualization Laboratory des National Center for Supercomputing Applications an der University of Illinois verarbeitet die unbewegten Kompositbilder weiter. Der Computergrafikerin Donna Cox oblag die Hauptverantwortung für die Gestaltung der Spezialeffekte in *Hubble 3D*. Ihr Team importierte und sondierte die Daten des Space Telescope Science Institutes mit dem erklärten Ziel, einem breiten Publikum immersive Erfahrungen anders nicht erfahrbarer Phänomene zu ermöglichen.

Cox bestimmt den Zweck der am Computer weiterverarbeiteten digitalen Datenbilder als eine Intensivierung der kinematischen Erfahrung. Ausgehend von den Forschungsdaten entwickelt ihr Team vierdimensionale digitale Modelle und entwirft und choreografiert Szenen (→ Abb. 4). Die Szenen werden unter Aufbietung enormer Rechenleistung zu hochauflösenden stereoskopischen Bildsequenzen gerendert, wie etwa dem Flug durch den Orionnebel. Cox beschreibt diese Sequenz als eine „noch nie dagewesene virtuelle Tour durch die Daten, die das Hubble-Weltraumteleskop erhebt". Sie bezeichnet ihre Arbeit als „digitally-enabled science" und „digital epistemology" (Cox 2015). Die Arbeit ihres Teams ziele darauf ab, naturwissenschaftliche Erkenntnisse für ein breites Publikum kinematisch erfahrbar zu

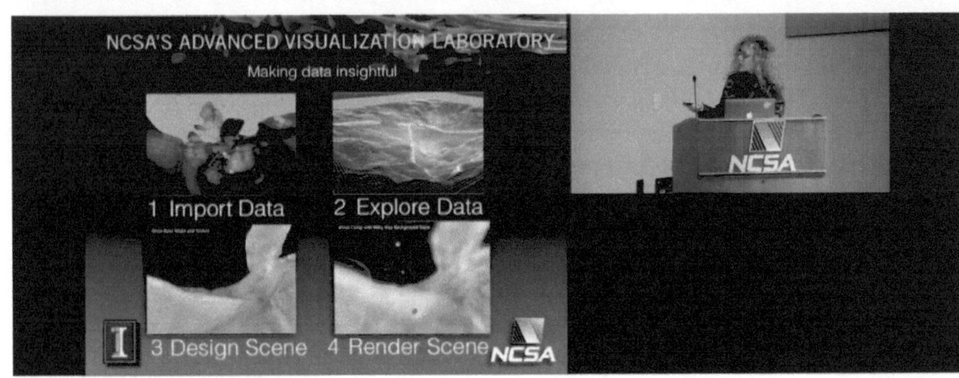

4

Weiterverarbeitung der Datenbilder mit Techniken aus der Unterhaltungsindustrie wie 3D-Compositing und -Rendering. Quelle: Cox 2015.

machen und dessen „immersive Intelligenz"[4] zu aktivieren. Ihr gehe es darum, die Öffentlichkeit zu ermächtigen und zur verantwortungsvollen Ko-Kreation wissenschaftlicher Erkenntnis zu befähigen. Rezeptionsorte wie das IMAX-Kino fungierten dabei als „embodied portals to experience that which cannot be experienced any other way" (Cox 2010). Beim Durchschreiten des Portals werde das Computational-Reale („computational real") zum Mehr-als-Realen („more than real"), und zwar, wie hier argumentiert werden soll, im Sinne einer postdigitalen Erfahrung, das heißt einer umfassenden audiovisuell-kinetischen Involvierung in abstrakte Datenbilder. Dabei muss das Erkenntnisversprechen, das Cox mit dem Begriff der digitalen Epistemologie in Aussicht stellt, näher beleuchtet werden. Wenngleich der *phantom ride* durch den Orionnebel seine immersive Wirkung nicht verfehlt, gewinnen Zuschauende doch wenig mehr als die Einsicht, dass hier Galaxien entstehen. Die erhebende Erfahrung, durch den Weltraum zu fliegen und kosmische Phänomene zu beobachten, kann darüber hinaus aber dazu anregen, diesen Phänomenen auf die Spur zu kommen.

Das erklärte Ziel von Cox' Arbeit besteht darin, die Zuschauenden affektiv zu involvieren. Die rationale Auseinandersetzung als Pendant und Folge dieser Form der Involvierung soll hier jedoch nicht zu einem ästhetischen Urteil, einem Geschmacksurteil führen wie in der Kunsttheorie seit Kant. Vielmehr soll die affektive Involvierung, wie sie das Kino und ganz besonders das IMAX-Filmtheater als Kulturtechniken der Verräumlichung ermöglichen – wie hier als Pendant zu Krämers Deutung des Digitalen als Kulturtechnik der Verflachung formuliert werden könnte –, Interesse an der astrophysikalischen Forschung wecken und das Publikum zur Erkenntnis befähigen.

Während *2001* vorwiegend prädigitale Medientechnologien verwendet, und zwar nicht nur, um das Publikum zu unterhalten, sondern um ihm vielmehr eine bewusstseinserweiternde Erfahrung zu ermöglichen – der Film wurde mit dem Slogan „The Ultimate Trip" beworben und zum Publikumserfolg bei der Hippiegeneration –, setzt *Hubble 3D* durchweg auf digitale Verfahren zur Bilderzeugung und Bildbearbeitung, um beim Publikum Begeisterung für die astrophysikalische Forschung zu wecken. Beide Filme situieren die Bildwelten im Narrativ der Weltraumreise und sind primär darauf ausgelegt, Zuschauendenkollektiven eine

---

4　Den Begriff der immersiven Intelligenz entlehnt Cox von dem Computerkünstler Joseph Neshvatal.

leiblich ko-präsente Erfahrung vor der großen Leinwand in einem geteilten Raum zu ermöglichen, und zwar indem sie den Weltraum als *environment* präsentieren, das fasziniert und die Vorstellungskraft übersteigt.

Fazit

Was bedeutet es, dass die leibliche Erfahrung in einem Moment erneut hervorgehoben wird, da komplexe Messinstrumente und digitale Kameras unüberschaubare Datenströme generieren, die es ermöglichen, räumlich und zeitlich weit entfernte kosmische Phänomene studierbar zu machen? Da Inszenierungen des Weltraums im Planetarium und IMAX-Kino heute auf die Umwandlung abstrakter digitaler Datensätze in Bilder angewiesen sind, die das Ziel verfolgen, Zuschauende leiblich-affektiv anzusprechen, erweisen sie sich als einer postdigitalen Ästhetik zugehörig. Eine postdigitale Ästhetik unterscheidet sich dabei insofern von einer digitalen Ästhetik, als sie Techniken der Datenerhebung, Datenverarbeitung und Programmierung eben nicht selbstzweckhaft thematisiert und ausstellt, sondern diese Techniken vielmehr als einzelne Schritte in eine lange Transformationskette der Umwandlung von Darstellungsformen in andere Darstellungsformen einbindet und letztendlich darauf abzielt, über eine ästhetische Erfahrung Neugierde für das Verständnis komplexer Sachverhalte zu wecken. Eine postdigitale Ästhetik grenzt sich von einer Ästhetik des Scheins, wie sie in der medienästhetischen Diskussion zu Beginn der 1990er Jahre gängig war, dezidiert ab, und zwar aufgrund des indexikalischen Weltbezugs der digitalen Bilder, der sich über die einzelnen Schritte der Transformationskette präzise rekonstruieren lässt. Dieser gegenwärtige Typus der Ästhetik, der sich aus der Ausdifferenzierung des Konzeptes des Digitalen und seiner Beziehung zum Analogen infolge des Ubiquitärwerdens digitaler Medientechnologien ergibt, wäre vielmehr in einem breit angelegten kulturwissenschaftlichen Forschungsprogramm zu verorten, das es sich zum Ziel setzt, kulturelle Transformation unter dem Aspekt eines umgreifenden Wandels der Sensibilisierung zu erkunden. Der medienästhetische Einsatz würde hierbei beispielhaft darin bestehen, zu erforschen, wie technische Systeme, etwa die Weltraumteleskopie und die raumgreifende Bildprojektion im Planetarium oder IMAX-Kino, die Wahrnehmung dehumanisieren und rehumanisieren, und auszuloten, welche Konsequenzen dies jeweils für den Erkenntnisprozess hat.

Literatur

2001 – A Space Odyssey (USA/UK 1968, Regie: Stanley Kubrick).

Agel, Jerome, Hg. 1970. *The Making of Kubrik's 2001.* New York: The New American Library.

Bakels, Jan-Hendrik, Mattias Grotkopp, Thomas Scherer und Jasper Stratil. 2020. „Digitale Empirie? Computergestützte Filmanalyse im Spannungsfeld von Datenmodellen und Gestalttheorie". *Montage AV* 29, Nr. 1: 99–118.

Bassett, Caroline, Sarah Kember und Kate O'Riordan. 2020. *Furious: Technological Feminism and Digital Futures.* London: Pluto Press.

Bense, Max. 1960. *Programmierung des Schönen.* Baden-Baden: Agis.

——. 1965. *Ästhetica: Einführung in die neue Ästhetik.* Baden-Baden: Agis.

Böhme, Gernot. 1995. *Atmosphäre: Essays zur neuen Ästhetik.* Frankfurt am Main: Suhrkamp.

Bolter, Jay David und Richard Grusin. 2000. *Remediation: Understanding New Media.* Cambridge, MA: MIT Press.

Bosma, Josephine. 2014. „Post-Digital Is Post-Screen: Arnheim's Visual Thinking Applied to Art in The Expanded Digital Media Field". *APRJA* 3, Nr. 1: 106–18. https://aprja.net// article/view/116091.

Buckland, Warren. 1999. „Between Science Fact and Science Fiction: Spielberg's Digital Dinosaurs, Possible Worlds, and the New Aesthetic Realism". *Screen* 40, Nr. 2 (Sommer): 177–92.

Bukatman, Scott. 2003. „The Artificial Infinite: On Special Effects and the Sublime". In *Matters of Gravity: Special Effects and Supermen in the 20th Century,* 81–110. Durham: Duke University Press.

Cascone, Kim. 2000. „The Aesthetics of Failure: ,Post-Digital' Tendencies in Contemporary Computer Music". *Computer Music Journal* 24, Nr. 4: 12–18.

Cox, Donna J. 2010. „Wayfaring the Digital Universe: The Art and Science of Visualization". TEDxUIllinois, Videovortrag vom 4. Januar 2010. Gepostet am 10. April 2010 durch @ TEDx. YouTube, 00:19:02. https://www. youtube.com/watch?v=tmEDEvSny04.

——. 2015. „Visualization Case Studies. CADENS: The Centrality of Advanced Digitally Enabled Science". Kolloquium des National Center for Supercomputing Applications. University of Illinois at Urbana-Champaign. Media Space Illinois. Videovortrag, 6:53.28. September 2015. https://mediaspace.illinois.edu/ media/Visualization+Case+Studies+%28 The+Centrality+of+Advanced+Digitally-Enabled+Science%29+--+Donna+Cox/ 1_14zdiyth/.

Cramer, Florian. 2014. „What is ,Post-Digital'?". *APRJA* 3, Nr. 1: 10–24. https://aprja.net// article/view/116068.

Curtis, Robin. 2006. *Conscientious Viscerality: The Autobiographical Stance in German Film and Video.* Berlin: Gebrüder Mann Verlag/ Edition Imorde.

Curtis, Robin, Marc Glöde und Gertrud Koch, Hgs. 2010. *Synästhesie-Effekte: Zur Intermodalität der ästhetischen Wahrnehmung.* München: Fink.

Ernst, Wolfgang. 2004. „Den A/D-Umbruch aktiv denken – medienarchäologisch, kulturtechnisch". In *Analog/Digital – Opposition oder Kontinuum? Zur Theorie und Geschichte einer Unterscheidung,* herausgegeben von Jens Schröter und Alexander Böhnke, 49–65. Bielefeld: transcript.

Fawns, Tim, Gill Aitken und Derek Jones, Hgs. 2021. *Online Postgraduate Education in a Postdigital World: Beyond Technology.* Postdigital Science and Education Series. Cham: Springer.

Ferencz-Flatz, Christian und Julian Hanich, Hgs. 2016. „Film and Phenomenology". *Studia Phaenomenologica,* Band XVI. Bukarest: Zeta Books.

Flückiger, Barbara. 2008. *Visual Effects: Filmbilder aus dem Computer.* Marburg: Schüren.

Foucault, Michel. 2012. *Die Ordnung der Dinge* [1966]. Aus dem Französischen übersetzt von Ulrich Köppen. Frankfurt am Main: Suhrkamp.

Galloway, Alexander R. 2021. *Uncomputable: Play and Politics in the Long Digital Age.* London: Verso.

——. 2022. „Golden Age of Analog". *Critical Inquiry* 48, Nr. 2: Themenheft *Surplus Data,* herausgegeben von Orit Halpern, Patrick Jagoda, Jeffrey West Kirkwood und Leif Weatherby, 211–32. DOI: 10.1086/717324.

Gravity (USA/UK 2013, Regie: Alfonso Cuarón).

Greenfield, Gary. 2005. „On the Origins of the Term ,Computational Aesthetics'". In *Computational Aesthetics in Graphics, Visualization and Imaging,* herausgegeben von László Neumann, Mateu Sbert, Bruce Gooch und Werner Purgathofer. Goslar: Eurographics Association.

Hagen, Wolfgang. 2002. „Die Entropie der Fotografie: Skizzen zu einer Genealogie der digital elektronischen Bildaufzeichnung". In *Paradigma Fotografie: Fotokritik am Ende des fotografischen Zeitalters,* Bd. 1,

herausgegeben von Herta Wolf, 195–235.
Frankfurt am Main: Suhrkamp.

Hall, Stuart. 1999. „Kodieren/Dekodieren" [i.O.
1980]. In *Cultural Studies: Grundlagentexte
zur Einführung*, herausgegeben von Roger
Bromley, Udo Göttlich und Carsten Winter,
aus dem Englischen von Gabriele Kreuzner,
Bettina Suppelt und Michael Haupt, 92–110.
Lüneburg: zu Klampen.

Hansen, Mark B.N. 2006. *Bodies in Code:
Interfaces With Digital Media*. New York:
Routledge.

Hayles, N. Katherine. 1999. *How We Became
Posthuman: Virtual Bodies in Cybernetics,
Literature, and Informatics*. Chicago: University of Chicago Press.

Heibach, Christiane. 2012. „Einleitung". In
*Atmosphären: Dimensionen eines diffusen
Phänomens*, herausgegeben von Christiane
Heibach, 9–25. HfG Forschung, Bd. 3.
Leiden: Brill.

——. 2020. „Dem Spüren auf der Spur: Zur
Wahrnehmung biologischer und technischer sensorischer Systeme". In *Spürtechniken: Von der Wahrnehmung der Natur
zur Natur als Medium*, herausgegeben
von Birgit Schneider und Evi Zemanek,
Sonderausgabe, *Medienobservationen*: 1–15.
https://www.medienobservationen.de/pdf/
20200430Heibach1.pdf.

High Life (F/D/UK/PL 2018, Regie: Claire Denis).

Hubble 3D (USA 2010, Regie: Toni Myers).

Hven, Steffen. ERC-Projekt, „Cinematic
Atmospheres: Towards a New Ecology of the
Moving Image". Filmuniversität Babelsberg
Konrad Wolf, 2022–2026.

Interstellar (USA/UK 2014, Regie: Christopher
Nolan).

Jurassic Park (USA 1993, Regie: Steven
Spielberg).

Kappelhoff, Hermann und Jan-Hendrik Bakels.
2011. „Das Zuschauergefühl: Möglichkeiten
qualitativer Medienanalyse". *Zeitschrift für
Medienwissenschaft* 5, Nr. 2: 78–96.

Kasprowicz, Dawid und Stefan Rieger. 2020.
„Einleitung". In *Handbuch Virtualität*,
herausgegeben von Dawid Kasprowicz und
Stefan Rieger, 1–22. Wiesbaden: Springer.

Kessler, Elizabeth. 2012. „The Astronomical
Sublime and the American West". In
*Picturing the Cosmos: Hubble Space Telescope
Images and the Astronomical Sublime*, 19–68.
Minneapolis: The University of Minnesota
Press.

Kittler, Friedrich. 2002. „Computergrafik: Eine
halbtechnische Einführung". In *Paradigma
Fotografie. Fotokritik am Ende des fotografischen Zeitalters*, Bd. I, herausgegeben von
Herta Wolf, 178–94. Frankfurt am Main:
Suhrkamp.

Krämer, Sybille. 2016. *Figuration, Anschauung,
Erkenntnis: Grundlinien einer Diagrammatologie*. Frankfurt am Main:
Suhrkamp.

——. 2022. „Zur Aisthetis des Maschinenlernens: Ein Kommentar zur
zeitgenössischen Künstlichen Intelligenz".
In Ästhetik digitaler Medien: Aktuelle

Perspektiven, herausgegeben von Martina
Ide, 131–52. Bielefeld: transcript.

Macgilchrist, Felicitas. 2021. „Theories of
Postdigital Heterogeneity: Implications for
Research on Education and Datafication".
Postdigital Science and Education 3: 660–67.
DOI: 10.1007/s42438-021-00232-w.

MacKenzie, Adrian und Anna Munster.
2019. „Platform Seeing: Image Ensembles and their Invisualities". In *Theory,
Culture and Society* 36, Nr. 5: 1–22. DOI:
10.1177/0263276419847508.

McLuhan, Marshall. 1995. *Die magischen
Kanäle: Understanding Media* [i. O. 1964]. Aus
dem kanadischen Englisch von Meinrad
Amann. Dresden: Verlag der Kunst.

Morsch, Thomas. 2011. *Medienästhetik des
Films: Verkörperte Wahrnehmung und
ästhetische Erfahrung im Kino*. München:
Fink.

Negroponte, Nicolas. 1998. „Beyond Digital".
WIRED 6, Nr. 12. http://web.media.mit.edu/
~nicholas/Wired/WIRED6-12.html.

Parisi, Luciana und Stamatia Portanova.
2011. „Soft Thought (in Architecture and
Choreography)". *Computational Culture: A
Journal of Software Studies* 1. http://computationalculture.net/soft-thought/.

Peters, Benjamin. 2016. „Digital". In *Digital
Keywords: A Vocabulary of Information
Society and Culture*, herausgegeben von
Benjamin Peters, 93–108. Princeton:
Princeton University Press.

Philipsen, Lotte. 2014. „Who's Afraid of the
Audience? Digital and Post-Digital Perspectives on Aesthetics". *APRJA* 3, Nr. 1: 120–
30. https://aprja.net//article/view/116092.

Rieger, Stefan, Armin Schäfer und Anna Tuschling. 2021. „Virtuelle Lebenswelten: Zur Einführung". In *Virtuelle Lebenswelten: Körper
– Räume – Affekte*, herausgegeben von Stefan
Rieger, Armin Schäfer und Anna Tuschling,
1–10. Berlin: De Gruyter.

Robberto, Massimo et al. 2013. „The Hubble
Space Telescope Treasury Program on the
Orion Nebula Cluster". *The Astrophysical
Journal Supplement Series* 207, Nr. 1: 1–32.

Rötzer, Florian (Hg.). 1991. *Digitaler Schein:
Ästhetik der elektronischen Medien*. Frankfurt
am Main: Suhrkamp.

Rosen, Philip. 2001. „Old and New: Image,
Indexicality, and Historicity in the Digital
Utopia". In *Change Mummified: Cinema,
Historicity, Theory*, 301–49. Minneapolis:
University of Minnesota Press.

Rottmann, Michael. 2005. „Künstlerische
Computergrafik I: Die frühen Jahre der
Computerkunst". In *Mathesis und die
Musen: Mathematik in der Kunst – Kunst
in der Mathematik*, herausgegeben von
Gregor Nickel und Marc-Oliver Pahl, 46–53.
Tübingen: Universität Tübingen.

——. 2023. „Aesthetics of the (Digital) Machine
Sculpture: Automation, Mechanization,
and Mathematization in Minimal, Serial
and Computer Art". In *The Sculptural in
the (Post)digital Age*, herausgegeben von
Ursula Ströbele und Mara-Johanna Kölmel,
58–82. Berlin: De Gruyter.

Sachs-Hombach, Klaus, John Bateman, Robin Curtis, Beate Ochsner et al. 2018. „Perspektiven: Medienwissenschaftliche Multimodalitätsforschung". *Medienwissenschaft: Rezensionen / Reviews* 35, Nr. 1: 8–26. DOI: 10.17192/ep2018.1.7708.

Schröter, Jens. 2004. „Analog/Digital – Opposition oder Kontinuum?". In *Analog/Digital –Opposition oder Kontinuum? Zur Theorie und Geschichte einer Unterscheidung*, herausgegeben von Alexander Böhnke und Jens Schröter, 7–30. Bielefeld: transcript.

——. 2013. „Medienästhetik, Simulation und ‚Neue Medien'". *Zeitschrift für Medienwissenschaft* 8, Nr. 1: 88–91. DOI: 10.25969/mediarep/702.

Seel, Martin. 1997. „Ästhetik und Aisthetik: Über einige Besonderheiten ästhetischer Wahrnehmung". In *Bild und Reflexion: Paradigmen und Perspektiven gegenwärtiger Ästhetik*, herausgegeben von Birgit Recki und Lambert Wiesing, 17–38. München: Fink.

——. 2003. *Ästhetik des Erscheinens*. Frankfurt am Main: Suhrkamp.

——. 2007. *Die Macht des Erscheinens: Texte zur Ästhetik*. Frankfurt am Main: Suhrkamp.

Shaviro, Steven. 1993. *The Cinematic Body*. Minneapolis: University of Minnesota Press.

Sobchack, Vivian. 1992. *The Address of the Eye: A Phenomenology of Film Experience*. Princeton: Princeton University Press.

——. 2004a. „What My Fingers Knew: The Cinesthetic Subject, or Vision in the Flesh". In *Carnal Thoughts: Embodiment and Moving Image Culture*, 53–84. Berkeley: University of California Press.

——. 2004b. „The Scene of the Screen: Envisioning Photographic, Cinematic, and Electronic ‚Presence'". In *Carnal Thoughts: Embodiment and Moving Image Culture*, 135–62. Berkeley: University of California Press.

Space Telescope Science Institute. 2013. „The Horsehead Nebula: Hubble's Universe Unfiltered". Friends of NASA. Zuletzt bearbeitet am 5. September 2013. 12:47. https://hubblesite.org/contents/media/videos/11-Video?keyword=Orion.

Space Telescope Science Institute, o.D. „Instruments". Hubblesite. Letzter Zugriff am 6. Dezember 2023. https://hubblesite.org/mission-and-telescope/instruments.

Steyerl, Hito. 2018. „Ein Meer von Daten: Apophänie und Musterfehlerkennung". In *Duty Free Art: Kunst in Zeiten des globalen Bürgerkriegs*, Hito Steyerl, aus dem Englischen von Sabine Schulz, 55–70. Zürich: Diaphanes.

Taffel, Sy. 2016. „Perspectives on the Postdigital: Beyond Rhetorics of Progress and Novelty". *Convergence: The International Journal of Research into New Media Technologies* 33, Nr. 3: 324–38.

——. 2020. „Google's Lens: Computational Photography and Platform Capitalism". *Media, Culture & Society* 43, Nr. 2: 237–55. DOI: 10.1177/01634437209394.

Terminator 2: Judgment Day (USA 1991, Regie: James Cameron).

Thibault, Mattia. 2016. „Post-Digital Games: The Influence of Nostalgia in Indie Games' Graphic Regimes". *Gamevironments* 4: 1–24.

Vogl, Joseph. 2001. „Medien-Werden: Galileis Fernrohr". In *Mediale Historiographien*, herausgegeben von Lorenz Engell und Joseph Vogl, 115–24. Weimar: Universitäts-Verlag.

Warnke, Martin. 2014. „Ästhetik des Digitalen: Das Digitale und die Berechenbarkeit". *Zeitschrift für Ästhetik und allgemeine Kunstwissenschaft* 59: 278–86.

Welsch, Wolfgang. 1993. „Ästhetisierungsprozesse: Phänomene, Unterscheidungen, Perspektiven". *Deutsche Zeitschrift für Philosophie* 41, Nr. 1: 7–29.

Wickberg, Adam. 2020. „Contingency and Causality: Post-digital Handwriting". *Media Theory* 4, Nr. 1: 63–86.

Zylinska, Joanna. 2020. *AI Art: Machine Visions and Warped Dreams*. London: Open Humanities Press.

Internationales Jahrbuch für Medienphilosophie und Medienästhetik,
Was ist Medienästhetik?, 2024

Dieter Mersch

MEDIENÄSTHETIKEN

ENTWURF EINER SYSTEMATISIERUNG

Die folgenden Überlegungen unternehmen den Versuch, eine Orientierung in der Fülle der verschiedenen Versuche medienästhetischer Theoriebildung zu finden. Vorgeschlagen wird eine „kleine" Kartografie, indem das Kompositum in seine Bestandteile zerlegt und von den beiden in ihm eingeschlossenen Genitiven her entschlüsselt wird. Dann dominieren zwei Richtungen: erstens die Betrachtung des Ästhetischen von seinen Medien her, zweitens das Ästhetische der Medien selbst, wobei es zu berücksichtigen gilt, dass die Begriffe „Ästhetik" und „Medium" selbst mehrdeutig sind. Eine philosophische Begründung von Medienästhetik muss dabei nicht nur dieser Vieldeutigkeit Rechnung tragen, sondern auch das Ästhetische als metatheoretische Perspektive in Anschlag bringen, welche erlaubt, das Mediale auf einzigartige Weise unter Reflexion zu stellen. Deutlich wird dann, dass es weder gelingen kann, das Mediale dem Ästhetischen als Apriori voranzustellen, noch dass das Ästhetische als eigenständige, amediale Kraft zu exponieren ist; vielmehr gelingt eine zureichende medienästhetische Theoriebildung nur, wo beide Seiten in die Bewegung einer unablässigen Oszillation gebracht werden.

KEYWORDS
Medium, Medialität, Ästhetik, Medienkunst, Technik, Kulturtechnik, Reflexivität, anamorphotischer Blick

Der Begriff „Medienästhetik" ist jüngeren Datums; er wird erst seit den späten 1980er und frühen 90er Jahren virulent, und zwar sowohl im Zusammenhang einer Veränderung der Wahrnehmung durch „neue Medien" als auch durch deren technische Bedingungen und ihren Einsatz in den Künsten, besonders der Installationskunst, der Sound- und Noise-Art sowie der sogenannten Netzliteratur. Dezidiert bilden diese eine Gegenbewegung zur Pop-Art sowie zur Performance- und Aktionskunst, auch wenn sich die künstlerischen Genres und Stile in den späteren Jahren wieder mischen sollten. „Medienästhetik" adressiert daher eine technisch und vor allem digital gesättigte Kunst; gleichzeitig formuliert ihr theoretisches Konzept als Zweig von Medienwissenschaft ein dezidiertes Antiprogramm zu den klassischen Disziplinen der Kunst-, Musik- und Literaturwissenschaft. Nicht nur betreffen daher Medienästhetiken neue künstlerische Praktiken, sondern auch einen „Streit der Fakultäten". Deshalb atmen von Anfang ihre diskursiven Begründungen einen Hauch von Zäsur, von Avantgarde und Aufbruch, so dass die frühen Positionen, wie sie etwa Vilém Flusser, Gilles Deleuze, Florian Rötzer oder auch Peter Weibel und Friedrich Kittler vertreten haben,[1] in ausdrücklicher Diskontinuität zur klassischen Ästhetik standen und eine radikale Revision des ästhetischen Vokabulars forderten.

Zur selben Zeit konstatierte allerdings Wolfgang Welsch in seinem Sammelband *Die Aktualität des Ästhetischen* einen Ästhetik-Boom und bescheinigte dem Begriff, eine „Schlüsselkategorie unserer Zeit" zu sein (Welsch 1993a; 1993b), wie umgekehrt Norbert Bolz in seiner Theorie der Neuen Medien die „Medienästhetik' zur neuen Leitwissenschaft erklärte (Bolz 1990; 1991). Ebenfalls zeitgleich rief Gernot Böhme im Zeichen einer „neuen Phänomenologie" eine „neue Ästhetik" aus, die wieder an den antiken aisthēsis-Begriff anschließen sollte (Böhme 2001),[2] wie auch Rudolf zur Lippe ein anderes „Sinnenbewusstsein" (vgl. Lippe 1987) heraufbeschwor und Gert Selle den rechten „Gebrauch der Sinne" (vgl. Selle 1988) anmahnte. Die Ästhetik als breit gefächerte Disziplin erwies sich also als umkämpft, wobei die „Medienästhetik" sich von vornherein als ein Kampfbegriff etablierte, der die

---

1 Vgl. exemplarisch *Rötzer (1991)*, ferner Barck et al. (1990). Ebenso vertritt auch Jens Schröter (2013) die These eines engen Konnexes zwischen der diskursiven Erscheinung einer expliziten Medienästhetik und der Ausbreitung digitaler Medien seit den 1990er Jahren.
2 Zur Programmatik heißt es dort: „Die neue Ästhetik ist bemüht, die ästhetische Wirklichkeit von Irrationalismus zu befreien, d.h. wörtlich sie sprachfähig zu machen" (Böhme 2001, 178).

Theorie des Ästhetischen im Zeichen von Technologie und Medialität neu aufzurollen versuchte.

Man erkennt die Konfliktlinien der Auseinandersetzung: ein traditionelles Verständnis von Kunst und Ästhetik auf der Basis unverstellter Sinne, subjektiver Urheberschaft und Kreativität versus eine durch mannigfache Agenten, Apparaturen und symbolischen Vermittlungen hindurchgegangene ästhetische Praxeologie. Jedoch wird dabei der Ausdruck „Ästhetik" durchweg ambig und ohne klare Bestimmung verwendet. Entsprechend diversifiziert sich das theoretische Feld in unterschiedliche Richtungen. Die vorliegenden kartografischen Skizzen dienen in erster Linie dazu, eine Orientierung zu geben, um die zentralen Paradigmen zu ordnen und eine kleine Typologie der verschiedenen medienästhetischen Entwürfe vorzuschlagen. Diese kann nur unvollständig sein, denn jede Ordnung hat das Missliche an sich, *erstens* das Nichtzugehörige auszuschließen und besonders an seinen Rändern ins Indistinkte auszufransen, *zweitens* die Vielfalt dessen, was es zu strukturieren gilt, zu beschneiden, um schließlich *drittens*, was vielleicht am schwersten wiegt, die Diversität innerhalb der verschiedenen Typen selbst unangemessen zu vereinheitlichen. Ordnungen stehen stets im Dienst einer „Politik der Identifizierung". Es soll stattdessen im Folgenden weder darum gehen, den ganzen Bereich des Medienästhetischen zu umgreifen und einzuteilen, noch darum, die spezifischen Differenzen zwischen ähnlichen medienästhetischen Ansätzen auszublenden, sondern eher beispielhaft durch das Labyrinth unterschiedlicher theoretischer Varianten zu führen und dabei überhaupt Schneisen zu schlagen und diverse Linien sichtbar zu machen, um damit Perspektiven für weitere Diskussionen zu eröffnen.

Ambiguitäten im Begriff

Die Ambiguität des Begriffs „Medienästhetik" hat indessen mannigfache Gründe. Einer liegt in der Mehrdeutigkeit des Begriffs „Ästhetik" selbst, der zwischen einer *Philosophie der Wahrnehmung* (Aisthetik) und einer *Philosophie der Kunst* (Artistik) schwankt, wobei in der Tradition die Mitte, das Verbindungsglied beider auf unterschiedliche Weise beschrieben worden ist. Einer der vielleicht wirkungsmächtigsten Versuche ist der Hegelsche, für den die dialektische Brücke zwischen *aisthēsis* und *Artistik* durch den Zusammenhang von *imaginatio* und *memoria* gebildet wurde sowie durch das, was er an einer markanten Stelle seiner

Enzyklopädie der Wissenschaften die „zeichenmachende Phantasie" nannte (Hegel 1971, 267ff.). Der Ausdruck vereint die *phantasia*, als dessen lateinische Übersetzung die *imaginatio* fungierte, mit dem Machen, der *poiēsis* in ihrer doppelten Bedeutung des „Hervorbringens" einerseits und der „Poetik" und „Figuralisierung" andererseits. Letztere operieren im Medium des Zeichens. Das „Zeichenmachen" verdankt sich also sowohl der „Einbildungskraft" als wiederum deutscher Übersetzung der *facultas imaginandi*, wie sie seit Paracelsus üblich geworden ist und um die Wende vom 18. zum 19. Jahrhundert prominent verwendet wurde, vor allem bei Kant, Fichte, Hegel und Schiller (vgl. Trede und Homann 2019; Schulte-Sasse 2001), als auch der praktischen Figurierung von Zeichen oder *sēmeia*, die der überschießenden Phantasie eine Verkörperung oder Anwesenheit in Gestalt grafischer Spuren verlieh. Was die Zeichen im Einzelnen auch immer sein mögen, sie bildeten für Hegel in einem entscheidenden Maße *mnēmē* (Meme), das heißt im gleichen Maße Medien der Entäußerung wie der Erinnerung, so dass ihnen immer schon die Praxis der *mnēmosynē* bzw. *memoria* innewohnte. Zeichen wurden somit als Symbolisierungen spätestens seit dem 18. Jahrhundert auf die Komplexität der Zeit und das stets zeitlich bemessene Verhältnis von Anwesenheit und Abwesenheit bezogen, ungeachtet alternativer Definitionen (vgl. zu verschiedenen Symbolbegriffen Sörensen 1963).

Sind darüber hinaus beide, die Imagination oder Einbildungskraft sowie die *memoria* bzw. das Gedächtnis auf die Wahrnehmung verweisen, so bezieht sich die *poietikē technē* des „Zeichenmachens" in Ansehung phantasievoller Gestaltung auf das „Kunstmachen" selbst. Die Brücke zwischen *aisthēsis* und Kunst beruht also auf drei Säulen: der *Anschauung*, den *Zeichen* als deren Verkörperung sowie auf dem *Tun oder Machen* als ästhetischer Praxis (vgl. auch die Hegel-Interpretation in Tatari 2017). Dann wird in einem wesentlichen Sinne die Kunst als eine auf die Anschauung (im weitesten Sinne) bezogene Tätigkeit memorialer Gestaltung verstanden, so dass auch die Ästhetik in ihrer zweiten Bedeutung wesentlich als eine Praktik anzusehen ist. Die Spezifik der Gedächtniskunst ist dabei historisch zu verstehen: Jan Vermeer hatte dem in seinem epochalen Werk *Die Malkunst* (zwischen 1664 und 1673) mit der allegorischen Darstellung der *Clio*, der Muse der Geschichtswissenschaft, ein anschauliches Denkmal gesetzt (vgl. Mersch 2003) – und noch bis zu Arthur Schopenhauers Ästhetik galt die Historienmalerei sowie die Geschichtsprosa als höchste Kunstform.

Dennoch geht es an dieser Stelle keineswegs darum, die Hegelsche Kunstphilosophie für die Ästhetik als leitend vorzugeben, sondern sie exemplarisch für verschiedene Lektüren des Ästhetischen zu nehmen, wie sie sich historisch sedimentiert haben. Danach sind wir mit einer dreifachen Ambiguität im Begriff des Ästhetischen konfrontiert – einmal als eine *Wahrnehmungslehre,* zum anderen als *Theorie der Quelle des Schöpferischen* im Sinne einer figurierenden Sichtbarmachung der *phantasia* mit Bezug auf die Geschichte der Ideen und damit als Darstellung und Gestaltung der *idea3* – Hegel spricht in einer berühmten Formulierung vom „sinnlichen Scheinen der Idee" –, und drittens als eine *Praxislehre,* wie sie dann später an den Akademien und Kunsthochschulen ausgearbeitet und mit Blick auf das Studio als Praxisort der Kunst gelehrt und kanonisiert wurde.

Dieser Triplizität des Ästhetischen steht auf der anderen Seite der nicht minder ambige Begriff des Mediums gegenüber, der ebenfalls eine lange Geschichte aufweist und vielfachen Bedeutungswendungen unterlag (vgl. Mersch 2006a, 18ff.; Hoffmann 2002). Zum einen wird durch „Medium" ein Grundlagenbegriff der Philosophie bezeichnet – als „unbestimmte Mitte" zwischen Sein, Denken und Nichts, das heißt als „Vermittelndes", dessen „Zwischen" wiederum dort das Prius darstellt, wo der Begriff oder die Sprache als notwendiges Medium den Diskursen vorangestellt wurde –, so dass dem Medialen zuletzt in allem, was gedacht, wahrgenommen oder getan bzw. hervorgebracht (*poiēin*) wird, überhaupt ein Vorrang zukommt. Das „Zwischen" – oder *metaxu* bei Aristoteles (De anima 418a ff. / Aristoteles 1995, 45ff.) – hat keine klare Kontur, sondern bezeichnet die sich ständig verschleiernde, sich wandelnde und aufhebende Funktion der „Mitte", die, abermals in einer Hegelschen Formulierung, dazu neigt, im Prozess oder der Arbeit der „Ver-Mittelung" sich zugleich aufzuheben. Das gilt in Sonderheit mit Blick auf die (ästhetischen) Praktiken der Darstellung, aber auch der Archivierung, der Translation oder Übertragung wie auch der Rechnung und des Operationalen, die in dem, *was sie sind und tun,* sich verbergen und einklammern oder deren Funktionalität sich gerade darin erfüllt, dass sie sich im Prozess der Vermittlung zurücknehmen und allein in ihrem Resultat manifestieren. Dem Begriff des Medialen eignet mithin, so gesehen, eine genuine Negativität.[4]

3 Erwin Panofsky hatte diesen Zusammenhang für die Renaissance und die Kunstlehren des *Disegno* herausgearbeitet; vgl. Panofsky (2008).

4 Dieser Blickwinkel bildet insbesondere die Übergangsstelle zu einer „negativen Medientheorie" (vgl. Mersch 2008a; Mersch 2006a, 219ff).

Friedrich Kittler hat zudem, ausgehend von den „Neuen Medien" als einer Art *terminus ad quem*, die grundlegenden medialen Funktionen, vor allem in *Grammophon, Film, Typewriter*, nach den drei Hauptrichtungen: Übertragen, Speichern und Prozessieren eingeteilt (Kittler 1993). Man kann sie in Ansehung des zuvor Gesagten als Operationen der *Reproduktion und Replikation* einerseits, der *Memoralisierung* durch die Schrift oder andere Verfahren der *Codierung, Aufzeichnung und Wiederholung* andererseits sowie drittens als *operative Rechnung*, wie sie durch den Computer idealtypisch verkörpert wird, ausbuchstabieren. Die drei Kerntechnologien schrumpfen dann im Zeitalter des Digitalen auf die alleinige Technik der mathematischen Algorithmik, die alle anderen ersetzt. Alle drei werden insbesondere mit Jacques Lacans Psychoanalyse und dessen kybernetischen Metaphern, mit den medialen Technologien der *Imagination*, wie sie paradigmatisch im Film und anderen visuellen Medien Gestalt annehmen, des *symbolischen Begehrens* nach Wiederholung durch Bezeichnung und Archivierung als Medien der „Zeitachsenverschiebung", sowie schließlich mit dem *digitalen Code* von 0 und 1 und der Binärschaltung als – im Übrigen falschem – Analogon zu den differenziellen Signifikationsketten des Strukturalismus kurzgeschlossen (Kittler 1986).[5] Eine allgemeine Medienästhetik wäre dann durchgehend auf diese Funktionalitäten zurückzuführen. Sie führt gleichzeitig eine Kritik der älteren Ästhetiken als subjekt- bzw. vermögensgesteuert mit sich.

Medienästhetiken neigen dann sowohl zu Entsubjektivisierungen als auch umgekehrt zur Mechanisierung des Ästhetischen. „[N]icht Botschaften oder Inhalte" zählen, so lauten immer wieder die provokanten Formulierungen in *Grammophon, Film, Typewriter* und anderen Schriften Kittlers, sondern „einzig Schaltungen, dieser Schematismus von Wahrnehmung überhaupt", denn nichts sei, „was nicht schaltbar ist. [...] Was Mensch heißt, bestimmen keine Attribute [...], sondern technische Standards" (Kittler 1986, 332; Kittler 1993, 152, 61, 63 passim). Entsprechend konzentrieren sich auch die Haupteigenschaften ästhetischer Medien auf die Technisierung dieser Attribute, so dass mit der Automatisierung von Imagination und Darstellung durch ihre Reduktion auf die Codierung bedeutungsloser Daten, die zugleich die Hermeneutik jeden „Sinns" „austreiben", ebenfalls die Kunst

---

5 Zur Kittler-Kritik vgl. auch Mersch (2006a, 185ff). Ähnliche Formulierungen finden sich in Schreiber (1985); Tholen (1994); Siegert (2003). Es handelt sich sowohl in Bezug auf Lacan als auch in Bezug auf die Verbindung zwischen den strukturalen Oppositionsketten und den 0/1-Reihen digitaler Codierung um eine Fehlinterpretation. Siehe dazu auch Mersch (2024b). Zum Ansatz Kittlers vgl. insbesondere Winthrop-Young (2005).

auf Maschinen-Prozesse zurückgeführt und von der Hegelschen „Idee" erlöst wird (Kittler 1980).

Unmittelbar damit verbunden ist, dass *zweitens* der Ausdruck „Medium" in seiner engeren Bedeutung auf Technologien oder *technai* bezogen und einmal in Ansehung auf allgemeine Kulturtechniken entwickelt wird. Zum anderen – mit Rückgriff auf einen wiederum missverstandenen Heidegger – nutzt der Medienbegriff die historischen Konnotationen zwischen *technē* als „Kunst" *und* *technē* als „Handwerk" im Sinne einer Praxis der Hervorbringung aus. Medien, zuvorderst die „Neuen Medien" verknüpfen sich damit von Anfang an mit dem Ästhetischen. Diese Verbindung verleiht zugleich einem erweiterten Technikbegriff, der die Kunst inkludiert, einen durchweg anthropologischen Rang (vgl. zum Begriff Kulturtechnik Maye 2010; Bredekamp und Krämer 2003; Siegert 2010; zum Technikverständnis auch Heidegger 2002). Das Medienästhetische pendelt dann zwischen dem Technisch-Handwerklichen und dem Künstlerischen, dabei verkennend, dass Aristoteles die *technē* als „dianoetische Tugend" der *poiēsis* fasste, das heißt beide Begriffe der Ethik zuordnete und insbesondere die *technē* als höchste Ausgestaltung eines praktischen Wissens apostrophierte (Aristoteles 1985, NE 1098a ff.). Der *technē* kam dabei der Status eines „anderen Wissens" als der wissenschaftlichen *epistēmē* zu, das weder als kulturell grundlegend ausgezeichnet noch als im eigentlichen Sinne bloß medial oder künstlich ausgewiesen werden darf. Schon gar nicht darf sie mit „Kunst" im modernen Verständnis verwechselt werden, denn die Kunst, in ihrer epistemischen Kraft, ist in erster Linie eine Form des *Denkens* (Mersch 2015a), nicht eines praktischen Wissens in der Bedeutung eines *tacit knowledge* (Polanyi), das sie auf handwerkliches Können und die lehrbaren Prinzipien der Gestaltung oder des *Disegno* einschränkt.

Diese – irreführenden – Verbindungen von Kunst und *technē* bzw. Technik sind besonders in den letzten Jahrzehnten mit Rekurs auf André Leroi-Gourhan, Bruno Latour und Gilbert Simondon medienästhetisch weiter ausgearbeitet und fast zu einem medientheoretischen Credo verdichtet worden (vgl. exemplarisch Leroi-Gourhan 1987; Latour 2010; Simondon 2012; 2024; zur Kritik auch Mersch 2024a, bes. 55–136). Das Missverständnis hat sich dadurch gleichsam kanonisiert und hört nicht auf, in den einschlägigen Untersuchungen repliziert zu werden, was sie nicht „wahrer" macht. Darüber hinaus werden *drittens* unter „Medien" in einem noch weiter enggeführten Sinne die technischen Apparate und ihre Praktiken selbst mit besonderer

Hinsicht auf eine detaillierte Rekonstruktion ihrer ingenieurstechnischen Erfindungen verstanden, so dass man im Hinblick auf Medientheorien und die theoretischen Medienästhetiken lauter diversifizierte Teildisziplinen erhält, die in ein Stück Technikgeschichte münden. Das gilt sowohl für die Filmwissenschaften als auch die Elektroakustik, das Design und natürlich, vorrangig, für Informatik und Computerwissenschaften. Tatsächlich bildeten sie in der jüngsten Gegenwart den maßgeblichen Ausgangspunkt eines Nachdenkens über mediale Strukturen und deren Folgen: von der medienorientierten Kommunikationswissenschaft über die medienorientierte Literaturwissenschaft mit Fokus auf die Rhetorik als Darstellungstechnik der Rede bis hin zu den Fernsehwissenschaften, dem Computerspiel sowie Bild- und Visualisierungswissenschaften mit besonderer Rücksicht auf die Naturwissenschaften und die Medizin. Die daraus hervorgegangenen Analysen untersuchen entsprechend die Praktiken und Effekte bildlicher *Cadrage,* der figuralen Erzeugung von Narrativen, der Special Effects im Kino oder – in Bezug auf letztere – den konstruktiven Charakter wissenschaftlicher Visualisierungen und ihrer Interpretationsbedürftigkeit bis hin zu den jüngsten computergesteuerten *Motion-Capturing-* oder Simulationsverfahren und deren Akzeleration mittels Künstlicher-Intelligenz-Programme – um einige der vielfältigen technischen Methoden der Illusions- und Immersionserzeugung anzuführen. Die Literatur ist überbordend und kann hier nur kursorisch angeführt werden; allerdings lesen sich die meisten Einlassungen wie technische Spezialanleitungen, die auf ein Sonderwissen zu referieren scheinen, das gewiss lohnenswert ist, das aber manchmal wie ein Selbstzweck wirkt und gewöhnlich eine angemessene Reflexion auf seine Relevanz und seine ästhetischen Grenzen missen lässt. Wenn Medienästhetiken in solchen Rekonstruktionsaufgaben aufgehen, dann marginalisieren sie sich selbst und subsumieren sich unter andere Diskursmächte.

Zusammengefasst lässt sich nach dieser ersten kurzen Durchsicht konstatieren, dass wir einen – mindestens – *dreifachen Sinn des Ästhetischen* und einen – ebenso mindestens – *dreifachen Sinn des Medialen* vor uns haben, so dass sich für den Begriff Medienästhetik mindestens neun mögliche Bedeutungskombinationen ergeben und sich die verschiedenen medienästhetischen Entwürfe auf fast unübersichtliche Weise pluralisieren. Dabei werden, überblickt man die Literatur, sämtliche Kombinationsmöglichkeiten in ihren Teilbedeutungen tatsächlich auch theoretisch ausgebeutet, wobei viele Autoren und Autorinnen die disparaten Bedeutungen auf zum Teil doppelt- und dreifach besetzte Weise verwenden, ohne die spezifischen Differenzen kenntlich zu machen. Das führt zu einer verwirrenden Vielfalt von Ansätzen, die kaum auf einer einheitlichen Karte verzeichnet werden können. Um gleichsam im unwegsamen Gelände dennoch eine provisorische Übersicht zu finden, sei im Folgenden ein Systematisierungsversuch vorgeschlagen, der vor allem schematisch argumentiert, um am Ende eine Klassifizierung anzubieten, die hoffentlich halbwegs eine Orientierung in diesem diffusen Feld verspricht.

Netz aus Komposita gemäß der primären Genitivkonstruktionen

Ein *erster Schritt* des Versuchs einer Systematisierung besteht darin, das Kompositum *Medien-Ästhetik* in die verschiedenen Vektoren seiner Genitivkonstruktion zu zerlegen: Ästhetik *und* Medium. Dabei ist entscheidend, dass das zusammengesetzte Wort „Medienästhetik" zwei Versionen zulässt, nämlich einmal als „Ästhetik der Medien", zum anderen als „Medialität des Ästhetischen". Beide Versionen berufen sich grammatikalisch auf den Genitiv, der nach *genitivus subiectius* und *obiectivus* zu gliedern ist, denn das Wort drückt keine einfache Konjunktion aus, sondern eine Relation.

Begonnen sei der folgende Systematisierungsvorschlag vom primären Relatum der Ästhetik her. Die Ästhetik hat bekanntermaßen eine lange philosophische Tradition; sie gehört mit der *aisthēsis* sowie Aussagen zu Kunst, *technē* und Dichtung gleichsam zum „Urbestand" philosophischen Nachdenkens, nicht nur der europäischen Metaphysik. Man kann ihr insofern einen universalen Status zusprechen, als kein Phänomen, keine sprachliche Rede, keine Darstellungsform existiert, selbst nicht die formalste, welche nicht unter einem impliziten ästhetischen Gesichtspunkt betrachtet werden kann. In den westlichen Traditionen wurde dabei das Ästhetische in der Antike zunächst von der *mimēsis* sowie von der Rhetorik oder Figuralisierung der Rede her verstanden, später, vor allem seit der Frühen Neuzeit, traten, als Analogon zu einem auf Identität geeichten Wahrheitsbegriff, die subjektiv terminierten Eigenschaften des „Schönen" mit ihren Charakteristika der Symmetrie und der Einheit von Form und Inhalt bzw. Gestalt und Materialität sowie des „Erhabenen" als Überwältigung und Grenze des Begrifflichen hinzu. Wird zunächst die Ästhetizität von Erfahrung und Erlebnis und damit die Rezeptivität der Wahrnehmung betont, liegen vor allem seit Hegel, Adorno und Heidegger epistemologische Verständnisse des Ästhetischen vor, die sie als Wissens- oder sogar Wahrheitspraxis auszeichnen. Hier stehen sowohl die Künste als eine Weise des Erkennens im Vordergrund als auch die Ausbuchstabierung jener „künstlichen Praktiken", denen man auf eine spezifische Weise den Titel einer „künstlerischen Forschung" verliehen hat (vgl. Mersch 2015a, Teil I). Eine nachavantgardistische Auffassung versteht darüber hinaus Kunst primär als eine kritische Praxis, aktivistisch bezogen auf Systemkritik, wie überhaupt die Kunst als Intervention, als „Einschnitt" in den Körper der Macht und Ähnliches aufgefasst und dem Politischen zugeordnet wird.

Sämtliche Positionen stehen bis heute in Konkurrenz zueinander und determinieren die Debatten um das Selbstverständnis der Ästhetik als Kunsttheorie. So lässt sich die Verbindung zwischen Wahrnehmung und Erkenntnis im Sinne der Existenz einer sinnlichen *epistēmē* sowie die Zuschreibung einer genuinen Ästhetizität des Poietischen bis zu Platon und Aristoteles zurückverfolgen. Wissen, Ethik und Ästhetik wurden dabei zusammengedacht – Motive, wie sie im Rahmen der Debatten um eine „Ästhetik der Existenz" bei Michel Foucault (vgl. Foucault 2007; Schmid 1998) sowie der „Künstlerischen Forschung" und des Aktivismus nachklingen. Überlegungen zum Schönen und Erhabenen finden sich im Rahmen der Aufklärung bevorzugt bei Edmund Burke und Kant und, was den letzteren Begriff betrifft, besonders in der Kunst der Romantik (vgl. Bohrer 1987; 2002); ihre diskursiven Parameter, vor allem die Momente des Sublimen oder künstlerische Überwältigungsstrategien, spielen bis zur Neoavantgarde eines Barnett Newman oder den Diskussionen über Jean-François Lyotards Revision der Kategorie des Erhabenen, sogar noch in den zeitgenössischen Künsten bei Olafur Eliasson oder Refik Anadol, um nur zwei sehr verschiedene Vertreter anzuführen, eine maßgebliche Rolle. Sie berühren sich mit Kunstphilosophien, die den Künsten eine spezifische Weise nichtdiskursiver Erkenntnis zuschreiben, besonders als „urteilslose Synthesis", wie sie Theodor W. Adorno expliziert hat (Adorno 2017, besonders ab der 19. Vorlesung, 294ff.; vgl. dazu auch Mersch 2023), oder auch in jüngster Zeit im Sinne eines epistemisch verstandenen „Artistic Research" wie bei Christopher Frayling, Henk Borgdorff und anderen, zu deren Versuchen auch die von mir vorgeschlagene „ästhetische Epistemologie" gehört.[6] In ähnlicher

---

6 Siehe Frayling (2012); Borgdorff (2008); Borgdorff und Sonderen (2011). Vgl. ebenso
Bippus (2009); Rey und Schöbi (2009); Caduff, Siegenthaler und Wälchli (2010); Mareis

Weise können nichtwestliche Auffassungen angeführt werden, so das *Dao* des Laotse als Entfaltung eines genuin ästhetischen Weltverhältnisses (vgl. besonders die Interpretationen von Fabian Heubel; exemplarisch Heubel 2023) oder das Bedürfnis nach transformatorischen Figurationen des Menschen im indigenen oder afrikanischen Denken (vgl. Kimmerle 1991; Wimmer 1988; ferner bes. Mbembe 2014) sowie ihre Fortsetzung in den entsprechenden nichtwestlichen Kulturen. Es würde zu weit führen, alle möglichen kulturellen Spielarten des Ästhetischen anzuführen – hier genügt es, einerseits die prinzipielle Unverzichtbarkeit des ästhetischen Denkens herauszustellen, andererseits den Ausdruck „Medienästhetik" als typisch westliche Prägung aufzuweisen, die von Ansätzen der europäischen philosophischen Überlieferung ausgeht, um ihre Theorien und Praktiken von dort kolonisierend über den ganzen Globus auszubreiten.

Ein ähnlich universeller Status muss auch dem Medienbegriff zugestanden werden, wobei Universalität keinen Anspruch meint, sondern eine *conditio sine qua non*. Allerdings sind Ausrichtung und Struktur dieser Bedingung je anders. Denn das Ästhetische bezeichnet die *„Voraus-Setzung"* von Wahrnehmung und Darstellung; es betrifft die Natur der Erfahrung, gleichwie die kulturelle Praxis symbolischer Artikulationen und deren Paradoxalisierung bis hin zu deren „Übertreibung" über ihre eigenen Grenzen hinaus (vgl. Düttmann 2015; 2017). Hingegen weist das Mediale auf die konkreten Praktiken oder Technologien der Wahrnehmung und Darstellung, auf Formen der Übermittlung, Übersetzung und Transformation, das heißt im weitesten Sinne einer Ermöglichung, die jedoch in sich durch eine Grenze relativiert wird. Ihre nähere Bestimmung erhält die „Mediation" von Prozessen der „Mittelung" her, sei es Priorisierung der „Mitte" im starken Sinne oder als ein Abgeleitetes, als „Mittel" im schwachen Sinne (zur Unterscheidung eines starken und schwachen Medienbegriffs vgl. Mersch 2006a). Im letzten Falle bedeutet das „Medium" lediglich ein Werkzeug oder *instrumentum*, das aus einer Zweck-Mittel-Relation hervorgeht und sich dem Realen oktroyiert, es bearbeitet und dabei etwas anderes „hervorbringt" (*poein*), so dass dem Medialen immer schon eine ebenso verändernde wie verzerrende Wirkung beigemessen werden muss. Eine Medienkritik, die die „Mediation" unmittelbar als eine Entfremdungsmaschinerie begreift, bezieht

(2011); Briggs und Karlsson (2012); Badura et al. (2015). Siehe auch Mersch (2018) und Mersch (2015a, Teil 1).

ihre Parameter von dort her.[7] Demgegenüber bildet das Mediale als nichtinstrumentelles „Dazwischen" ein vorgängiges *tertium*, das insofern „dazwischentritt", als es das Mediierte immer schon teilt und verändert, um dadurch verschiedenen Beziehungen und Relationen hervorzubringen. Es konstituiert daher eine Differenz, die ermöglicht, so dass ihm der Rang eines Aprioris zukommt, das als notwendiges Konditional jeder kulturellen Praxis vorausgeht, so dass es nichts eigentlich Unmittelbares, nichts „Un-Vermitteltes" bzw. kein unabhängig feststellbares „Medien-Außen" gibt, vielmehr alles immer schon als mediiert zu betrachten ist.

Anders ausgedrückt: Mediales erweist sich stets schon im Spiel, wo Kulturalität geschieht.[8] Das lässt sich so weit generalisieren, dass ebenfalls davon gesprochen werden muss, dass es Medien gibt, „weil es Alterität gibt" (Mersch 2006a, 9), wobei das Alteritäre dasjenige bezeichnet, was anders, fremd oder unbestimmt bleibt, ein den menschlichen Zugriffen Exteriores, das qua Vermittlung „ent-fernt" und dadurch allererst in eine Nähe gerückt und folglich „als etwas" bestimmt werden kann und Bedeutung erlangt (zur medialen Als-Struktur vgl. Mersch 2015b). Wahrnehmung (*aisthēsis*) wie auch Sinn und Erkenntnis wären dann je schon vermittelt, das heißt durch das Nadelöhr der „Mediation" und ihrer Bedingungen hindurchgegangen, sei es kraft einer „ursprünglichen" (*archē*) Figuralität, einer „transzendentalen" Translation oder einer grundlegenden Technizität, wie sie der Begriff der „Kulturtechnik" ausbuchstabiert hat (vgl. Maye 2010; Siegert 2010). Das bedeutet auch: Die humane Kulturalität entspringt einer genuinen *Archemedialität*, die sich in verschiedenen Formen auffächert, die aber den Charakter einer grundlegenden *technē* besitzt, welche die unterschiedlichen kulturellen Praktiken und Gestalten ebenso bedingt wie ermöglicht. Oder noch anders gewendet: Sie eröffnet und begrenzt sie im Sinne eines *Dispositivs*, das erzeugt (*poien*), indem es einschränkt bzw. ermöglicht, d.h. eine Grenze zieht. Folglich ist das Mediale nicht nur verantwortlich für die Aufschließung und Produktion von kulturellen Phänomenen und ihrer symbolischen Ordnungen, sondern im selben Maße auch für deren „Demarkation", ihre Einschränkung und ihr „Vor-Urteil". Das Kulturelle „kanalisiert", es richtet aus, versperrt gleichzeitig den Blick für Alternativen und beinhaltet damit einen dogmatischen

---

7 Das instrumentelle Verständnis des Medialen war noch bis in die 1970er Jahre hinein vorherrschend.
8 Die Auffassung bezieht ihren Impuls vor allem aus der Dekonstruktion und der Schrifttheorie der *Grammatologie* Jacques Derridas.

Zug. Von Anfang an existiert die Offenbarkeit seiner Freiheit unter der Ägide ihrer Engführung und Einschnürung.

Im ersten Sinne ist das Mediale also etwas Sekundäres, im zweiten etwas Primäres. In der ersten Lesart leitet sich das Medium aus anderen Bedingungen ab, so dass sich auf etwas Vorgängiges und Amediales berufen werden muss, im zweiten Fall handelt es sich um ein Dispositiv mit allen Konnotationen dieses Ausdrucks – von der antiken *oikonomia* bis zu Heideggers „Ge-Stell" (vgl. dazu Mersch 2024a, 290ff.). Ruft zudem das Phantasma eines Amedialen den Begriff eines, im Wortsinne, „Ab-soluten" oder Ursprünglichen auf, sei es als eine unabhängige Wahrheit, eine vorgängige Präsenz, eine unbedingte Substantialität oder ein unwandelbares „Wesen", wie es seit je die Geschichte der Metaphysik postuliert hat, um daraus umgekehrt mediale Praktiken als Praktiken der Zweitrangigkeit, der „Re-Präsentation" oder von Kausalität zu gewinnen, die gegenüber dem primären Sein von vornherein den Status einer Derivation einnehmen, haben Medientheorien seit spätestens den 1970er Jahren recht daran getan, diesen Medienbegriff zu verwerfen, weil er nur im Rahmen einer Kontinuierung metaphysischer Prämissen, das heißt einer Ontologie nichtmediierter Präsenzen formuliert werden kann (vgl. Mersch 2006a, 18–27, worin ein „schwacher" Medienbegriff von einem „starken", antimetaphysischen unterschieden wird). Demgegenüber impliziert eine Priorisierung des Medienbegriffs eine radikale Umwendung der Perspektive, die die „schwache" Sekundarität des Medialen buchstäblich auf den Kopf stellt. Der damit verbundene „starke" Medienbegriff empfängt entsprechend seine Emphase aus der Metaphysikkritik der letzten 100 Jahre und im Besonderen aus der Rationalitäts- und Repräsentationskritik des Poststrukturalismus und der Dekonstruktion (vgl. Mersch 2024a, 9–54).

Wie allerdings beide Bestimmungen dennoch zusammenhängen, worin sie übereinstimmen und worin sie sich scheiden, kann hier nicht Gegenstand der Überlegungen sein. Vielmehr interessieren an dieser Stelle besonders Beziehungen zu den beiden Seiten oder „De-Finitionen" des Ästhetischen und seiner Grundbegriffe. Dabei bleiben – in Ansehung der *aisthēsis* sowie im Hinblick auf die Kunst – vor allem die internen Beziehungen fraglich, sowohl zwischen *Wahrnehmung und Erkenntnis* einerseits (Aisthetik) als auch zwischen *Kunst und Denken* (Artistik) andererseits, so dass eine mediale Aisthetik von einer medialen Artistik unterschieden werden muss (zu den Begriffen Aisthetik und Artistik vgl. auch Barck et al. 1988; Böhme 2001; Mersch 2002a). Ein instrumentell – und damit auch metaphysisch – vorentschiedener

Medienbegriff denkt beide von den zum Einsatz kommenden medialen Agenturen her, die sie ebenso prägen wie überformen, was zu einer mehr oder weniger naiven Diskussion von „Medienästhetik" führt, nämlich der Untersuchung, mittels welcher Techniken, Darstellungsformen oder Praktiken Ästhetisches allererst realisiert wird. Man spricht dann etwa im Film über die medialen Voraussetzungen der Montage, im Roman über diegetische Techniken, in der Rhetorik über die sprachlichen Bedingungen von Metapher und Metonymie, in der Musik über tonale Formate, kompositorische Strategien oder den Einsatz von Instrumenten und Klangerzeugungsmaschinen, in der bildenden Kunst über Farbgebung, zeichnerische Dimensionen und Rahmungen. Danach „gibt es" zunächst eine amediale Wahrnehmung oder Erkenntnis, welche durch mediale Handlungen auf eine bestimmte Weise modelliert und modifiziert werden, um, in Bezug auf die verschiedenen Künste, zu neuen oder anderen Wahrnehmungsformen bzw. Gestalten der Erfahrung und ihrer Grenzen und Aporien zu gelangen – wie es ebenso ästhetische Formate gibt, die mittels medialer Prozesse so konstelliert werden, dass Kunst entstehen kann oder ein künstlerisches Denken und dessen Intentionalität zu einem adäquaten Ausdruck findet. Wahrnehmung, Erkenntnis und Gestaltung wären dann in einer gewissen Hinsicht unverstellt, während ihnen ihre „Mediationen" allererst ihr spezifisches Gepräge, ihr Format verliehen. Diese Prägungen vermögen sie im gleichen Sinne zu manipulieren, wie zu verzerren, woran sich Medienkritik entzünden kann.

Wir haben es dabei mit einem zweckgebundenen Gebrauch des Medienbegriffs zu tun, dessen Kritik die subjektiven Vorentscheidungen betrifft, die implizieren, dass wir durch unsere Handlungen über die medialen Anordnungen verfügen. Unterstellt wird folglich ein Souveränitätsphantasma des Subjekts sowie eine Trennung zwischen Medien als Mitteln oder Werkzeugen und den humanen, intentional terminierten Praktiken, die sie allererst zur Anwendung bringen. Dem steht in der *zweiten*, gleichsam postinstrumentellen Hinsicht die umgekehrte Bestimmung der Mediation entgegen, nämlich deren Apriorität jenseits abgeleiteter Zweck-Mittel-Orientierungen, durch welche wiederum Wahrnehmungen sowie Darstellungen oder künstlerische Formationen konditioniert und hergestellt werden. Es gibt dann im Sinne ihres Aprioris kein ästhetisches Phänomen, wie ebenfalls keine Kunst, die nicht erst durch ihre Mediation existierte, so dass die Ästhetik als eine Theorie von Medialität gleichsam ein Derivat von Medientheorie bildet und der Ausdruck „Medienästhetik" tendenziell zu einem Pleonasmus gerät. Ästhetische Gestalten können entsprechend nur durch die Formen ihrer Hergestelltheit, Vermitteltheit oder Technizität beschrieben werden, wobei den jeweiligen medialen Dispositiven als Akteuren eine eigene Poetik und Gestaltungskraft zukommt.

Tatsächlich muss man beide Seiten als ko-existent betrachten, denn die medialen Gestalten sind selbst ästhetisch gestaltet, wie die Gestaltungen und ihre Ästhetik ihrerseits der Mediation bedürfen. Unbestreitbar sind wir darum in einer Dialektik befangen, die ihre interdependente Formierung immer schon ins Historische eingelassen hat. Nachzuzeichnen wären dann die jeweiligen geschichtlichen Konstellationen, in denen sich das Ästhetische ebenso formiert, wie umgekehrt die Formen dieser Formation ästhetisiert wären. Es bleibt also einseitig, lediglich das Ästhetische gegenüber dem Medialen oder das Mediale gegenüber dem Ästhetischen auszuzeichnen, wie es gleichfalls einseitig wäre, lediglich von ihrer konditionalen Wechselbeziehung auszugehen; vielmehr spiegelt sich in ihrer gegenseitigen Konstitution die Zeit. Wie eingangs angedeutet, käme dann beiden Grundbegriffen des Philosophischen der Status eines genuinen „Zwischen" zu, welches von Anfang an zwischen Denken und zu Denkendem sowie zwischen Wahrnehmung und dem Wahrgenommenen oder zwischen Erkenntnis und Referenz steht, um eine Reihe weiterer Oppositionen wie (abstraktes) Subjekt und (abstraktes) Objekt (als Relationsbegriffe), Form und Materie oder Sein und Schein mit einer ebenso passiven wie aktiven Materialität und einer gleichermaßen aktiven wie passiven Formgebung aufzurufen. Die Struktur der klassischen Differenzbildungen, die ihr „Zwischen" im gleichen Maße ordnet wie überspringt, wie ebenfalls die daran hängenden klassischen philosophischen Kategorien wie Grund, Wahrheit, Raum und Zeit, Identität und Differenz etc. besitzen dann entweder stets schon eine ästhetische Dimension, wie sie zur gleichen Zeit medial terminiert sind und am Begriff des „Mediums" partizipieren. Das Kompositum der „Medienästhetik", ob als Tautologie, als ununterscheidbares „Zwischen" oder als vielfältig zu interpretierende Differenzialität, rührt folglich – und darin besteht letztlich seine diskursive Provokation – am Grundbestand des traditionellen philosophischen Nachdenkens, wobei es im Besonderen darum geht, die verschiedenen Relationen zwischen ihren Elementen wie im selben Maße die verschiedenen Manifestationen des „Zwischen" selbst tiefer zu legen. Anders formuliert: Der Terminus „Medienästhetik" spiegelt nicht nur ein westliches „Vor-Urteil" und etwas zur traditionellen Ästhetik im Lichte neuer Medien Hinzukommendes (in diesem Sinne argumentiert auch Schröter 2013), sondern vor allem auch ein Stück Philosophiekritik, die die Philosophiekritiken der 1920er und 1930er sowie der 1960er und 1970er Jahre in der Nachfolge Heideggers, Wittgensteins und Adornos und Horkheimers um ein Wesentliches und zuvor Ungedachtes erweitert.

Die eigentliche Herausforderung von Medienästhetik liegt hier, denn sie beerbt sowohl die Kritik der Metaphysik der frühen Jahre wie sie diese im gleichen Maße überschreitet und in eine andere Bahn lenkt. Entscheidend ist also, wie bei jedem Kompositum, *wie es gelesen wird* und *in welchen Modalitäten seine Relationen* aufgefächert und zueinander in ein Verhältnis gebracht werden, *wie* also jeweils „Ästhetik" und „Medium" miteinander verknüpft sowie voneinander getrennt werden. Zusammen mit den duplizitären Bedeutungen des Ästhetischen zwischen *Aisthetik* und *Artistik* und den ebenso duplizitären Bestimmungen des Medialen zwischen *instrumentum* und *Dispositiv* ergibt sich so ein Pluralismus von Hinsichten, unter denen Medienästhetiken generell begründet und diskutiert werden können. Gleichzeitig kann so aber auch der Formalismus der zuvor genannten kombinatorischen Vielfalt von drei mal drei Möglichkeiten reduziert und beherrschbar gemacht werden, um sie zuletzt auf zwei mal zwei Kombinationen mit den entsprechenden Binnendifferenzierungen der *Aisthetik* und *Artistik* sowie der *Instrumentalität* und des *Dispositivs* einzuschränken. Dann lassen sich medienästhetische Programme nunmehr in die dominanten Richtungen aufteilen, dass *erstens* das Mediale das Ästhetische allererst konstituiert und dass *zweitens* das Ästhetische das Mediale überformt. Zwischen beiden kann dann entweder das Verhältnis einer Gleichung bestehen, das den Begriff der Medienästhetik als tautologisch erscheinen lässt, oder beide treten als Differenz auseinander, so dass es darauf ankommt, zu untersuchen, wie sich Konjunktion und Disjunktion jeweils zueinander verhalten.

Insgesamt liefern die verschiedenen Hinsichten eine vierdimensionale Matrix, die es erlaubt, die verschiedenen theoretischen Ansätze zu systematisieren und je nachdem, ob sie primär ästhetisch oder primär medientheoretisch argumentieren, in eine Konstellation zu bringen, um die unterschiedlichen medienästhetischen Perspektiven kreuz und quer lesbar zu machen und zu gewichten: *zum einen* als *Instrumentalisierung von Aisthetik* bzw. *Artistik,* wie *zweitens* umgekehrt als *Aisthetik des Instruments* bzw. als *artistische Gegenwendung und Umwidmung des Medialen; zum dritten* als *Dispositive der Wahrnehmung* (des Aisthetischen) und der *Kunst* (des Artistischen) sowie *viertens* wiederum als ebenso *wahrnehmungstheoretische* wie *künstlerische Bearbeitung medialer Dispositive*. Dabei eignet allen vier Grundrichtungen ihre eigene Ermöglichung, wie sie gleichzeitig ihren eigenen Beschränkungen und Paradoxa unterliegen. Klar sein sollte darüber hinaus, dass kein Ansatz passgenau der vorgeschlagenen Ordnung gehorcht, dass diese die unterschiedlichen Schulen und Methoden vielmehr

Ästhetik	Medium
Aisthetik /	Instrumentum /
Artistik des Medialen	Dispositiv des Ästhetischen

Instrumentum

Aisthetik   Artistik

Dispositiv

idealtypisch gliedert. Dennoch ist zu hoffen, dass die vorgeschlagene Einteilung hilft, die unterschiedlichen Positionen mit ihren jeweiligen Stärken und Schwächen gegeneinander abzuwägen.

Ästhetische Metareflexivität des Medialen

Die vorgeschlagene Systematisierung dessen, was treffender als „Medien/Ästhetik" geschrieben werden sollte, liefert Facetten ihrer wissenschaftlichen Programme, gibt aber vorderhand noch keine Auskunft über den theoretischen Ort der Disziplinen und ihrer philosophischen Begründung. Sie muss aus einer anderen, metatheoretischen Perspektive erfolgen, um zugleich „das Mediale" und „das Ästhetische" in ein Verhältnis gegenseitiger Reflexivität zu bringen. Sie würde der in der Schreibweise Medien/Ästhetik angedeuteten oszillativen Kippfigur gerecht. Diese kann im Besonderen aus avantgardistischen Kunstpraktiken erschlossen werden, die die klassischen Medien der Künste einer anhaltenden destruktiven Praxis aussetzten – von der Auslöschung der Figur über die Annullierung klassischer ästhetischer Kategorien bis zu Schock, aktivistischer Intervention und der „Auflösung des Kunstbegriffs" selbst (vgl. Wellershoff 1986). Ihre Taktiken sind unerschöpflich; sie reichen von negativen Gesten der Umkehrung über „Paradoxalisierung" (vgl. zuerst Mersch 2007) bis zur „subversiven Affirmation" (vgl. auch Sasse 2024). Dabei dislozieren sie die Kategorien der überlieferten Ästhetik nicht nur, um diese im selben Maße zu verschieben, zu anästhesieren und neu zu formatieren, sondern um gleichermaßen die „Medien der Wahrnehmung wie der Künste" zu spalten, aufzureißen, auf den Kopf zu stellen und zu anderem hin zu öffnen. Ihre Strategien des Autodafé machen entsprechend nicht nur die bis dahin gültige Ästhetik reflexiv, sondern auch die ihnen zugeordneten Medialitäten. Sie gestatten damit im gleichen Maße die klassischen kunsttheoretischen Analysen zu beschämen und einer chronischen Verspätung auszusetzen, indem sie diesen immer schon vorweg sind, wie sie ebenfalls die Selbstverständnisse jener medienästhetischen Literaturen zu durchkreuzen, die das Mediale im Sinne eines Konstituens dem Ästhetischen als Unbedingtheit voranstellten, um zugleich deren inneren Widerspruch zu enthüllen. Man kann sogar sagen, dass das scheinbar apriorische Gewicht von Technologie durch die künstlerischen Verfahren geradezu konvertiert und gebrochen wird, um das sichtbar und hörbar machen, was durch diese verdeckt bleibt und sich verbirgt. Die Ästhetik trifft auf diese Weise die Gestalten medientechnologischer Ansätze auf eine nochmals andere Weise, indem sie diese selbst an ihre Grenzen treibt und beobachtbar macht.

Einen Hinweis auf solche metaästhetischen Strategien gab zuerst Clement Greenberg in Bezug auf seine Auseinandersetzungen mit den Avantgarden der New Yorker Schule, die nicht nur die Künste mit ihrem eigenen Anderen konfrontierten – man denke an Jackson Pollock, an Robert Rauschenberg und besonders an John Cage, der durch die Einführung des Zufalls und der Stille den gesamten Kanon der europäischen Kunst- und Musikgeschichte infrage stellte (vgl. im Besonderen Mersch 2008b) –, sondern in der Transformation des Ästhetischen in gleicher Weise auch die Medialität der Künste unter Reflexion stellten und dadurch thematisierten, dass sie explizit in diese intervenierten. Die avantgardistischen Künste haben dadurch nicht nur ein neues Kunstverständnis geschaffen, sondern in dem Maße, wie sie dieses hervorbrachten, auch deren medialen Konstellationen ebenso ausgestellt wie derangiert (vgl. Greenberg 2009). Die Verwendung spezifischer Materialien oder Formen der Farbgebung wie des

Geräuschs als Klangquelle machte somit im positiven Sinne etwas sichtbar oder hörbar, wie sie in einem negativen Sinne die Medien und Formen dieser Sichtbarmachung und Hörbarmachung unter Reflexion stellten.

Was unter dem Titel einer „negativen Medientheorie" vorgeschlagen wurde (Mersch 2008a), hat daran Schule genommen und die Praktiken solcher Reflexivität für eine systematische Medienreflexion fruchtbar gemacht. Sie exponiert dabei das Ästhetische und seine Strategien als eine besondere Weise immanenter Aufklärungsarbeit. Bildet die Emphase des „Medienbegriffs", wie er in den 1970er und 80er Jahren als kritischer Begriff eingeführt wurde, um die bewusstseinstheoretische Vernunftorientierung der Aufklärung selbst noch dadurch aufzuklären, dass ihr im Anschluss an die Rationalitätskritiken französischer Provenienz eine materiale Medienorientierung vorangestellt wurde, zielen die Bemühungen „negativer Medientheorie" ihrerseits darauf, diese in ihren uneingestandenen Prämissen selber wiederum aufzudecken und reflektierbar zu machen. Der Begriff der Negativität radikalisiert dabei das Begründungsproblem von Medientheorie dahingehend, dass „[k]ein Medium [...] über seine Medialität" in dem Sinne „zu verfügen vermag", dass es sich über die Strukturalität seiner eigenen Strukturen im Klaren ist; „vielmehr verwehrt sich das Mediale seiner eigenen Mediation" (Mersch 2015b). Im Prozess der Vermittlung vermittelt sich daher das Vermittelnde nicht mit; es hält sich vielmehr chronisch zurück, um ganz in seiner eigenen Mediation aufzugehen. Aus diesem Grund lässt sich die Weise der spezifischen Funktionalität des Medialen auch nicht durch sich selbst darstellen – sie entzieht sich.

Man kann dieses Problem, wie in analytischen oder auch mathematischen Verfahren üblich, nicht durch Aufteilung lösen, indem man zwischen Beobachtung und Beobachtetem unterscheidet, um zwischen beiden eine Barriere zu errichten, als ob ein Medium immer nur durch ein anderes betrachtet werden könne;[9] vielmehr bleibt der systematische Makel, dass *erstens* „die beobachtenden Medien ihre Strukturen den beobachteten aufprägen", so dass diese „immer nur verzerrt erscheinen", sowie dass „*zweitens* deren eigene Strukturen in einem chronischen Rückstand verharren": Mit diesem Grundlagenproblem „steht und

---

9 Es war Jürgen Fohrmann, der diese Behauptung aus einseitig systemtheoretischer Sicht in ein Gutachten zur Medienwissenschaft für die Deutsche Forschungsgemeinschaft hineingeschrieben hat und damit das Fach auf eine systemische Theoriebildung verpflichten wollte.

fällt Medientheorie als kulturwissenschaftliche Grundlagenphilosophie" (Mersch 2006a, 19).

Medientheorie, wie sie sich in den Dezennien zwischen 1970 und 2000 zu etablieren und als Wissenschaft auszubilden suchte, entbehrt auf diese Weise ihrer philosophischen Fundierung. Ihr Fehlen bleibt der theoretischen Begründung des Fachs notorisch immanent. Das gilt auch für die verschiedenen Medienästhetiken, die sich erst als „Medien/Ästhetik" unter Ausnutzung ihrer Kippfigur philosophisch zu nobilitieren vermögen. Eine „negative Medientheorie", als ein philosophisches Begründungsprogramm unter anderen, sucht deren Dilemma selbst wieder ästhetisch zu lösen, so dass die „Medien/Ästhetik" selbst zu einer metatheoretischen Disziplin avanciert, die jeder „Medien-Theorie", die diesen Namen verdient, vorausgeht. Die Ästhetik des Medialen kommt damit nicht als wiederum gesonderte Theorie medialer Praktiken zum Tragen, die sie zugleich vereinzelte, sondern sie beruht auf der Ausnutzung jener indirekten Reflexionsstrategie, wie sie Roland Barthes im Besonderen als einen „Blick von der Seite" apostrophiert hatte (Barthes 1967; Mersch 2008a). Dieser wagt das gleichsam „anamorphotische" Manöver, mittels manifester Diagonalisierung das kenntlich zu machen, was sich der Kenntlichkeit versperrt. Anamorphosen erfordern eine Sichtweise aus einem schrägen Winkel von 180°, der von dort her schaut, wo es buchstäblich nichts zu sehen gibt, weil andernfalls sich allein eine verwirrende Vielzahl diffuser Linien zeigt, die ihr Geheimnis nicht preisgeben (vgl. Mersch 2006b). Aus der „unmöglichen" Perspektive springt dann hervor, was sich direkter Wahrnehmung verschließt. Die ästhetische Praxis der Anamorphose, die hier als Paradigma fungiert, operiert dabei vorzugsweise mittels metastabiler Konfigurationen, das heißt auf der Grundlage konträrer Anordnungen, um die medialen Bedingungen so umzubiegen, dass sie in Fluss geraten und sich gleichsam von selbst preisgeben. *Einerseits* partizipieren damit die Verfahren ihrer „Diagonalisierung" am Medialen, nehmen es in Anspruch, um es aber *auf der anderen Seite* gegen sich selbst zu kehren, mit ihm zu brechen" (Mersch 2015b, 45), um es zu seiner eigenen Offenbarmachung zu zwingen. Es ist folglich das Ästhetische – das gewiss nicht ohne technische Mittel auskommt, die im Medialen Konstellationen einer Inversion induzieren, deren technische Mittel ihnen nicht wiederum angehören und ihren eigenen Entzug mit beinhalten –, das umgekehrt dessen Konditionen unter Reflexion stellt und Teile ihrer Dispositionalität enthüllt. Das Ästhetische bedient sich dabei der Kraft der Durchkreuzung, des Chiasmus, der die medialen

Formate durchfurcht und sie von innen her aufreißt, um *in* und *durch* ihre Ruptur das aufzuweisen, was „sich" anders nicht „zu zeigen vermag" (dazu bereits Mersch 2002b).

Beispielhaft dafür kann der „Jump Cut" Jean-Luc Godards angesehen werden.[10] Die filmische Montage wird durch ihre konträre Verwendung zum Irritationspunkt, der zugleich die Wahrnehmung auf das lenkt, was das filmische Erzählen selbst erst ermöglicht. Es handelt sich gleichsam selbst um eine Montagetechnik, die sich ihrer Technizität bedient, um sie im gleichen Maße quer zu ihrem gewöhnlichen Gebrauch so einzusetzen, dass die Montage als Montage sichtbar wird. Kann der Schnitt als mediales Mittel zur kinematografischen Narration angesehen werden, wird er durch den ästhetischen Kunstgriff gleichsam eines Stolperns, einer Verzögerung oder Unterbrechung angehalten, „gebeugt" (*reflectere*) und damit zeitlich dysfunktionalisiert, so dass überhaupt *die Zeit im Film als „geschnittene Zeit" zum Vorschein kommt.* Der „Jump Cut" avanciert dadurch zum *momentum* einer medialen Selbstreflexion, die weder diskursiv erfolgt noch eines reflektierenden Subjekts bedarf, sondern eine *reflecto in rei* (Mersch 2023) installiert, und zwar durch den Akt einer ästhetischen Markierung. Es ist diese Markierung, die im selben Sinne die Medialität des Mediums markiert. Sie geschieht als Akt eines *Sichzeigens.* Solchem *Sichzeigen* kommt eine *epistemische Dimension* zu. Sie bildet im eigentlichen Sinne eine *medienreflexive Erkenntnisweise* (Mersch 2015a, 129ff.). Reflexivität meint dabei keine Haltung, die eines intentionalen Bewusstseins bedarf, das sich ihrer souverän bedient, sondern sie entspringt der Sache selbst, indem sie gleichzeitig eine *reflectio in medio* vollzieht, die aus einer „Versetzung" der Mediation selbst, der Instantiierung eines „Sprungs" inmitten der Vermittlungen hervorgeht, denn das Mediale zeigt sich bevorzugt dort, wo es nicht funktioniert, wo es aus der Rolle fällt und die Praxis seiner Vermittlung ihre Plausibilität einbüßt. Die ästhetische Reflexivität bildet folglich das Produkt einer Spaltung oder Differenz. Die Pointe ist, das Mediale der Mediation durch Praktiken solcher Differenzen zur Selbstreflexion zu animieren, wie umgekehrt das Ästhetische der Mediation bedarf, um mit sich selbst in Widerspruch zu treten.

Anders gewendet: Indem Medien sichtbar machen, darstellen, aufzeichnen und dabei, Hegelsch gesprochen, in der Weise ihrer Sichtbarmachung, ihrer Darstellungsform oder Archivierung selbst untergehen, bedarf der Grund ihres Sichtbarmachens eines

Dieter Mersch

---

10 Zuerst in seinem Film *Außer Atem* (1960); siehe auch Roberts (2023).

Unsichtbaren, ihrer Repräsentationalität eines Nichtrepräsentierbaren oder ihrer Memoriabilität eines Unerinnerbaren, die qua künstlerischer Intervention ihre Negativität selbst präsent werden lassen, um sie ins kollektive Gedächtnis einzuschreiben. Das heißt aber, dass vielleicht die Ästhetik, stärker noch als die diskursive Analyse, die ausgezeichnete Form bildet, das Sich-Verhüllende oder Sich-Zurücknehmende des Medialen, soweit es im Erscheinen verschwindet und im Verschwinden erscheint, aufzudecken – auch wenn sich diese Art der Aufdeckung, wie das Ästhetische überhaupt, immer nur im Einzelfall realisieren lässt und sich darum jeder Verallgemeinerbarkeit verwehrt.

Die Schwierigkeit einer zureichenden Beschreibung dieser und ähnlicher Vorgänge ästhetischer Reflexivität liegt in dieser Nötigung zur Zurücknahme oder Passivität: Deshalb das unablässige Pochen auf Formulierungen des Lassens und Sichzeigens wie überhaupt auf deren asubjektive Steigerungen im unpersönlichen „Sich". Denn die Kunst ist Erkenntnis im Modus der Defensive, die durch ihre *epochē* zur Erscheinung bringt, indem sie im Wahrnehmbaren das Ereignis jenes reflexiven Sprungs manifestiert, der anders als vermöge einer paradoxen Figurierung nicht zur Geltung kommen kann. Das bedeutet aber: Medienästhetik bezeichnet im philosophischen Sinne ein ausgezeichnetes Verfahren ebenso theoretischer wie praktischer Reflexivität, in der sich das Ästhetische und das Mediale in einem unablässigen Platztausch miteinander befinden. Sie führen einen nicht aufhörenden Tanz um eine leere Mitte auf, wie sie im „Slash" des Vexierspiels von „Medien/Ästhetik" notierbar wird. Deswegen bleibt jeder Versuch, das Mediale dem Ästhetischen als Unbedingtes voranzustellen, naiv, wie umgekehrt die Evokation eines amedialen Ästhetischen unzureichend bleibt. Medien/Ästhetik gelingt nur, wo beide Seiten fortwährend in Bewegung sind, um das Mediale des Mediums und seine Verhältnisse zum Tanzen zu bringen.

Literatur

Adorno, Theodor W. 2017. *Ästhetik (1958/59).* Berlin: Suhrkamp.

Aristoteles. 1985. *Nikomachische Ethik.* Hamburg: Meiner.

——. 1995. *De anima.* In *Philosophische Schriften,* Aristoteles, Bd. 6, Hamburg: Meiner.

Badura, Jens, Selma Dubach, Anke Haarmann, Dieter Mersch et al., Hgs. 2015. *Künstlerische Forschung: ein Handbuch.* Zürich: Diaphanes.

Barck, Karlheinz, Peter Gente, Heide Paris und Stefan Richter, Hgs. 1990. *Aisthesis. Wahrnehmung heute oder Perspektiven einer anderen Ästhetik.* Leipzig: Reclam.

Barthes, Roland. 1967. *Kritik und Wahrheit.* Frankfurt am Main: Suhrkamp.

Bippus, Elke, Hg. 2009. *Kunst des Forschens. Praxis des ästhetischen Denkens.* Berlin: Diaphanes.

Böhme, Gernot. 2001. *Aisthetik: Vorlesungen über Ästhetik als allgemeine Wahrnehmungslehre*. München: Fink.

Bohrer, Karl-Heinz. 1987. *Plötzlichkeit: Zum Augenblick des ästhetischen Scheins*. Frankfurt am Main: Suhrkamp.

———. 2002. *Ästhetische Negativität*. München: Hanser.

Bolz, Norbert. 1990. *Theorie der neuen Medien*. München: Raben-Verlag.

———. 1991. *Kurze Geschichte des Scheins*. München: Fink.

Borgdorff, Henk. 2008. „Artistic Research and Academia: An Uneasy Relationship". In *Yearbook for Artistic Research*, herausgegeben von Torbjörn Lind, 82–97. Stockholm.

Borgdorff, Henk und Peter Sonderen, Hgs. 2011. *Denken in Kunst: Theorien en reflectie in het Kunst-onderwijs*. Leiden: Leiden Publ.

Bredekamp, Horst und Sybille Krämer. 2003. „Kultur, Technik, Kulturtechnik: Wider die Diskursivierung der Kultur". In *Bild – Schrift – Zahl*, herausgegeben von Horst Bredekamp und Sybille Krämer, 9–22. München: Fink.

Briggs, Michael und Henrik Karlsson, Hgs. 2012. *The Routledge Companion to Research in the Arts*. Oxford: Routledge.

Caduff, Corinna, Fiona Siegenthaler und Tan Wälchli, Hgs. 2010. *Art and Artistic Research. Zurich Yearbook of the Arts*, Bd. 6. Zürich.

Düttmann, Alexander Garcia. 2015. *Was weiß Kunst? Für eine Ästhetik des Widerstands*. Konstanz: Konstanz University Press.

———. 2017. *Was ist Gegenwartskunst?* Paderborn: Konstanz University Press.

Foucault, Michel. 2007. *Ästhetik der Existenz: Schriften zur Lebenskunst*. Frankfurt am Main: Suhrkamp.

Frayling, Christopher. 2012. „Research in Art and Design". In *Mapping Design Research*, herausgegeben von Simon Grand und Wolfgang Jonas, 95–107. Basel: Birkhäuser.

Greenberg, Clement. 2009. *Die Essenz der Moderne: Ausgewählte Essays und Kritiken*, herausgegeben von Karlheinz Lüdeking. Hamburg: Philo Fine Arts.

Hegel, Georg Wilhelm Friedrich. 1971. *Enzyklopädie der philosophischen Wissenschaften*. In *Werke in 20 Bänden*, G.W.F. Hegel, Bd. 8–10. Frankfurt am Main: Suhrkamp.

Heidegger, Martin. 2002. *Die Technik und die Kehre*. 9. Aufl. Stuttgart: Klett-Cotta.

Heubel, Fabian. 2023. „Wer seine Helle kennt, sich in sein Dunkel hüllt: Das Kapitel 28 des Lǎozǐ (Laotse) transkulturell gelesen". In *Polylog als Aufklärung? Interkulturell-philosophische Impulse*, herausgegeben von Franz Gmainer-Pranzl und Lara Hofner, 237–51. Wien: facultas.

Hoffmann, Stefan. 2002. *Geschichte des Medienbegriffs*. (*Archiv für Begriffsgeschichte*, Sonderband). Hamburg: Meiner.

Kimmerle, Heinz. 1991. *Philosophie in Afrika – afrikanische Philosophie: Annäherungen an einen interkulturellen Philosophiebegriff*. Frankfurt am Main: Campus.

Kittler, Friedrich A., Hg. 1980. *Austreibung des Geistes aus den Geisteswissenschaften*. Paderborn: Schöningh.

———. 1986. *Grammophon, Film, Typewriter*, Berlin: Brinkmann & Bose.

———. 1993. *Draculas Vermächtnis: Technische Schriften*. Leipzig: Reclam.

Latour, Bruno. 2010. *Eine neue Soziologie für eine neue Gesellschaft: Einführung in die Akteur-Netzwerk-Theorie*. Frankfurt am Main.

Leroi-Gourhan, André. 1987. *Hand und Wort: Die Evolution von Technik, Sprache und Kunst*. Frankfurt am Main: Suhrkamp.

Lippe, Rudolf zur. 1987. *Sinnenbewußtsein*. Reinbek bei Hamburg: Rowohlt.

Mareis, Claudia. 2011. „Artistic Research", *Texte zur Kunst* 20, Nr. 82.

Maye, Harun. 2010. „Was ist eine Kulturtechnik?" *Zeitschrift für Medien- und Kulturforschung* 1, 121–35.

Mbembe, Achille. 2014. *Kritik der schwarzen Vernunft*. Berlin: Suhrkamp.

Mersch, Dieter. 2002a. *Ereignis und Aura: Untersuchungen zu einer Ästhetik des Performativen*. Frankfurt am Main: Suhrkamp.

———. 2002b. *Was sich zeigt: Materialität, Präsenz, Ereignis*. München: Fink.

———. 2003. „Ästhetischer Augenblick und Gedächtnis der Kunst: Überlegungen zum Verhältnis von Zeit und Bild". In *Die Medien der Künste*, herausgegeben von Dieter Mersch und Michaela Ott, 151–76. München: Fink.

———. 2006a. *Medientheorien zur Einführung*, Hamburg: Junius.

———. 2006b. „Abbild und Zerrbild: Zur Konstruktion von Rationalität und Irrationalität in frühneuzeitlichen Darstellungsweisen". In *Instrumente in Kunst und Wissenschaft*, herausgegeben von Helmar Schramm, Ludger Schwarte und Jan Lazadzig, 21–40. Berlin: de Gruyter.

———. 2007. „Paradoxien, Brüche, Chiasmen". In *Kunst und Wissenschaft*, herausgegeben von Dieter Mersch und Michaela Ott, 91–101. München: Fink.

———. 2008a. „Tertium datur: Einleitung in eine negative Medientheorie". In *Was ist ein Medium?*, herausgegeben von Stephan Münker und Alexander Roesler, 304–21. Frankfurt am Main: Suhrkamp.

———. 2008b. „Stille als Ereignis: Zur Ortschaft des musikalischen Geschehens". In *Sinnbildungen. Spiritualität in der Musik heute*, herausgegeben von Jörn-Peter Hiekel, 46–58. Mainz: Schott.

———. 2015a. *Epistemologien des Ästhetischen*. Zürich: Diaphanes.

———. 2015b. „Wozu Medienphilosophie? Eine programmatische Einleitung". *Internationales Jahrbuch für Medienphilosophie* 1, 13–48, Berlin: de Gruyter.

———. 2018. „Von Wissenschaft zur Kunst: Alvin Luciers kompositorisches Werk als Kunstforschung". In *Alvin Lucier* (Musik-Konzepte. Neue Folge, Bd. 180/181), 130–47. München: edition text + kritik.

———. 2023. „Die ästhetische Synthesis: Zur Form künstlerischen Denkens". In *Praktiken ästhetischen Denkens*, herausgegeben von Silvia Henke, Dieter Mersch und Nicolaj van der Meulen, 53–82. Bielefeld: transcript.

———. 2024a. *Humanismen und Antihumanismen: Kritische Studien zur Gegenwartsphilosophie.* Zürich: Diaphanes.

———. 2024b. „Postmoderne und digitale Disruption: eine Kritik", In *Jahrbuch für Medienphilosophie* 8/9. Berlin (im Erscheinen).

Panofsky, Erwin. 2008. *Idea: Ein Beitrag zur Begriffsgeschichte der älteren Kunsttheorie.* Studien der Bibliothek Warburg, Bd. 5. Leipzig und Berlin: Teubner 1924. Wiederabgedruckt in *Idea: Eidos und Eidolon*, Ernst Cassirer und Erwin Panofsky. Fundus Bd. 172. Hamburg: Philo Fine Arts.

Rey, Anton und Stephan Schöbi, Hgs. 2009. *Künstlerische Forschung: Positionen und Perspektiven.* Zürich: Zürcher Hochschule der Künste.

Roberts, Hope. 2023. „A Jump-cut in History: How Breathless revolutionized Filmmaking". Zuletzt abgerufen am 30. August 2024. http://www.cinemablography.org/blog/a-jump-cut-in-history-how-breathless-revolutionized-filmmaking.

Rötzer, Florian, Hg. 1991. Digitaler Schein: Ästhetik der elektronischen Medien. Frankfurt am Main: Suhrkamp.

Sasse, Sylvia. 2024. *Subversive Affirmation.* Zürich: Diaphanes.

Schmid, Wilhelm. 1998. *Philosophie der Lebenskunst: Eine Grundlegung.* Frankfurt am Main: Suhrkamp.

Schreiber, Jens. 1985. „Word-Engineering: Informationstechnologie und Dichtung". In *Das schnelle Altern der neuesten Literatur*, herausgegeben von Jochen Hörich und Hubert Winkels, 287–305. Düsseldorf.

Schröter, Jens. 2013. „Medienästhetik, Simulation und ‚Neue Medien'". Zeitschrift für Medienwissenschaft 8, Nr. 1, 88–100.

Schulte-Sasse, Jochen. 2001. „Einbildungskraft/ Imagination". In Ästhetische Grundbegriffe, herausgegeben von Karlheinz Barck et al., Bd. 2, 88–120. Stuttgart: Metzler.

Selle, Gert. 1988. *Gebrauch der Sinne.* Reinbek bei Hamburg: Rowohlt.

Siegert, Bernhard. 2003. *Passagen des Digitalen.* Berlin: Brinkmann & Bose.

———. 2010. „Kulturtechnik". In *Einführung in die Kulturwissenschaft*, herausgegeben von Harun Maye und Leander Scholz. München: Fink.

Simondon, Georges. 2012. *Die Existenzweise technischer Objekte.* Zürich: Diaphanes.

———. 2024. *Imagination und Invention.* Berlin: Matthes & Seitz.

Sörensen, Bengt Algot. 1963. *Symbol und Symbolismus in den ästhetischen Theorien des 18. Jahrhunderts und der deutschen Romantik,* Kopenhagen: Munksgaard.

Tatari, Marita. 2017. *Kunstwerk als Handlung: Transformationen von Ausstellung und Teilnahme.* Paderborn: Wilhelm Fink.

Tholen, Georg Christoph. 1994. „Platzverweis: Unmögliche Zwischenspiele von Mensch und Maschine". In *Computer als Medium*, herausgegeben von Norbert Bolz, Friedrich Kittler und Christoph Tholen, 111–35. München: Fink.

Trede, Johann Heinrich und Karl Homann. 2019. „Einbildung, Einbildungskraft". In *Historisches Wörterbuch der Philosophie*, herausgegeben von Joachim Ritter et al., Sonderausgabe, Bd. 2, 346–58. Darmstadt: WBG.

Wellershoff, Dieter. 1986. *Die Auflösung des Kunstbegriffs.* Frankfurt am Main: Suhrkamp.

Welsch, Wolfgang. 1993a. „Das Ästhetische: Eine Schlüsselkategorie unserer Zeit?" In *Die Aktualität des Ästhetischen*, herausgegeben von Wolfgang Welsch, 13–47. München: Fink.

———. 1993b. „Ästhetisierungsprozesse: Phänomene, Unterscheidungen, Perspektiven". *Deutsche Zeitschrift für Philosophie* 41, Nr. 1, 7–29.

Wimmer, Franz Martin. 1988. *Vier Fragen zur Philosophie in Afrika, Asien und Lateinamerika.* Wien: Passagen.

Winthrop-Young, Geoffrey. 2005. *Friedrich Kittler zur Einführung.* Hamburg: Junius.

Autor*innen

Natascha Adamowsky ist Professorin für Medienkulturwissenschaft an der Universität Passau. Ihre Forschungsschwerpunkte sind Medienästhetik, Kulturwissenschaftliche Digitalitätsforschung, medienwissenschaftliche Spielkulturforschung, aktuell Spielzeuge und Spielplätze. Publikationen: „Productive Indeterminacy. On the Relationship between Play and Science". Technology and Language 3 (4) (2022); „Knowledges. Submarine Discoveries: Wonderful Facts and Monstrous Encounters". In A Cultural History of the Sea in the Age of Empire, Bd. 5, hg. von M Cohen (2021); Technik und Lebendigkeit. Automaten, Androiden, Avatare (2020). E-Mail: natascha.adamowsky@uni-passau.de.

Emmanuel Alloa ist Professor für Ästhetik und Kunstphilosophie an der Universität Fribourg. Seine Forschungsschwerpunkte sind Ästhetik, Phänomenologie, Bild- und Medientheorien, Sozialphilosophie. Publikationen: The Share of Perspective (2024); „Die ästhetische Differenz". Deutsche Zeitschrift für Philosophie 71 (5) (2023); Handbuch Phänomenologie, hg. mit T. Breyer u. E. Caminada (2023); O Corpo da Imagem. A Imagem do Corpo (2021); The Supermarket of Images, hg. mit P. Szendy u. M. Ponsa (2020). E-Mail: emmanuel.alloa@unifr.ch.

Martin Beck ist wissenschaftlicher Mitarbeiter (Postdoc) an der Universität der Künste Berlin. Seine Forschungsschwerpunkte sind Ästhetik, Kunstphilosophie, Designphilosophie, Medien- und Technikphilosophie, Epistemologien alternativer Erkenntnisformen, Affekt- und Queertheorie. Publikationen: Konstruktion und Entäußerung. Bildlogik und anschauliches Denken bei Kant und Hegel (2020); „Andere Körper. Von der Verkörperungslogik des Korrelationismus zur spekulativen Ästhetik". In Das Ästhetisch- Spekulative. Spekulationen in den Künsten, hg. von K. Busch et al. (2016); „Otherkin, Digitalisierung, Pubertät. Drei Skizzen zu Krisen der Verkörperung". Publikation im Rahmen der Ausstellung „fühle meinen körper sich von meinem körper entfernen", Heidelberger Kunstverein. E-Mail: m.beck@udk-berlin.de.

Dieter Mersch ist ehemaliger Prof. für Ästhetische Theorie und Leiter des Instituts for Critical Theory an der Zürcher Hochschule der Künste. Seine Forschungsschwerpunkte sind Kunst- und Medienphilosophie, Geschichte und Gegenwartsphilosophie, Kritik des Digitalen. Publikationen: Humanismen und Antihumanismen. Kritische Studien zur Gegenwartsphilosophie (2024); Beyond Mimesis. Aesthetic Experience in Uncanny Valleys, hg. mit J. Sternagel und J. Tobias (2024); zusammen mit J. Bennke: Levinas und die Künste (2023); „Von Metaphysikkritik zu nonnaturalistischen Ökologien. Zur Grundlagendiskussion von Kulturphilosophie". Zeitschrift für Kulturphilosophie (1) (2023); Kein Würfelwurf bringt den Zu-Fall zu Fall. Spiel, Kunst, Zufall (2022); zusammen mit S. Henke, N.v.d. Meulen, Th. Strässle, J. Wiesel: Manifest der Künstlerischen Forschung. Eine Verteidigung gegen ihre Verfechter (2020). E-Mail: dieter.mersch@t-online.de.

Beate Ochsner ist Professorin für Medienwissenschaften an der Universität Konstanz. Ihre Forschungsschwerpunkte sind Mediale Teilhabe, Partizipationsforschung, Dis/Ability und Medienwissenschaften, Praktiken des Hörens und Sehens, Serious Gaming/ Serious Games. Publikationen: „Zum Konzept medialer Teilhabe". In Handbuch Medientheorien im 21. Jahrhundert, hg. von Christoph Ernst et al. (2024); Disability and Video Games: Practices of En-/Disabling Modes of Digital Gaming, hg. zusammen mit Markus Spöhrer (2023); zusammen mit Judith Willkomm, Harald Waldrich, und Markus Spöhrer: „‚Serious Gaming' – oder Spielen ernst nehmen: Ein Forschungsprogramm". Zeitschrift für Medienwissenschaft 15 (1) (2023); Techniques of Hearing. History, Theory and Practices, hg. zusammen mit Michael Schillmeier und Robert Stock (2020); Media Practices Commoning, Special Issue der Open Cultural Studies, hg. zusammen mit Anne Ganzert und Robert Stock (2020). E-Mail: beate.ochsner@uni-konstanz.de.

Bettina Papenburg ist seit Juni 2022 Privatdozentin für Medienwissenschaft und Medienkulturwissenschaft an der Heinrich- Heine-Universität Düsseldorf. Ihre Forschungsschwerpunkte sind Medienepistemologie und digitale Wissenskulturen, Medienästhetik und Medientechnik, Critical AI Studies, Critical Infrastructure Studies, Körper- und Affektpolitiken. Publikationen: „Postkolonisierung des Weltraums: Die Film Credits in ONE SKY als Geste der epistemischen Selbstbehauptung". Nach dem Film, Themenheft 23: Film Credits und Listen in den Künsten (2024); mit K. Dreckmann: Queer Pop: Aesthetic Interventions in Contemporary Culture (2023); Vitalitätseffekte: Erkenntnis und Affekt in der Medienkultur der Zellbiologie (2022). E-Mail: bettina.papenburg@gmail.com.

Ulrike Ramming ist wissenschaftliche Mitarbeiterin am Institut für Philosophie der Universität Stuttgart. Ihre Forschungsschwerpunkte sind Medienphilosophie/Philosophie der Medialität, Kritische Theorie, Sprachphilosophie. Publikationen: „Ästhetik". In Handbuch Technikphilosophie, hg. von M. Gutmann et al. (2024); „Physiognomie und Sachlichkeit. Materiale Kategorien in Adornos frühen Medienanalysen". In Adorno und die Medien, hg. von J.-F. Popp und L. Voropai (2023); „Calculating with Words. Perspectives from Philosophy of Media, Philosophy of Science, Linguistics and Cultural History". Technology and Language 2 (2021); „Kausale Kette und technisch gestützte Referenz". In Sprache, Wahrnehmung und Selbst: Neue Perspektiven auf Gareth Evans' Philosophie, hg. von C. Misselhorn et al. (2017). E-Mail: ulrike.ramming@philo.uni-stuttgart. de.

Judith Siegmund ist Professorin für philosophische Ästhetik an der Zürcher Hochschule der Künste. Ihre Forschungsschwerpunkte sind Ästhetische Theorie, Kunsttheorie, Kunstphilosophie und Kunstsoziologie, insb. Produktionsästhetik und Handlungstheorie. Publikationen: „Dauer um jeden Preis? Kultur, die verschwindet im Lebendigen – Hannah Arendts Begriffe von Verdinglichung als Kunst, Dauer und Natur". In Hannah Arendt und die Weltlichkeit der Künste, hg. von J. Siegmund, M. Tatari und A. Eusterschulte (2025); „Ästhetiken der Verschränkung im 18. Jahrhundert und postkoloniale Theorien in den Künsten". In Plurale Verschränkungen, hg. von M. Rosenkranz und N. T. Zahner (2025);

„There Is No Simulation in the Artist – Is There?" Revue internationale de philosophie 78 (310): Art et esthétique chez Croce (2024); Zweck und Zweckfreiheit. Zum Funktionswandel der Künste im 21. Jahrhundert (2019). E-Mail: judith.siegmund@zhdk.ch.

Jörg Sternagel ist Privatdozent an der Universität Konstanz und Akademischer Rat auf Zeit an der Universität Passau. Seine Forschungsschwerpunkte sind Alterität, Bildlichkeit, Medialität, Performativität. Publikationen: Ethisches Sehen. Transformative Erfahrungen und wechselseitige Abhängigkeiten in der (post-)pandemischen Lebenswelt (2025); zusammen mit A. Sabisch, V. Mühleis und K. Böhme: Bilder im Entstehen. Visualität und Responsivität (2024); zusammen mit E. Schürmann: Denken des Medialen. Zur Bedeutung des Dazwischen (2023); Ethics of Alterity. Aisthetics of Existence (2023). Zusammen mit J. Tobias und D. Mersch: Beyond Mimesis. Aesthetic Experience in Uncanny Valleys (2023). Zusammen mit D. Mersch, A. Rey, T. Grunwald, L. Kegel und M. Loertscher: Actor & Avatar (2023). E-Mail: j_sternagel@yahoo.de